信息与资产定价——基本分析、技术分析及中国市场证据

宿成建　著

科 学 出 版 社
北　京

内 容 简 介

作为正在崛起的新兴资本市场，中国股票市场的证券价格的行为和股票定价成为投资者、上市公司及监管者迫切需要了解和掌握的科学知识。本书采用规范分析与实证研究相结合、现代数学结合金融资产定价的理论和方法，全面深入地研究中国股市的非线性行为及信息与资产定价，并介绍作者关于中国资本市场实证研究的主要结论，发现了一些定价规律和现象。目的是为投资者、上市公司管理者、监管机构及从事学术研究的读者提供一个中国资本市场价格行为与资产定价的基本框架。

本书可供高等院校相关专业的师生以及从事金融、投资的研究人员参考和阅读。

图书在版编目（CIP）数据

信息与资产定价：基本分析、技术分析及中国市场证据/宿成建著. —北京：科学出版社，2016（2021.1 重印）

（西南地区产业发展与创新研究丛书）

ISBN 978-7-03-048841-1

Ⅰ. ①信… Ⅱ. ①宿… Ⅲ. ①证券市场–定价–研究–中国 Ⅳ. ①F832.51

中国版本图书馆 CIP 数据核字（2016）第 134092 号

责任编辑：韩卫军 / 责任校对：王 瑞

责任印制：余少力 / 封面设计：墨创文化

科学出版社 出版

北京东黄城根北街 16 号

邮政编码：100717

http：//www.sciencep.com

四川煤田地质制图印刷厂 印刷

科学出版社发行 各地新华书店经销

*

2016 年 7 月第 一 版 开本：787×1092 1/16

2021 年 1 月第二次印刷 印张：13

字数：350 000

定价：88.00 元

（如有印装质量问题，我社负责调换）

本书同时得到国家自然科学基金面上项目（71572052，71572091）
及贵州财经大学应用经济学重点学科建设项目的资助

前　言

本书源于作者十余年来对中国股票市场价格行为及股票收益定价的研究成果。中国股票市场自 1990 年 12 月 19 日建立至今，已经走完了二十余年的历程。随着中国经济上升为全球第二大经济体，中国股票市场也已经成为全球投资者广泛关注的重要投资市场。作为正在崛起的新兴资本市场，中国股票市场的证券价格的行为及股票定价则是投资者、上市公司及监管者迫切需要了解和掌握的科学知识。为了全面分析中国股票市场的价格行为及定价规律，本书采用规范分析与实证研究相结合、理论模型与数学模型相结合、微观特征与宏观行为相结合的方法，结合应用统计学、非线性混沌理论、随机微分方程、小波分析、变点分析、博弈论和计量经济学等现代数学和经济学知识，以及现代金融资产定价理论和实证方法，全面地研究中国股市的非线性行为即价格和波动性的非线性行为及股票收益定价规律，主要研究成果集中在以下几点。

第一，本书科学、系统地阐述现代金融理论的框架，对其主要内容做了简单介绍，然后阐述有效市场理论、投资组合理论、CAPM（资本资产定价模型）、套利定价理论及稳固基础理论、空中楼阁理论等投资实务有关理论。在此基础上阐述非线性研究的现状及行为金融理论的研究成果。本书理顺了有关资本市场的金融理论研究的脉络，有助于增进读者了解中国证券价格非线性行为研究的重要性和前沿性。

第二，本书通过对深沪综合指数 5 天收益率频数分布的研究，得出我国股市收益率不服从正态分布的结论。深沪综合指数的收益率不服从正态分布，并且收益率是负斜，呈现出胖尾和峰态。特别是深市收益率分布的峰值出现了明显的低于均值处，而沪市收益率分布的峰值出现在均值处，这就是说沪市 5 天收益率达到均值的概率比深市 5 天收益率达到均值的概率高。然后，应用 R/S 分析和分形维分析等混沌非线性方法对深沪综合指数收益率序列进行研究并揭示出中国股市的非线性特征。其收益率序列均服从有着分形概率分布的持久性时间序列，它们遵循有偏随机游动，市场表现出较强的趋势行为；深证综合指数的赫斯特指数 H 为 0.87，非周期循环为 16 周（4 个月），而上证综合指数的赫斯特指数 H 为 0.85，非周期循环为 25 周（6 个月）。投资者通过分析找到股市的非周期循环并持有市场组合便可以得到超额回报，这是目前大部分中国股市的投资者采用技术分析方法（如 K 线图）进行投资的原因，并且投资者采用这一方法投资又加强了股票市场的趋势行为。

第三，本书对股票价格行为的研究分为两个方面。一方面应用现代数学方法来刻画股票价格的非线性行为，提出以三维随机微分方程及适合于我国股票市场的以每股收益表示的股票价格模型。另一方面，结合我国的实际情况，应用行为金融学理论和博弈论等方法对我国股市的政策市、庄股行为及股市信息不对称现象进行分析，进一步分析我国股市的非线性和复杂性。

第四，本书对股市波动性模型以及我国股市的波动性的突变行为及溢出效应进行研究，同时将我国股市与美国股市波动性作比较研究。在股市波动性模型的研究中，本书主要介绍了国际学术界普遍认同的恩格尔（Engle）提出的 ARCH 模型及其衍生的模型，如 GARCH 模型、IGARCH 模型、ARCH-M 模型、FIGARCH 模型等。除此之外，还有金融随机波动扩散模型及有关不对称波动性的定价模型等。以上几种波动性模型均从不同的方面刻画了波动性的非线性特征。ARCH 模型则充分刻画了波动性的条件异方差特征；而金融随机波动扩散模型则强调波动性的随机波动特征；不对称波动性的定价模型主要是刻画波动性的不对称反应特征，以及对杠杆效应和反馈效应作出解释。通过对我国股市的波动性的突变行为及溢出效应研究发现，证券市场股市收益率序列产生的变点能正确揭示国际经济环境和国家宏观经济，以及有关股市的重大政策对股票市场的影响，验证了中国政策主导股市的特征；同时，沪市对深市的溢出效应明显大于深市对沪市的溢出效应的事实证明，沪市的影响越来越大于深市；然而沪深股市在变点出现的时间上呈现一定程度的协同性和独立性，又说明沪深股市相互影响而趋向统一的证券市场，同时在局部的时间范围内，它们又各自维持着自己独立的趋势特征。

第五，本书应用灰色系统模型及 GARCH 模型来进行我国股市价格和波动性的建模和预测分析。灰色系统模型和 GARCH 模型均分别能够成功地用于对我国股市的价格和波动性模型的构建和预测。在股票价格的预测方面，灰色系统可以用来预测股指不同价格收益率与其对应的时间。因此，这样的预测模型对投资者而言具有一定的指导意义，这种模型预测的成功可能是源自于本书前述有关证券行为理论中的股市周期性理论。在股市波动性的预测方面，实证研究证明，GARCH 模型能够科学地刻画出沪深股市波动性的变化规律，除此而外，还能够检验波动性的不对称性及杠杆效应。

第六，本书对我国股市的非线性行为的原因进行分析，并对我国股市风险特征作了深入的分析并得出以下结论。首先，我国股市的非线性行为的驱动因子主要是因为上市公司普遍不能分给高于银行利息的红利，使投资者包括证券投资基金、私募基金及在数量上占多数的大、中、小户投资者无一例外地依靠操纵股价、内幕交易、短期投机交易来获得投资回报。这一相同投资行为使我国股市存在着普遍的羊群行为，从而使股市表示出较强的趋势特征。其次，政府的政策是我国股市波动性突变行为产生的主要原因。另外，国际上发生的重大政治经济事件也可能影响我国股市波动性。此外，本书对我国股市进行风险分析后，还认为我国股市的系统风险占总体风险的比例较高。我国股市的非周期性的单边上涨的走势，使得股市在一定时期内积累较多的泡沫，从而形成较大的系统风险。本书发现我国股市日对数收益率和周（5 日）收益率服从拉普拉斯（Laplas）分布，这个结论对投资者建立投资风险控制模型有一定的指导意义。随着对投资风险的认识水平的提高，投资风险的控制是控制者日益关注的问题，VaR 方法可以有效地运用于证券投资组合的风险控制工作。

第七，本书构造描述证券行为的多因素模型，并建立反映股票的内在价值因素、技术因素和流动性的三因素计量经济学模型。在多因素模型的实证中发现：①流动性对我国股市存在显著的正流动性溢价；②市场指数回报率的系数显著为正，而且其系数变化的区间为 0.41～0.53，说明市场指数对股票的收益率具有显著的解释力；③每股盈余增长对股价的影响为最大，每股盈余增长系数估计值显著为正，接近于 1，表明每股盈余增长对股票收益呈现出正的影响，即每股盈余增长一个百分点，年预期收益平均增加一个百分点；④GDP增长、货币供应量增长、存款利率增长、通货膨胀率、存款增长、贷款增长等，其系数估计值显著为负，表明股票收益率为我国宏观经济变量的减函数；⑤房价增长对股票收益率呈现出较强的解释能力，并且房价增长的系数显著为负，表明我国股市的价格变化与房地产的价格变化呈现出相背离的态势，这一结果表明我国投资者在股市和房地产市场上进行投机性套利；⑥在三因素模型的实证中，应用主成分分析法对中国证券市场进行实证，首次得出了反映股票的内在价值因素、技术因素和流动性的三因素的中国股票价格的定价模型。从该模型本身可以看出：内在价值因素、技术因素和流动性因素对股票收益率均具有显著的解释力。从标准化系数的大小可以看出，从总体来看，在中国股市上，对股票收益率的影响最大的因素是技术因素，其次是流动性因素，最后才是内在价值因素。

第八，本书检验了中国股市按公司规模变化的价值溢价、CAPM 能否解释我国股市的价值溢价以及与 B/M（账面市值比）无关的贝塔（β）是否与股票平均收益相补偿后，得出以下结论：①价值股比成长股存在一定程度的价值溢价，尤其是小公司价值股存在着明显的平均收益的价值溢价，而大公司价值股则不存在价值溢价现象；②CAPM 能够解释我国股市的价值溢价。从 CAPM 对由规模（Size）和 B/M 构造的 6 个组合回归的结果来看，相对于贝塔为常数情况下，允许贝塔的每年变化会略微增加 CAPM 对平均收益的解释能力；③小公司价值股和成长股的贝塔年时变的规律是向上加大的趋势，大公司价值股和成长股的贝塔年时变的趋势是收敛于 0.9 的水平上；④在我国股市上，只有与 B/M（或规模）有关的贝塔才能解释股票的收益，与 B/M（或规模）无关的贝塔则不能解释股票的收益。

第九，本书建立了基于 Williams（1938）的估值模型，引入表示投资者未来期望收益的修正变量，以分析家每股收益预测值与期望每股收益之差来表示，建立了股票非预期收益三因素定价模型，根据该模型，本书提出了两个新的度量变量，即表示股票会计收益增长的理性预期的变量 $\delta E\mathrm{eps}_t/P_t$ 及市场情绪变量的市场非预期收益（URM），在此基础上，本书建立了 5 个实证回归模型，采用 2002 年 1 月至 2008 年 12 月中国股票市场的有关交易数据、机构收益预测数据和财务数据，来检验理论模型和实证模型的预测，结论如下：当期非预期会计收益与期初价格比 $\mathrm{eps}_{jt}/P_{t-1}$、表示股票会计收益增长的理性预期的变量 $\delta E\mathrm{eps}_t/P_t$ 及市场情绪变量的市场非预期收益（URM）构成的三因素模型对股票的非预期收益具有较强的解释能力。

第十，本书建立了现金流信息、现金流风险在股票收益中的定价关系模型并进行了深入研究，在股票非预期收益三因素定价模型基础上，建立了包含现金流信息的多变量的股票非预期收益定价模型。通过对 2005～2011 年中国 A 股上市公司的相关数据进行实证检验，研究发现：①由证券分析师盈余预测修正来估计出的正现金流信息对股票非预期收益、股票实际收益、股票超额收益均具有稳健的解释能力；②由证券分析师盈余预测估计出的现金流风险反映了股票的系统风险，可以对股票预期收益定价；③在解释股票超额收益方面，由现金流信息、现金流风险、分析师跟踪人数与股票非预期收益三因素定价模型构成的多变量模型优越于 Fama-French 三因子模型变量与现金流信息、现金流风险构成的多变量模型；④市场情绪变量的市场非预期收益（URM）可以解释账面市值比因子组合溢价

（SML）的 81.2%，这一发现支持了 Danel 和 Titman 的观点，即基于特征组合溢价变量的定价模型虽然能够解释股票平均收益，但不能排除伪回归的谬误，同时，也支持了 Cochrane 的论点，即账面市值比应该在回归模型的左边，作为被解释变量，而不是作为解释变量。

第十一，本书在股票非预期收益三因素定价模型的框架下，研究了特质风险对股票收益的定价机理，以及机构投资者在特质风险定价方面的作用。得出如下结论：①与系统风险无关的股票非预期收益由以下三个因素决定，即当期非预期会计收益期初价格比 $\mathrm{eps}_{jt}/P_{t-1}$、表示股票会计收益增长的理性预期的变量 $\delta E\mathrm{eps}_t/P_t$ 及市场情绪变量的市场非预期收益（URM）。与 Merton（1987）的理论预测不一致，公司特质风险不能独立解释股票非预期收益，回归模型具有较大的截距项α值。②与田益祥和刘鹏（2011）得出的结论不一致，机构投资者的持股比例与公司特质风险呈不稳健的负相关关系，说明机构投资者的增加并没有降低公司特质风险。③在解释股票收益的模型中，关于公司特质风险的估计系数值，低机构投资者持股比例组合的股票的物质风险系数估计值不显著，高机构投资者持股比例组合的股票的特质风险系数估计值显著。然而，在考虑公司特质风险和机构股票持有比例变量后，呈现出了更高的不可解释的截距项α值。此外，高机构投资者持股比例组合的表示股票会计收益增长的理性预期的变量 $\delta E\mathrm{eps}_t/P_t$ 的系数估计项也不显著。低机构投资者持股比例组合股票具有相对低的会计收益反应系数值，这是导致高、低机构投资者持股比例的组合与全样本具有更高的不可解释的截距项α值的原因。④在加入反映当期预期会计收益变量（或价格反转变量）$\mathrm{eps}_{t-1}/P_{t-1}$ 后，无论是高机构投资者持股比例还是低机构投资者持股比例的组合股票的 $\mathrm{eps}_{t-1}/P_{t-1}$ 的估计系数均呈现出显著的负的关系，而这两个组合的股票的较大的截距项α也显著降低，分别是 0.015、0.052，T 值也分别是 0.428、3.483，而非预期股票收益定价的模型的截距项α则完全消失了，高、低机构投资者持股比例组合的截距项α分别是 0.003、0.006，T 值也分别是 0.078、0.386。结果证实了无论是高机构投资者持股比例还是低机构投资者持股比例的组合股票，特质风险均不能显著解释股票的收益，对于特质风险大的股票，该类股票价格行为表现为对当期股票非预期会计收益的过度反应，表现为较低的上一期会计收益与期初股票价格比 $\mathrm{eps}_{jt}/P_{t-1}$ 的股票，同时，该类股票均具有较高的特质波动性，股票价格下一期则出现了价格反转，从而，出现了较大的负的截距项α。

第十二，本书在股票非预期收益三因素定价模型的框架下，检验了总风险、系统风险对会计收益反应系数及分析师盈余预测修正系数的风险效应，并发现：①具有高总风险的股票具有更高的会计收益反应系数（ERC）；②股票价格对证券分析师预期的会计收益增长信息不存在总风险补偿效应；③ERC 随着系统风险增加而增加，并且，对于高系统风险公司，证券价格对证券分析师预期的会计收益增长信息存在系统风险补偿效应。

第十三，本书在非预期股票收益定价的模型框架下，研究了应计质量对股票收益的定价机理。得出如下结论：①在 CAPM 及 Fama-French 三因子模型下，无论是应计质量特征（AQ）因子还是应计质量风险因子（AQ factor）均不能解释股票超额收益。②在股票非预期收益三因素定价模型框架下，应计质量特征因子对股票非预期收益具有显著的解释能力，然而应计质量风险因子对股票非预期收益不存在显著的解释能力。③在股票非预期收益三因素定价模型框架下，应计质量对会计收益反应系数及分析师盈余预测修正变量反应系数存在影响效应。市场对高盈余质量的会计收益信息做出反应，而不对低盈余质量公司会计信息做出反应。其次，无论是高盈余质量组合还是低盈余质量组合，市场对分析师盈余信息给予了一致的关注。④在低盈余质量组合下，证券分析师盈余预测修正变量（ERUE）的系数均为显著不为零说明，投资者通过证券分析师的盈余预测信息来分析公司会计收益信息及判断公司价值，并以此作为股票买卖的决策依据。

总之，本书在借鉴现代金融理论与实证的研究成果的基础上，构建股票定价的理论与实证定价模型，以中国股票市场数据为实证证据来检验中国股票价格的非线性行为及定价规律，并介绍了信息与资产基本框架。本书所得出的中国股票非线性行为和定价规律对投资者、上市公司及政府和监管机构认识中国股市的价格行为均具有一定的参考价值，本书所揭示的股票价格行为规律也可以为投资者制定科学的投资组合、上市公司的融资决策提供决策依据。由于水平和时间所限，本书内容的选择、文字表述仍然有许多有待改进的地方，缺点和错误在所难免，希望读者不吝赐教，提出建设性意见，以期改进。

宿成建

2016年3月

目 录

第 1 章　资本市场行为理论综述

1.1　现代金融理论概述

现代金融理论主要由投资理论、金融市场理论及财务管理理论构成，其理论框架如图 1.1 所示。

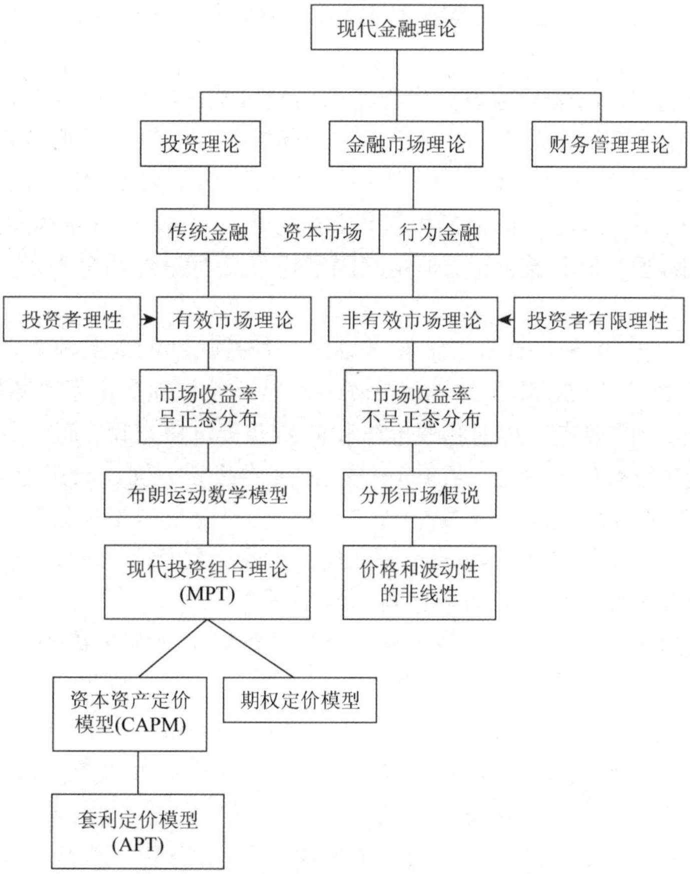

图 1.1　现代金融理论体系框架图

关于市场有效性的最早研究来自 1900 年法国经济学家巴切利亚（Bachelier）对商品价格波动的研究，他指出商品价格呈随机波动，而他认为这种随机波动过程是布朗运动，但这一前瞻性的研究并没有得到足够的重视。直到 20 世纪六七十年代，关于市场有效性的研究才迅速升温，其中肯德尔（Kendall）和库特尔（Cootner）提出，股票价格遵循随机游走规律，为有效市场理论的提出奠定了基础。法玛（Fama）1965 年提出了有效市场假说（EMH），试图说明当价格充分反映信息时资本市场价格的形成和变动，并根据价格与其所包含信息的关系给出了强有效市场、中等有效市场和弱有效市场的定义。

关于证券投资的研究，马可维茨创建的投资组合理论开创了先河，并因其取得的杰出的成就而获得了1990年的诺贝尔经济学奖。马可维茨关于投资组合分析的开创性的工作成果发表在1952年的《财务学杂志》（*Journal of Finance*）以及随后于1959年出版的《组合选择》（*Portfolio Selection*）一书中。马可维茨的投资方法认为，对购买哪一种证券组合作出决策时，投资者应该以它们的期望值和标准差来作为评估证券组合的基础。期望值可以被视为任何一种证券组合未来收益的度量，而标准差则用来度量任何一种证券组合未来风险。

理性的投资者偏好于持有有效的投资组合——即是在有效边界上的而不是在其下方的那些投资组合。一个投资者在有效边界上具体选择哪一个投资组合，依赖于其回避风险的程度。

1964年，夏普（Sharpe）假设投资者都根据马可威茨的均值-方差方法来选择投资组合，并假定投资者对收益、方差、协方差都有相同的预期，导出了著名的资本资产定价模型（CAPM），诸如此类的情况使单因子模型在实际运用中大受局限，于是单因子模型逐渐让位于三因子模型。三因子模型是由法玛和佛仑奇（French）共同提出的，和单因子模型有一个共同的因子，即市场因子。但是三因子模型还有另外两个因子，即规模因子和价值因子。

罗斯（Ross）于1976年导出了证券市场中一种替代性的均衡模型，被称为套利定价理论（APT）。在20世纪50年代末期，投资理论界还完整地提出了“随机漫步理论”，按照“随机漫步理论”的观点，对于股票价格和商品期货价格来说，过去的价格信息对于预测价格的未来运动没有任何好处。在市场衍生的证券投资方面，布莱克（Black）、斯科尔斯（Scholes）及默顿（Merton）于20世纪70年代在“随机漫步理论”的基础上利用一类特殊的随机过程——维纳过程（Wiener processes）作为股价行为模型建立期权定价公式，并应用其他金融资产的定价而获得了诺贝尔经济学奖。

在偏实务性的研究中，比较有代表性的著作是格雷厄姆和多德1934年合著的在全球富有深远影响力的《证券分析》。在《证券分析》中，格雷厄姆和多德方法研究的重点，是通过对会计数据的考察来建立证券的“内在价值”（intrinsic value）。格雷厄姆和多德方法强调“安全边际”（margin of safety）对于投资的必要性，所谓“安全边际”就是证券的内在价值显著地超过了当前市场价格。

格雷厄姆和多德方法已经经受了时间的考验，《证券分析》被投资界视为投资领域的圣经，作为格雷厄姆的学生，迄今为止世界最伟大的投资家——巴菲特先生以其在证券市场取得的辉煌投资业绩证明了格雷厄姆和多德方法的正确性。

格雷厄姆和多德方法的可贵之处在于其理解起来相对容易，但应用起来却相当困难。它过分依赖于会计数据，因此不准确、不充足的会计数据往往对企业的盈利能力和企业的资产价值估计出现差错。另外，威廉姆斯1938年所著的《投资价值理论》提出另一个决定股票内在价值的实际公式，他的方法以股息收入为基础，并力图巧妙地使事情趋于简单化。他引进“贴现”这一概念，认为股票的内在价值等于其日后获得的全部股息的现值（或贴现值）。

另外，比较有影响的投资理论还有空中楼阁理论，其比较注重心理价值，著名经济学家凯恩斯于 1936 年分析和阐明了这一理论。他的观点是：大多数投资者并不愿把精力花在估算内在价值上，而愿意分析大众投资者未来可能的投资行为，以及在景气时期他们如何在空中楼阁上寄托希望。成功的投资者会估计何种投资形势适宜公众建筑空中楼阁，并抢先买进选中的股票成交。

1.2 价格行为前沿研究——非线性研究

证券价格理论的最新进展主要表现在非线性内容的研究。针对证券价格行为的非线性研究一方面是对波动率的研究，假定市场的波动率（volatility）是随时间变化的。也就是说波动率呈现出条件方差性。而且，金融市场还常出现价格波动聚集（volatility clustering）现象，即在某一段时间内出现大幅波动现象。刻画证券波动率的模型是以恩格尔（Engle）1982 年提出的自回归条件异方差（autoregression conditional heteroskedastic，ARCH）模型以及以此为基础变换的广义自回归条件异方差（GARCH）模型族为基础的。恩格尔因为在这方面的突出贡献而获得了 2003 年的诺贝尔经济学奖。在 ARCH 模型族中，波勒斯列夫（Bollerslev，1986）将 ARCH 模型一般化，除了考虑误差项的滞后期外，同时也加入了误差项条件方差的滞后期，从而导出了 GARCH 模型。纳尔森（Nelson）1991 年提出的指数 EGARCH 模型进一步考虑了信息不对称现象的正负冲击所引起的不同影响。由扎科恩（Zakoian）、歌罗斯腾（Glosten）、乔纳森（Jaganathan）和林科尔（Rcenkle）提出的 TARCH 模型，可以描述好消息、坏消息对条件方差的不同效应以及测试波动性是否存在杠杆效应。目前，学术界对波动性的研究已成为热门的研究方向之一。

对于证券价格非线性的另一研究，主要以一些经济混沌学者（如埃德加 · E. 彼得斯）为代表，以分形统计学解析的方式，使用非线性动力学系统或复杂理论，考察资本市场这样一个非线性系统。在这方面的研究中，埃德加 · E. 彼得斯通过检验标准普尔 500（S&P500）的 5 日收益率分布特征，发现股票市场收益率是非正态分布的，与正态分布相比，存在着明显的峰值和更胖的尾部，从而发现资本市场的非线性证据。通过 R/S 分析[①]，发现市场收益率是具有分形概率分布的持久性时间序列，它们遵循有偏随机游动，市场表现出趋势增强行为，而不是均值回复行为。通过分形维分析，发现资本市场可以用市场情况或技术因子、内在价值或基本因子、流动性因子这三个变量来刻画的非线性系统。

1.3 行为金融学理论

行为金融与传统金融理论大约起源于相同的时期。1951 年，俄勒冈州（Oregon）大学的布雷尔（Burrell）发表了《投资研究试验方法的可能性》一文，其把心理学与金融研

① R/S 分析法，也称重标极差分析法（rescaled range analysis）。

究结合起来，认为更传统的行为方法和定量投资模型相结合是有益的。同时，斯洛维柯（Slovic）从行为的视点发表了一篇关于投资过程的详细研究。接着，他在1972年又发表了这个领域第一篇启发性的论文——《人类判断的心理学研究对投资决策的意义》，从而为行为金融理论的发展奠定了基础。

在行为金融理论中，卡亨曼（Kahenman）和特韦尔斯基（Tversky）提出的前景理论（prospect theory），用更现实的行为假设取代主观预期效用（SVE）的决策模型，在行为金融理论的确立中起到了关键的作用。

在行为金融理论中，关于投资者个体行为的相关研究中，比较有代表性的认知规律的成果包括易获得性偏误、代表性偏误、过度自信、过度反应，关于投资者群体行动的相关研究中，比较有代表性的研究成果包括群体影响（group influence）、“羊群”效应、聚集行为、从众行为、群体心理以及群体效应等。

在行为金融中，两个行为金融理论模型也构成现代行为金融理论的重要组成部分。其一是巴贝雷斯（Barberis）和斯雷费尔（Shleifer）以及维斯利（Vishny）模型（简称BSV模型）。该模型是从人们进行投资决策时的两种心理判断偏差等解释投资的决策模式如何导致证券市场价格变化偏离效率市场假说的。其二是丹利尔（Daniel）和赫斯雷费尔（Hirsheifer）以及苏柏曼亚（Subramanyam）模型（简称DHS模型）。该模型将投资者分为有信息的和无信息的两类，其中无信息的投资者（V）不存在判断偏差，有信息的投资者（I）存在着过度自信和对自己掌握的信息过分偏爱（self-contrilacton）这两种判断偏差，而证券价格由有信息者决定。

然而，不可否认的是，行为金融学距离一个成熟的学派尚有相当远的距离。迄今为止还没能整合成一个系统的理论，较为分散，在运用心理学、社会学等其他学科的方法与结合传统金融方法的道路上，也还没有太多的有代表性的案例。其提出的理论框架也需要得到进一步的实证数据的支持。

第 2 章　中国证券市场的非线性行为特征实证研究

2.1　引　　言

经过 20 余年的快速发展，中国证券市场已经成为我国企业融资和投资的重要场所。目前，对我国股票市场的研究也日益丰富多彩，在这些研究中，在股票价格行为方面主要包括以下研究内容，即中国股市有效性研究和中国股票的混沌现象，以及股票的波动性研究。在市场效率的研究中，俞乔（1994）对中国股市有效性作了开创性的工作，他运用规范的经济计量分析方法，对截至 1994 年 4 月底的样本数据进行了收益率序列相关检验和非参数检验，得出的结论是中国股市是非有效的。吴世农（1996）研究了深沪股市 1992 年 6 月至 1993 年 12 月 20 种股票的日收益率，结果表明 20 种股票日收益率的时间序列不存在显著的系统变动趋势，但他认为不能以此定论中国股市弱式有效。张兵和李晓明（2003）通过对中国股市的渐进有效性研究的结论，提出中国股市 1997 年以前市场无效，1997 年之后市场呈现出弱式有效。除此之外，有学者应用 R/S 方法研究了中国股票市场并得出了中国股票市场属于弱式有效的结论（冉茂盛和张宗益，2001）。同时，也有一些学者应用混沌理论对股票作非线性分析，并得出我国股市既存在混沌现象又具有弱式有效性，混沌现象与市场效率共存而并非互斥的结论（林小明和王美今，1997）。在股票的波动性方面，通过研究发现，上海股票市场（简称沪市）和深圳股票市场（简称深市）股票收益率和波动性之间的互动作用和相互影响，存在股价变化和走势之间的互动作用和示范效应，两市收益率序列之间具有长期的协整关系，以及两市之间存在显著的波动“溢出效应”和“杠杆效应”（刘金全和崔畅，2002）。本章将采用统计方法研究深沪综合指数的 5 天收益率分布规律以及用 R/S 方法和分形维方法研究受益率序列，从而进一步揭示中国股市的价格非线性行为本质特征。

2.2　深沪综合指数的 5 天收益率分布规律

2.2.1　深沪综合指数的 5 天收益率分布计算模型

将深沪综合指数的日收盘价格的5天对数一阶差分定义为深沪综合指数的5天收益率序列 $s(t)$，对于给定股票指数时间序列$\{p(t)\}, t=1,2,\cdots,n+4,n+5$，使用如下的算法计算出 5 天收益率的频数分布。

计算 5 天对数收益率序列$\{s(t)\}$：

$$s(t)=\ln[p(t+5)/p(t)],\ t=1,2,\cdots,n \tag{2.1}$$

将序列$\{s(t)\}$标准化：

$$\mu=\frac{1}{n}\sum_{1}^{n}s(t);\quad \sigma=\sqrt{\frac{1}{n}\sum_{1}^{n}(s(t)-\mu)^2} \tag{2.2}$$

$$ss(t)=\frac{s(t)-\mu}{\sigma}, t=1,2,\cdots,n \tag{2.3}$$

计算频数分布：

在区间$[-m, m]$以 Δx 为步长共采样 $v=\text{int}(2m/\Delta x)+1$ 个点：

$$x(i)=-m+(i-1)\Delta x, i=1,2,\cdots,v$$
$$A(i)=\{ss(t)\ |ss(t)\in[x(i)-1, \Delta x/2,x(i)+\Delta x/2], t=1,2,\cdots,n\}$$
$$\text{freq}(i)=|A(i)|/n$$
$$y(i)=\text{freq}(i)/\Delta x, i=1,2,\cdots,v$$

利用点列$\{[x(i),y(i)]|i=1,2,\cdots,v\}$并使用插值或拟合方法绘出曲线。这里取 $m=8$，$\Delta x=1/10$ 在 Matlab 里编程绘出了上海证券（简称上证）综合指数和深圳证券（简称深证）综合指数的频数分布与正态分布的比较，如图 2.1 和图 2.2 所示。

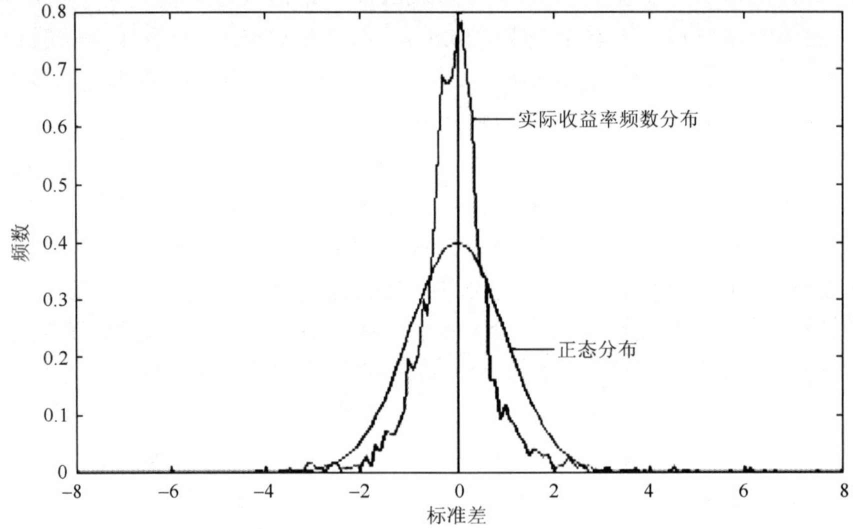

图 2.1　上证综合指数 5 天收益率频数分布（1991 年 10 月 3 日～2002 年 9 月 2 日）

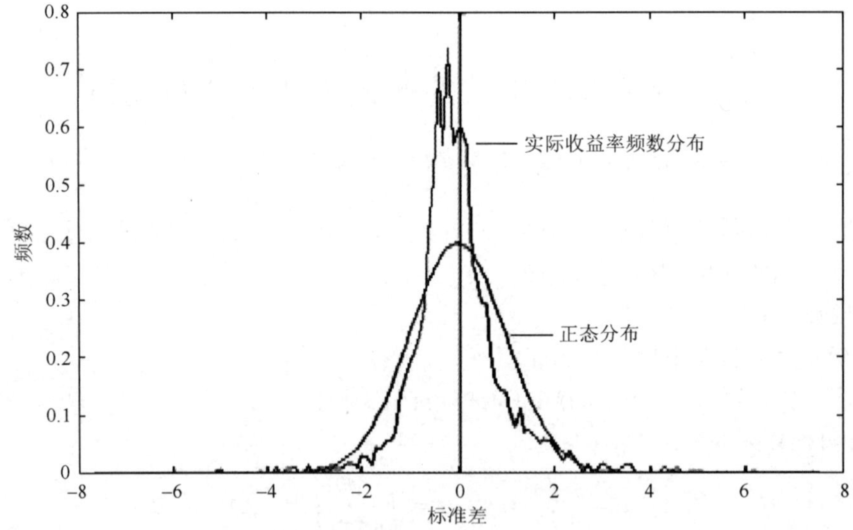

图 2.2　深市综合指数 5 天收益率频数分布（1991 年 9 月 2 日～2002 年 9 月 2 日）

2.2.2　深沪综合指数与美国股市的 5 天收益率分布规律比较

图 2.1 和图 2.2 分别显示了从 1991 年 10 月 3 日到 2002 年 9 月 2 日的上证综合指数价格和从 1991 年 9 月 2 日到 2002 年 9 月 2 日的深证综合指数价格的 5 天对数一阶差分的频数分布。收益率序列已经被标准化了，所以它们的均值是 0，标准差是 1。图中也显示了一个具有相等数目的高斯随机数的频率分布。从图 2.1 和图 2.2 中可以看出，围绕均值分布中出现了很明显的峰值，同时图中还显示出收益率分布呈现明显的负斜，也就是说，左边（负的）的尾部比在右边的尾部有更多的观测值。可以从图 2.1 在低于均值的第 3 个标准差处和图 2.2 低于均值的峰值处看到负斜性。股票市场出现“标准差 3”事件的概率大约是高斯随机数的两倍。将图 2.1 和图 2.2 进行比较发现，深市收益率分布的峰值明显地低于均值处，而沪市收益率分布的峰值出现在均值处，这就是说沪市 5 天收益率达到均值的概率比深市 5 天收益率达到均值的概率高。

埃德加 · E. 彼得斯通过 Turner 和 Weigel（1990）的关于 1928～1990 年的标准普尔 500（S&P500）指数的日收益率并绘制出标准普尔 500 的 5 天收益率的频数分布图（图 2.3），将收益率与正态分布作比较，也得出了以上相同的结论：标准普尔 500 的日收益率是负斜的，图中出现了明显的尖峰和胖尾。

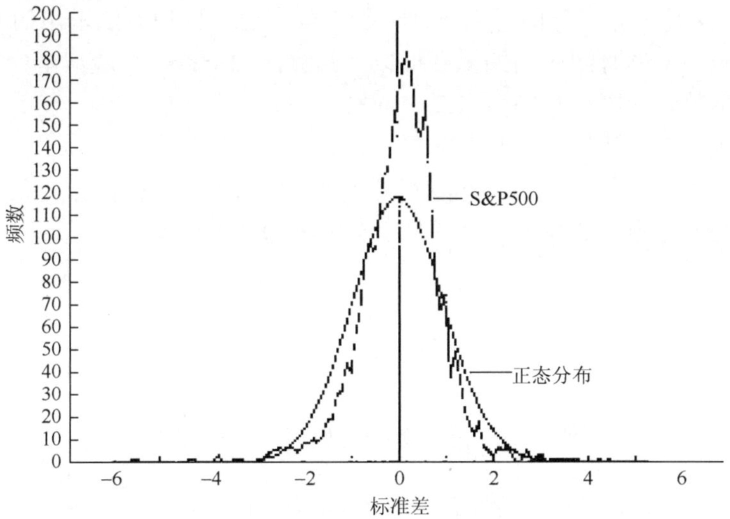

图 2.3　S&P500 的 5 天收益率的频数分布

2.2.3　收益率分布规律及分析

由 2.2.2 节可知深沪综合指数和美国股市的 5 天收益率分布均呈现了明显的尖峰和胖尾，并且收益率是负斜的。这就说明中国的股票市场的收益率和美国的股票市场的收益率均不是正态分布的。因此，支持股票价格的随机游动的理由也会大打折扣。对于肥胖的尾部最通常的解释是，信息是偶尔以成堆的方式出现的，而不是以平滑连续的方式出现的。

市场对于成堆的信息的反应导致了肥胖的尾部。因为信息的分布是尖峰态的，所以价格变化的分布也是尖锋态的。

进一步说，肥胖的尾部就意味着人们是以非线性方式对信息做出反应的。这一情况隐含着现在是受过去影响的，这与有效市场假说（EMH）相矛盾。一般来说，有效市场假说意味着价格已包含所有的信息，也就是说人们接到信息就通过改变价格以反映新信息的方式做出反应。而实际情况是，有些人一接到信息就马上做出反应。然而，大多数人等着确认信息，并且不等到趋势已经十分明显就不会做出反应。这种对信息的不均等的消化可能会导致一个有偏的随机游动。赫斯特在 20 世纪 40 年代全面地研究了有偏随机游动，芒德勃罗在 60 年代和 70 年代也作了全面研究。芒德勃罗把这种偏随机游动称为分数布朗运动，而现在称为分形时间序列。而赫斯特指数就可以用来对时间序列分类。为了刻画中国证券市场收益率序列的分形结构特征和非周期性循环，也就是揭示市场的非线性特征，下面就用 R/S 分析方法来研究中国股市的收益率序列，并将研究结果与对美国股市的相应的研究成果进行对比分析。

2.3　中国股票市场的 R/S 分析

2.3.1　重标极差法 R/S 的计算模型

R/S 分析方法是十分强健的时间序列分析工具，运用这种方法求出的赫斯特（Hurst）指数是区分不同类型的时间序列的重要指数，其算法如下：

给定股票指数时间序列$\{p(t)\},t=1,2,\cdots,N+1$。

（1）数据预处理，计算对数收益率序列$\{s(t)\}$

$$S(t)=\ln[p(t+1)/p(\mathrm{t})],\ t=1,2,\cdots,N \tag{2.4}$$

（2）对不同的数据段长度 n，把序列分成 $M(n)=\mathrm{int}(N/n)$段

$$\mu_{n,j}=\frac{1}{n}\sum_{t-n(j-1)+1}^{nj}s(t) \tag{2.5}$$

式中，$\mu_{n,j}$ 表示段长为 n 时，第 j 段的均值。

$$K_{n,j,i}=\sum_{t-n(j-1)+1}^{i}[s(t)-\mu_{n,j}],\ i=1,2,\cdots,n \tag{2.6}$$

式中，$K_{n,j,i}$ 表示段长为 n 的第 j 段的第 i 个积累离差。

$$R_{n,j}=\max_{1\leqslant i\leqslant n}\{K_{n,j,i}\}-\min_{1\leqslant i\leqslant n}\{K_{n,j,i}\} \tag{2.7}$$

式中，$R_{n,j}$ 表示段长为 n 的第 j 段的极差。

$$(\mathrm{R/S})_n=\frac{1}{M(n)}\sum_{j-1}^{M(n)}(R_{n,j}/\sigma_{n,j}) \tag{2.8}$$

$$H=\max_{1\leqslant m\leqslant L}\{H_m|H_m\text{是由点组}[\ln(k),\ln(\mathrm{R/S})_k],\ k=1,2,\cdots,m\text{ 拟合得到的直线斜率}\} \tag{2.9}$$

2.3.2　中国股市的 R/S 分析计算结果与分析

由于中国股市是一个年轻的新兴资本市场，若采用月收益率的序列就会由于数据太少导致计算结果失真，因此这里采用深沪综合指数周均值的对数收益率序列来做 R/S 分析。将从 1991 年 10 月 3 日到 2002 年 9 月 2 日的上证综合指数价格和从 1991 年 9 月 2 日到 2002 年 9 月 2 日的深证综合指数价格分别计算出 500 多个周对数收益率数据组成序列，从 N=6 周增量开始，把序列组成若干个独立的 6 周增量，于是用式（2.6）和式（2.7）计算每 6 周期间的极差，然后用每 6 周期间观测的标准差重标每一个极差，得到若干个分离的 R/S 观测值。通过取这些个观测值的平均数就得到 N=6 的序列的 R/S 值。对于 N=7、8、9…持续这一过程。然后，在 N 的整个值域上做 ln(N)对 ln(R/S)的回归，并根据式（2.9）得到赫斯特指数的估计值。

图 2.4 和图 2.5 显示了用前述方法获得的 ln(R/S)～ln（周）图。从图中可以看出深证综合指数的赫斯特指数 H 为 0.87，非周期循环为 16 周（4 个月）；而上证综合指数的赫斯特指数 H 为 0.85，非周期循环为 25 周（6 个月）。埃德加 • E. 彼得斯 1991 年根据 1950 年 1 月～1988 年 7 月的 S&P500 指数作 R/S 分析，得出 S&P500 的 H 为 0.78，非周期循环长度为 48 个月（Peters，1990）。从高 H 值可看出股票市场显然是分形，它是一个有偏随机游动，也就是说，中国的证券市场与美国的证券市场一样，其收益率均服从分形概率分布的持久性时间序列，它们遵循有偏随机游动，市场表现出较强的趋势行为，而不是均值回复行为。而中国证券市场则表现出比美国证券市场更强的趋势性。另外，从图 2.4 和图 2.5 中还明显看到打乱的收益率序列（H=0.525、H=0.507）破坏了原来序列的长期记忆结构，并把它们变成了一个独立的序列，没有出现原来序列的斜率下降，深市为 16 周，而沪市为 25 周。然而，如同在混沌理论中看到的那样，在任何非线性中都有那么一点，到了这一点对于初始条件的记忆就会消失。这一点对应于系统的自然周期的终点。

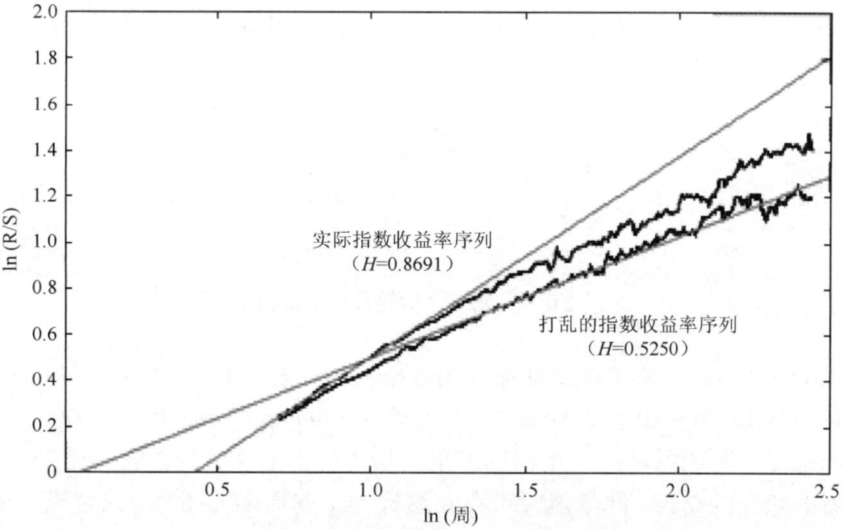

图 2.4　深证综合指数周均值序列 R/S 分析

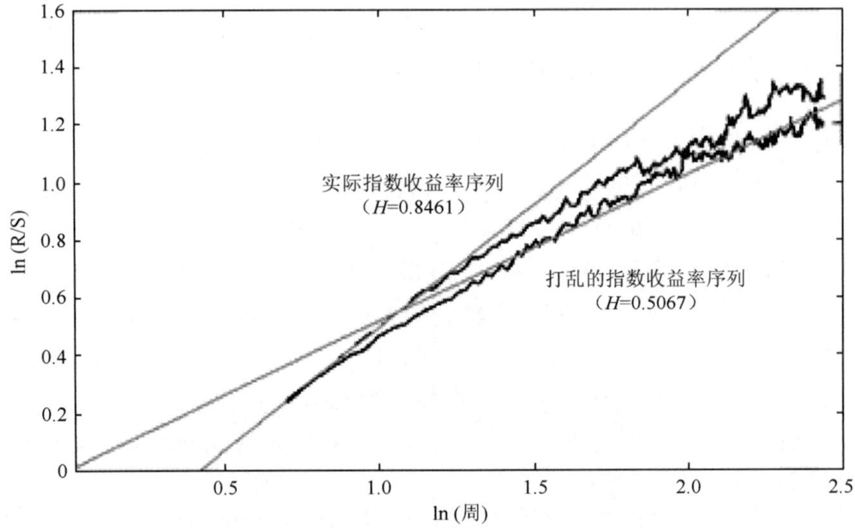

图 2.5　上证综合指数周均值序列 R/S 分析

对于上面的研究作进一步分析，可以得出这样的结论：中国股票市场是一个非有效的市场，其收益率序列均服从有着分形概率分布的持久性时间序列，它们遵循有偏随机游动，市场表现出较强的趋势行为；深证综合指数的赫斯特指数 H 为 0.87，非周期循环为 16 周（4 个月），而上证综合指数的赫斯特指数 H 为 0.85，非周期循环为 25 周（6 个月）。关于沪市的非周期循环，可以从图 2.6 中得到验证。

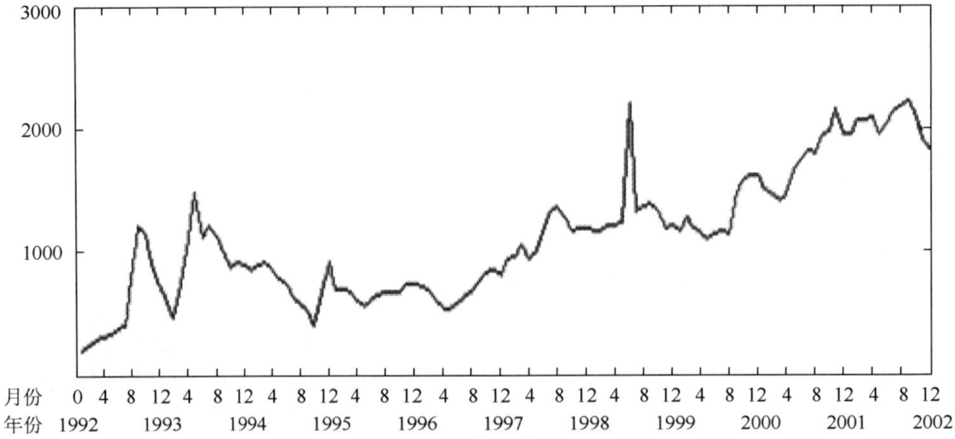

图 2.6　上证综合指数月平均值曲线

从图 2.6 中可以看到若干非周期循环为 6 个月的证据，如发生在 1992 年 3～9 月、1993 年 2～7 月、1996 年 4～10 月、1997 年 2～8 月、1999 年 6～12 月及 2000 年 4～10 月，这些连续上涨 4 个月的循环进一步证明了上面所进行的 R/S 分析的正确性。从这里可以得出对投资者有意义的结论，即既然股市存在这样一个非周期的循环，只要投资者找到这样的循环并持有市场组合便可以得到超额回报，显然这是目前大部分中国股市的投资者采用技术分析方法（如 K 线图）进行投资的原因，并且投资者采用这一方法投资又加强了市场的趋势行为。

2.4　分形维分析

2.4.1　引言

近年来，随着人们对证券市场的非线性特征认识的深入，应用混沌理论研究股票市场越来越成为金融学者们感兴趣的问题。在国外的研究中，对于日收益率的第一个完整研究是法玛（Fama，1965），他发现收益率是负斜的：在左边（负的）尾部的观测值比右边的尾部的观测值更多。陈平（2000）首次验证了美国的证券市场呈现混沌行为，从此揭开了应用混沌理论研究证券市场的序幕。Scheinkman 和 LeBaron（1989）发现了美国股票市场证券价格研究中心日收益率序列与周收益序列中存在非线性的证据。Turner 和 Weigel（1990）采用自 1928～1990 年的 S&P 指数的日收益率，进行了易变性的全面研究，得出了类似的结果。他们发现，道琼斯和 S&P 指数的日收益率分布是负斜的。埃德加·E. 彼得斯 1990 年在其《资本市场的混沌与秩序》中则宣布了有效市场的失败和不成立，并揭示了美国资本市场的非线性与混沌行为。在我国的证券市场的非线性特征的研究中，林晓明和王美今（1997）对我国股票市场的混沌现象与市场有效性进行了研究，其研究认为我国股票市场存在混沌现象，同时也具有弱式有效性。樊智和张世英（2002）应用分维数来分析中、美股市的分形及非线性的结构特征，认为中国股市的非线性程度要强于美国。唐奎等（2003）通过对中国与海外股指的混沌特征的比较实证研究发现，中国深沪股市收益率不服从正态分布，收益率是负斜的，呈现出胖尾和峰态，并存在着非周期循环等混沌特征。张永东（2003）则应用 BDS 检验和临近返回检验对上海股票市场非线性与混沌进行了实证研究，其检验结果表明，上证综合指数对数收益率不是完全随机的，其中存在着非线性相关结构。但是，通过临近返回检验，没有得到上证综合指数每日对数收益率序列存在混沌的证据。

现有研究一般直接对某一种收益率序列计算分形维值（一般都是关联维数），而没有考虑该序列是否确定性混沌序列；要么在算出分形维值就直接用之进行证券市场的分形特性讨论，而没有求证该分形维值是否来自非线性系统，因为有些线性系统，如随机噪声（如 $1/f$ 噪声）等自然现象同样可能具有分形维。本章在对我国沪深股市进行分形维分析之前，首先用曹（Cao）方法（由曹良月于 1997 年提出）考证了沪深股市的日、周、月对数收益率是否为混沌序列，结果发现，日和周对数收益率都没有显示出明显的混沌序列特征，而表现出较强的随机序列特征，而月对数收益率则呈现出混沌序列的特征，因此以月对数收益率作为研究序列。在计算月对数收益率序列的关联维数后，同时用替代数据法作非线性检验，保证了月收益率序列分形维数结果的科学性和可靠性，进而用之探讨我国沪深股市的动力学演化行为。

2.4.2　关联维数算法

分维特性一般常用分形维数（fractal dimension）来刻画，而关联维数是应用最为广泛的一种分形维数，其最具代表性的计算方法主要就是 G-P 算法。G-P 算法是 1983 年格纳斯柏格（Grassberger）和波洛卡卡（Procaccia）根据延迟时间重构思想提出来的，它直接从时间序列计算相关维数 D_2。其计算一般分为以下几个步骤。

（1）相空间重构：设$\{x_k$：$k=1,\cdots,N\}$是观测得到的某一时间序列，将其嵌入到 m 维欧氏空间 R_m 中，得到一个点（或向量）集 $J(m)$，其元素记作

$$X_n(m,\tau)=(x_n,x_{n+x},\cdots,x_{n+(m-1)x}),\ n=1,\cdots,N_m \tag{2.10}$$

式中，$N_m=N-(m-1)L$，$L=K\Delta t$ 是固定时间间隔，即时间延迟；Δt 是两次采样的时间间隔；K 是整数。

（2）欧式距离计算：从这 N_m 个点中任意选定一个参考点 X_i，计算其余 N_m-1 个点到 X_i 的距离：

$$r_{ij}=d(X_i,X_j)=\left[\sum_{k-0}^{m-1}(x_{i+k\times l}-x_{j+k\times l})^2\right]^{1/2}\ (i\neq j) \tag{2.11}$$

（3）相关积分求解：相关积分 $C_m(r)$定义为“参考点周围半径为 r 的 m 维空间所能包含矢量的概率”。

$$C_m(r)=\frac{1}{N_m^2-N_m}\sum_{i=1}^{N_m}\sum_{j=1}^{N_m}\theta(r-r_{ij}) \tag{2.12}$$

式中，θ 是 Heaviside 函数（if $x>0$，$\theta=1$；if $x<0$，$\theta=0$）。

（4）关联维数估计：对于充分小的 r，相关积分逼近式（2.13）。

$$\ln C_m(r)=\ln C+D(m)\ln r \tag{2.13}$$

因此得到 R_m 中的子集 $J(m)$的相关维：

$$D(m)=\lim_{r\to 0}[\partial \ln C_m(r)/\partial \ln(r)] \tag{2.14}$$

$$D_2=\lim_{m\to\infty}D(m) \tag{2.15}$$

这就是吸引子的关联维数。D_2 的值可从 $\ln C_m(r)$相对 $\ln(r)$曲线的线性刻度区的斜率估计得到。G-P 算法从数学定义出发求解混沌时间信号的分维数值，物理意义鲜明，易于实现，因此被广泛采用。

2.4.3 参数选择

基于 G-P 算法的关联维数根植于延迟时间相空间重构法，延迟时间重构最关键的环节在于延迟时间和嵌入维数两个参数的选取，至今仍是一个开发问题。这两个参数的合理优化选择直接关系到所求得的关联维数值的真实性和可靠性。

其中选取延迟时间的方法有自相关函数法、最小互信息法等，其中最小互信息法被广泛采用，该法以序列的第一个最小互信息值作为优化的延迟时间。我们用最小互信息法估计得到优化的延迟时间在 16s 左右［图 2.7（a）］。

嵌入维数的选择一般有系统饱和法，伪最近邻域点法等，其中国际上以伪最近邻域点法采用最多。这里介绍一种基于伪最近邻域点法，但优于伪最近邻域点法的最小嵌入维数确定法，它由曹良月于 1997 年提出，所以我们暂且称为 Cao 方法。该方法定义了两个参数 $E1$（m）和 $E2$（m）。其中 $E1$（m）用于确定最小的嵌入维数（m），指出 $E1$（m）在随

m 的演变中趋于平稳时对应的 m 值即为最小嵌入维数。同时该方法还引入另一个关于 m 的参数 $E2$（m），$E2$（m）不用于确定最小嵌入维数，但 $E2$（m）有一个非常良好的性能：对于任何的 m，如果 $E2$（m）都等于 1（或在 1 附近）时，则表明这个时间序列是随机序列；而对于确定性混沌序列则不可能对任何 m，$E2$（m）都等于 1，一般对确定性混沌序列会渐渐趋向 1。这就为我们判别一个时间序列是否具有分维特性的混沌序列提供了一种直观而简便的方法。关于 Cao 方法的具体的算法可参考曹良月的原始论文，这里不作详述。根据 Cao 方法，我们确定优化的最小嵌入维数在 11 左右［图 2.7（b）］。

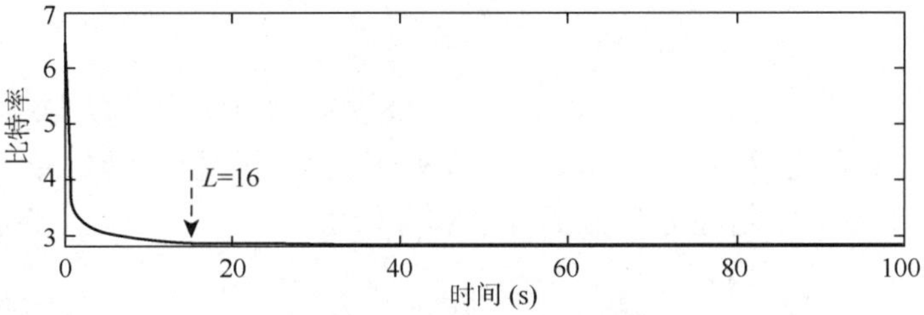

(a) 最小互信息法确定优化延迟时间

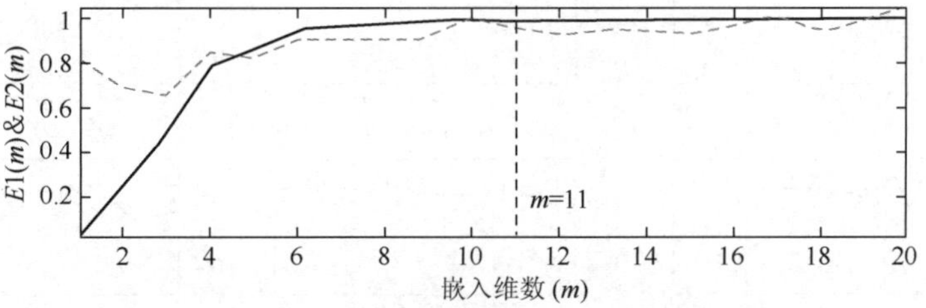

(b) Cao方法确定优化嵌入维数

实线表示 $E1$，虚线表示 $E2$

图 2.7　延迟时间和最小嵌入维数的选取

2.4.4　数据选择和预处理

以每日收盘价作为原始数据，再将其转换为收益率 $R(t)$作为分析序列。所采用数据来源于中国钱龙数据库。上证综合指数的数据总数为 2689 个，时间是从 1991 年 10 月 3 日到 2002 年 9 月 2 日；而深证综合指数（DATA6）的数据总数为 2712 个，时间是从 1992 年 9 月 2 日到 2002 年 9 月 2 日，所用数据均为日收盘价。这里我们以月收益率作为待分析的时间序列，一方面由于以日或周收益率作为分析序列难以避免信号的随机波动，即日收益率序列和周收益率序列都受到比较严重的随机噪声的影响，在原理上不适合做分形维的计算和分析（具体分析见 2.4.5 节）。另一方面以式（2.6）求得的月收益率还具有趋势消除的作用，这在我们的实验分析中得到体现，故而这里选择月收益率时间序列作为分形市场的刻画对象。

$$R(t) = \ln P(t+22) - \ln P(t) \tag{2.16}$$

在求得月收益率序列后，再对其进行归一化，以降低计算结果的变动性。

2.4.5　混沌和非线性检验

在用分形维刻画混沌吸引子特性的历史进程中，研究人员逐渐发现，并非只有混沌吸引子才具有分形维，随机噪声（如 1/f 噪声）等自然现象同样可能具有分形维。因而在对一个时间序列进行分形维刻画的时候，必须要求证的一点是该序列是否混沌序列？是否可以用分形维等参数刻画？因此，我们在进行股票市场的分形维研究时，首先应该考证所研究的收益指数序列是否混沌序列，在算得分形维值后还应考证其是否来自非线性系统。这是很多研究所欠缺的。我们在本章中应用 Cao 方法实证了月收益率序列是混沌序列，并用替代数据法拒绝了沪深股市来自线性系统的可能性，故而用所计算得出的分形维值进行证券市场的分形分析是可靠的。下面分别阐述之。

1. Cao 方法

根据 2.4.3 节介绍的 Cao 方法，我们从图 2.8 中清楚地观测到月收益率序列是确定性混沌序列。但是，日收益率序列和周收益率序列却接近于随机波动信号，因而我们认为这两种收益率序列均不适宜用在分形维的计算和分析上。

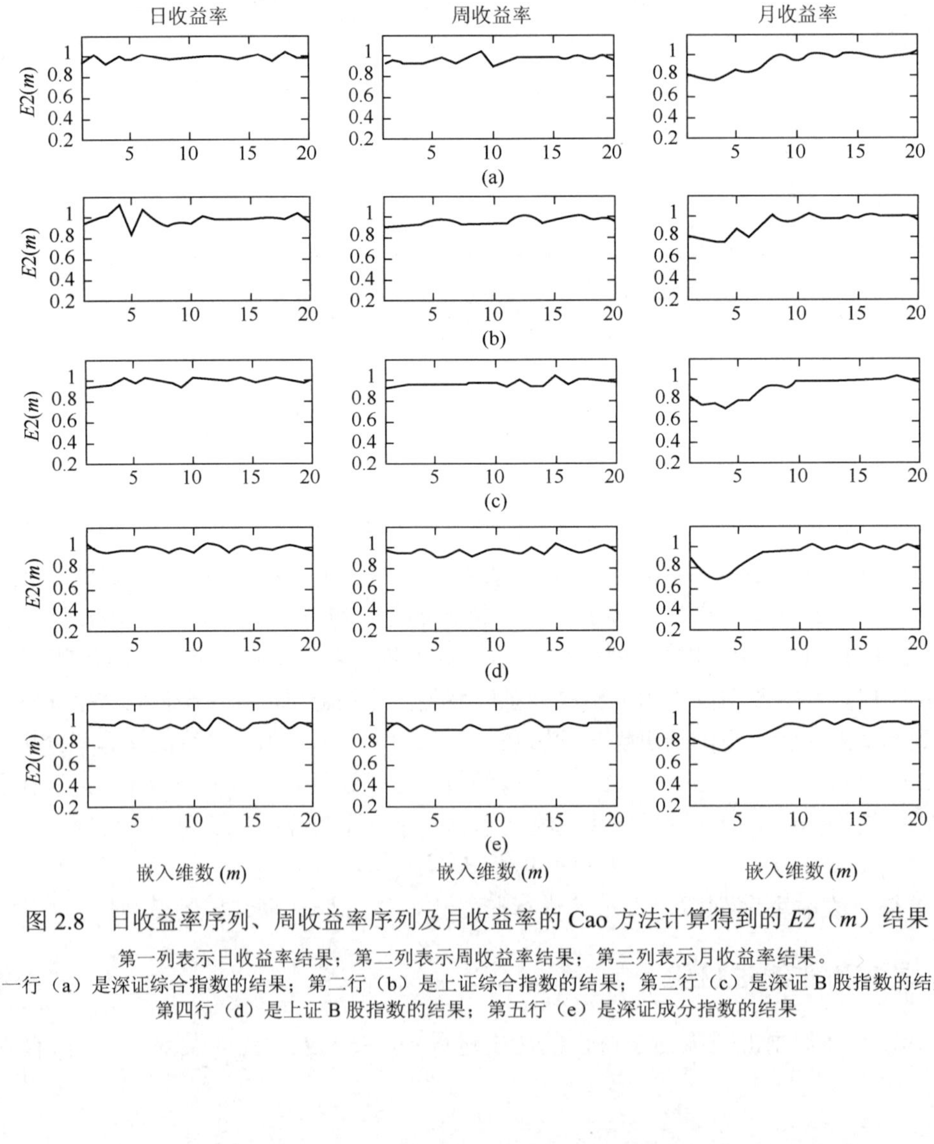

图 2.8　日收益率序列、周收益率序列及月收益率的 Cao 方法计算得到的 $E2$（m）结果

第一列表示日收益率结果；第二列表示周收益率结果；第三列表示月收益率结果。
第一行（a）是深证综合指数的结果；第二行（b）是上证综合指数的结果；第三行（c）是深证 B 股指数的结果；
第四行（d）是上证 B 股指数的结果；第五行（e）是深证成分指数的结果

2. 替代数据法

另外，用国际上流行的替代数据法，计算出月收益率序列的替代数据，替代数据只保留了原信号的线性特征，而去掉了原信号的所有非线性特征。当对原信号和替代数据分别计算分形维时，如果二者的结果一致，则表明原信号是线性信号；如果不一致，则表明原信号是非线性信号。这就很大程度上可以排除那些虽然也具有分形维但实质上是却是线性信号的序列（如上面提到的随机噪声等）。图 2.9（a）所示是原始的深证综合指数月收益率序列及其自相关函数［图 2.9（b)]，原始序列的替代序列［图 2.9（c)］及其自相关函数［图 2.9（d)]。如图所示原始数据和替代数据的自相关函数大致相同，表明二者的线性特征是相同的。但是计算发现原始的月收益率序列和其替代数据二者的关联维数不一致（深证综合指数的月收益率关联维数是 4.615；而其替代数据的关联维数却是 11.7562)，这就有力地证明了深证综合指数的月收益率序列是非线性的，非整数维数刻画出其内秉性的分形结构。

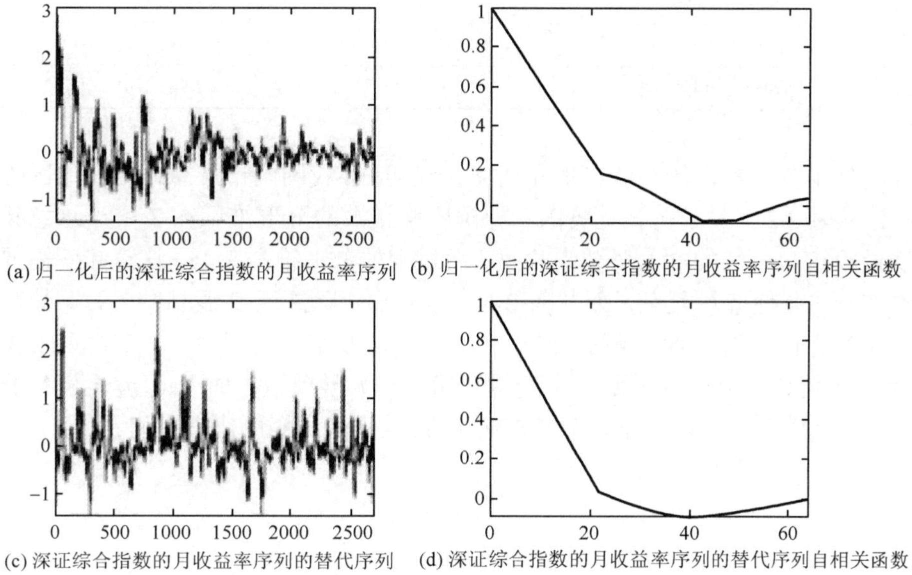

(a) 归一化后的深证综合指数的月收益率序列　(b) 归一化后的深证综合指数的月收益率序列自相关函数

(c) 深证综合指数的月收益率序列的替代序列　(d) 深证综合指数的月收益率序列的替代序列自相关函数

图 2.9　归一化后的深证综合指数的月收益率序列

Cao 方法和替代数据法从不同角度都得到了一致的结论，即月收益率序列具有确定性混沌特性，并来自于非线性系统，因而可以研究其内在的动力学演化，为投资和决策提供参考。

2.4.6　结果分析

通过上述分析，我们计算得出了中国股市各种指数月收益率的分形维值（关联维数）D_2，结果见表 2.1。其中 Surr_D_2 是对应的替代数据结果。可以看出，原始数据的关联维数和替代数据的关联维数均不一致，表明每种股指均是非线性的，而且具有分形结构，可用确定性混沌理论加以刻画。

表 2.1　中国股市指数的关联维数计算结果（m=11，L=16）

关联维数	深证综合指数（月）	上证综合指数（月）	深证 B 股指数（月）	上证 B 股指数（月）	深证成分指数（月）
D_2	4.615	3.2411	2.5875	3.3195	4.3665
Surr_D_2	11.7562	7.0897	7.9087	32.5083	6.3625

为对比中外股市的混沌特性，将埃德加 · E. 彼得斯 1990 年根据关联维数的方法计算得出的欧美发达地区股市的分形维列出，如表 2.2 所示。

表 2.2　海外股指分形维

指数	分形维
S&P500	2.33
MSC I 日本	3.05
MSC I 德国	2.41
MSC I 英国	2.94

比较国外主要股票市场与我国股市的复杂性可知，我国股市从总体上看比国外股市要复杂一些。从表 2.2 可知，美国、英国和德国股票指数的分形维都在 2～3。这意味着可以用三个变量给这些市场的动力学建立模型。而日本的分形维是 3.05，这意味着需要 4 个变量。日本市场比其他市场复杂。而从表 2.1 可以看出，除深证 B 股指数外，其他股指的分形维均在 3.2 以上，这就意味着我国股市比国外发达股市复杂很多。其中，深证 A 股市场比上证 A 股市场还要复杂，需要 5 个变量来建立动力学模型。而上证 A 股和 B 股则需要 4 个变量来建立模型。相比之下，只有深证 B 股需要 3 个变量建立模型。

第 3 章　股票价格行为定价模型及中国股市价格行为分析

3.1　随机微分方程定价模型及其评述

3.1.1　布朗运动价格模型

法国数学博士巴切利亚（Bachelier）1901 年在他的博士论文中，首次把时间连续的随机过程布朗运动与股票价格的变化联系在一起，对证券价格行为进行研究。法玛（Fama）与莫顿（Merton）等也对此进行了研究，并取得了一些成果。20 世纪 70 年代，布莱克（Black）和斯克莱斯（Scholes）在前人的研究成果的基础上，创造性地导出了股票期权定价模型，并由此而获得了诺贝尔经济学奖。

根据布朗运动定义，可以将股票价格 S 用瞬时期望漂移率 μS 和瞬时方差率为 $\sigma^2 S^2$ 的 ITO 过程来表示，其表达式为

$$\frac{\mathrm{d}S}{S} = \mu \mathrm{d}t + \sigma \mathrm{d}z \tag{3.1}$$

式中，变量 σ、μ 分别表示股票价格的波动率和预期收益率；dz 是维纳过程。

该模型的实质就是将股票的收益率表示成两部分，即由预期收益率和随机部分（白噪声）构成，较好地描述了股票的运行规律。因而该模型是学术界广泛接受的股票价格模型，但是，它只是对股票运行规律进行了较为宏观的描述，并且很难求解。

3.1.2　分数布朗运动价格模型

分数布朗运动价格模型的提出是通过研究股价的有偏随机游动而产生的，赫斯特在 20 世纪 40 年代全面地研究了有偏随机游动，芒德勃罗在 60 年代和 70 年代也作了全面研究。芒德勃罗把这种偏随机游动称为分数布朗运动。埃德加 • E. 彼得斯首次提出资本市场的分形市场的概念，并指出分数布朗运动可以更加准确地刻画金融市场的波动。

芒德勃罗（Mandelbrot）给出了分数布朗运动的定义，即在离散时间情况下，分数布朗运动成为分数差分噪声。如果随机序列 $\{w_t\}$ 满足差分方程：

$$\nabla^d w_t = \varepsilon_t \tag{3.2}$$

其中，$|d| < 0.5$（保证差分方程有唯一平稳解），$\{\varepsilon\}$ 为白噪声序列，则称 $\{W_t\}$ 为分数差分噪声序列。其赫斯特指数为 $H=d+1/2$。

分数差分算子 ∇^d 的定义，对于任意实数 $d>-1$，根据二项式定义差分算子：

$$\nabla^d = (1-B)^d = \sum_{j=0}^{\infty} \pi_j B^j \tag{3.3}$$

式中，

$$\pi_j = \frac{\Gamma(j-d)}{\Gamma(j+1)\Gamma(-d)} = \prod_{0<k\leqslant j} \frac{k-1-d}{k}, \quad \pi_0 = 1, j = 1, 2, \cdots \tag{3.4}$$

由于越来越多的证据证明，股票价格的运动是有偏随机游动，而不是均值回复的随机过程，布朗运动的价格模型就不能准确描述股票价格的运行规律，这种分数布朗运动的价格模型则很好地描述了股票价格的有偏随机游动的规律。

3.1.3 股票价格三维动力学模型

资本市场的价格运动由于信息的不均等消化而可能导致有偏随机游动，也叫做分数布朗运动，这里叫做分形随机序列。应用混沌理论重构相空间，并知道世界主要股市的分形维是 2～3，可以用三维相空间来构建模型，并且得知资本市场是具有奇异吸引子的混沌的系统，也就是说资本市场是具有分形集的。分形集就是动力系统中有哪些有不稳定轨迹的初始点的集合，即混沌集。混沌吸引子就是分形集。那么根据分形理论，分形是这样一类数学集合，它的局部和整体之间存在着结构、形态或功能上的相似性，当局部观测尺度变化时，这种相似性不变。因此，本章创造性地建立了反映内在价值因子、市场情绪或技术因子及流动性因子的三维动力学模型。

模型假设：存在三个这样的分形子集，其中一个分形子集反映因股票内在价值因子引起的那些不稳定轨迹的初始点的集合，另一个分形子集反映因市场情绪或技术因子引起的那些不稳定轨迹的初始点的集合，最后一个分形子集反映市场的流动性因子引起的那些不稳定轨迹的初始点的集合。这三个分形子集就构成了分形集。于是我们知道股票价格一维随机表达式如下：

$$\mathrm{d}s = a(s,t)\mathrm{d}t + b(s,t)\mathrm{d}w(t) \tag{3.5}$$

式中，$a(s,t)$为单位时间内股价 s 的预期变化，$b(s,t)$为单位时间内股价 s 的扩散部分；我们根据分形理论可以将以上布朗运动在三维相空间作映射便可得如下的三维随机微分方程过组：

$$\mathrm{d}x_k = \left(f'_{kt}(s,t) + f'_{ks}(s,t)a(s,t) + \frac{1}{2} f''_{ks}(s,t)b(s,t) \right)\mathrm{d}t + f'_{ks}(s,t)b(s,t)\mathrm{d}w(t), k = 1,2,3 \tag{3.6}$$

式中，f_k 表示映射函数。

证明：股票价格一维随机表达式如下：$\mathrm{d}s=a(s,t)\mathrm{d}t+b(s,t)\mathrm{d}w(t)$

并且假设存在三个映射 $f_k(k=1,2,3)$，将式（3.5）映到三维相空间上，其表达式为

$$y=f_k(s,t), \quad k=1,2,3 \tag{3.7}$$

根据 Ito 公式：

$$\mathrm{d}y = \frac{\partial f}{\partial t}(s,t)\mathrm{d}t + \frac{\partial f}{\partial s}(s,t)\mathrm{d}s + \frac{1}{2}\frac{\partial^2 f}{\partial s^2}(t,s)(\mathrm{d}s)^2 \tag{3.8}$$

这里，$(\mathrm{d}s)^2 = a\mathrm{d}t\mathrm{d}t + 2ab\mathrm{d}t\mathrm{d}w(t) + b^2\mathrm{d}w(t)\mathrm{d}w(t) = b^2\mathrm{d}t$

因为根据规则有：$\mathrm{d}t\mathrm{d}t=\mathrm{d}t\mathrm{d}w(t)=\mathrm{d}w(t)\mathrm{d}t=0, \mathrm{d}w(w)\mathrm{d}w(t)=\mathrm{d}t$，将$(\mathrm{d}s)^2=b^2\mathrm{d}t$ 代入式（3.8）得 $\mathrm{d}y_t = f_t'\mathrm{d}t + f_s'\mathrm{d}s + \frac{1}{2} f_s'' b\mathrm{d}t$，则

$$dy_t = \left(f_t' + \frac{1}{2}f_s''b\right)dt + f_s'ds$$

将式（3.5）代入得

$$dy_t = \left[f_t' + f_s'a(s,t) + \frac{1}{2}f_s''b\right]dt + f_s'b(s,t)dw(t) \tag{3.9}$$

证毕！

式（3.5）是股票价格一般 ITO 表达式。现将股票价格行为的简单表达式：

$$ds = \mu s dt + \sigma s dw(t)$$

代入式（3.6）得出如下方程组：

$$dy_1 = \left(f_{1t}'(s,t) + f_{1s}'(s,t)\mu s + \frac{1}{2}f_{1s}''(s,t)\sigma s\right)dt + f_{1s}'(s,t)\sigma s dw(t) \tag{3.10}$$

$$dy_2 = \left(f_{2t}'(s,t) + f_{2s}'(s,t)\mu s + \frac{1}{2}f_{2s}''(s,t)\sigma s\right)dt + f_{2s}'(s,t)\sigma s dw(t) \tag{3.11}$$

$$dy_3 = \left(f_{3t}'(s,t) + f_{3s}'(s,t)\mu s + \frac{1}{2}f_{3s}''(s,t)\sigma s\right)dt + f_{3s}'(s,t)\sigma s dw(t) \tag{3.12}$$

以上方程组分别为股价的随机时间序列在三维相空间的三个向量上的映射。

其中，dy_1 表示因情绪或技术因子引起的股价变化的微分；$\left(f_{1t}'(s,t)+f_{1s}'(s,t)\mu s+\frac{1}{2}f_{1s}''(s,t)\sigma s\right)$ 表示技术因子产生的预期变化；$f_{1s}'(s,t)\sigma s$ 为单位时间内 y_1 的扩散部分；dy_2 表示内在价值变化引起的股价变化的微分；$\left(f_{2t}'(s,t) + f_{2s}'(s,t)\mu s + \frac{1}{2}f_{2s}''(s,t)\sigma s\right)$ 表示该预期的变化；$f_{2s}'(s,t)\sigma s$ 为单位时间内 y_2 的扩散部分；dy_3 表示股票的流动性对股票价格变化的微分；$\left(f_{3t}'(s,t) + f_{3s}'(s,t)\mu s + \frac{1}{2}f_{3s}''(s,t)\sigma s\right)$ 表示股票的流动性对股票价格产生的预期；$f_{3s}'(s,t)\sigma s$ 为单位时间内 y_3 的扩散部分，因此式（3.10）表示因情绪或技术因子对股价的拉伸，它可以包含投资者对股票价格的预期对价格的影响；式（3.11）表示股票内在价值的变化对股票价格的影响，它表示股票内在价值或基本因子将股价拉回到吸引子的折叠；而式（3.12）则表示股票的流动性对股票价格的影响，流动性是市场存在的原因。

该模型比较微观地刻画了股票价格的运行规律，分别揭示了技术因子、内在价值、流动性对股票价格的影响。模型对科学的认识证券市场具有一定的理论和实际意义，如应用该模型结合一些实证方法可以对我国股市的投资和投机特征进行识别。

为了验证模型的实用性，作者在未来的研究中拟考虑用小波分析方法对我国股市收益率序列在三维相空间作小波基的正交变换，建立分别揭示了技术因子、内在价值、流动性的收益率序列，用来研究我国股市的价格规律。

3.2　有效市场模型

市场有效性是表示在证券市场上证券价格是否充分而准确反映全部相关信息，如过去的股价历史、交易量等，这表明股市达到弱式有效性。如果股票价格反映了投资者所能得到的有关股价、业绩等历史信息和与公司前景有关的公开信息，这就表明股市达到半强式有效性。如果股票价格反映了全部与公司有关的信息，甚至包括内幕消息，这就表明股市达到强式有效性。强式有效性就意味着股票价格在任何时候都反映股票的价值，也就是股票收益率是不可预测的。然而，在一定程度上股利具有可预测性，但不能预测到收益的变化，从某种意义上讲，股票价格是由预期所支付的股利来决定的。因此，股票价格就可以通过预测股利来确定。收益率不可预测的表达式为

$$E_t R_t = \delta \tag{3.13}$$

式中，E_t表示在时刻 t 包含所有公开信息条件下的数学期望；R_t表示从时刻 t 到 t+1 的扣除通货膨胀后的真实收益率（包括股息和资本利得），并且 δ 是常数。这里：

$$R_t = \frac{P_{t+1} - P_t + D_t}{P_t} \tag{3.14}$$

式中，P_t表示在时刻 t 的股票实际价格；D_t表示在时刻 t 时所支付的实际股利。这是约束条件为终端稳定条件的一阶理性预期模型，通过迭代法求解就可获得强有效市场模型：

$$R_t = \sum_{k=0}^{\infty} \frac{E_t D_{t+k}}{(1+\delta)^{k+1}} \tag{3.15}$$

式（3.15）表示股票价格可表示为未来预期股息的贴现，即股价反映了股票未来所支付的股利流。

该模型给出了市场强有效性下的价格表现形式，但是，由于收益率的不可预测性及未来所支付实际股利的不可观测性，因此，模型具有较强的理论意义，而在具体的实践中的指导意义却不强。

3.3　股利贴现模型

在确定普通股的内在价值时，一般均用收入资本化的方法，即采用如下的股利贴现模型：

$$V = \frac{D_1}{(1+k)^1} + \frac{D_2}{(1+k)^2} + \cdots = \sum_{t=1}^{\infty} \frac{D_t}{(1+k)^t} \tag{3.16}$$

式中，V 表示股票的内在价值；D_t表示 t 时刻的每股股利；k 表示贴现率。在现有的文献中，一般通过对股利的增长率进行假设，即可分别得出零增长模型，常数增长模型与复合增长模型。

3.3.1　零增长模型

零增长模型的前提条件是假设未来股利将保持不变。则过去一年所付的每股股利的货币值（D_0）也将在下一年（D_1）以及第 2 年（D_2）……各年付给。即

$$D_0 = D_1 = D_2 = D_3 = \cdots \tag{3.17}$$

于是，可以导出股利零增长模型的贴现如下公式：

$$V = D_0/k \tag{3.18}$$

3.3.2　常数增长模型

常数增长模型是假设股利从一个期间到另一个期间一直以相同的比率增长，所以称为常数增长模型。即

$$D_t = D_{t-1}(1+g) = D_0(1+g)^t \tag{3.19}$$

将式（3.19）代入式（3.16）得如下公式：

$$V = \sum_{t=1}^{\infty} \frac{D_0(1+g)^t}{(1+k)^t} \tag{3.20}$$

求解以上公式，当 $k > g$ 时，可以导出如下常数增长模型公式：

$$V = D_0\left[\frac{1+g}{k-g}\right] \tag{3.21}$$

3.3.3　复合增长模型

复合增长模型的核心在于假设将来的某个时间，股利以一个常数比率 g 增长。如果这一时间是 T，投资者将分别预测股利 D_1，D_2，D_3，…，D_T。之后，股利以投资者预测的常数比率 g 增长。于是，该模型由两个部分构成，即

$$V = \left(\sum_{t=1}^{T} \frac{D_t}{(1+k)^t}\right) + \left(\frac{D_{T+1}}{(k-g)(1+k)^T}\right) \tag{3.22}$$

从股利贴现模型和强有效市场模型的形式来看，它们之间是相似的。所不同的就是对贴现率的确定。在股利贴现模型中，贴现率可以人为确定，如以一般资本投资的回报率来表示，然而在强有效市场模型中，贴现率即收益率因不可预测性而难以确定。常数增长模型和复合增长模型则是对未来股利进行假设而得出的模型，主要是便于计算股票的内在价值。因此，股利贴现模型及由它导出的常数增长模型和复合增长模型具有较强的实用价值。

3.4　社会心理学和股利定价模型

该模型是由罗伯特·希勒（Robert J. Shiller）通过引入社会心理学的概念，并将投资者划分为“聪明钱”投资者（smart-money investors）和普通投资者（ordinary investors）。这个模型能够较好地显示出收益的不可预测性的经济学证据，以及广泛解释为支持市场有效模型的证据。

模型假设：存在“聪明钱”投资者，在一定的财富约束条件下，能对所有公开的信息可以做出快速和适当的反应。另外，假设他们对股票的需求与预期下一期的回报率是线性的，则

$$Q_t = \frac{E_t R_t - \rho}{\varphi} \tag{3.23}$$

式中，Q_t 表示时刻 t“聪明钱”投资者对股票的需求量；E_tR_t 为起始时间为时刻 t 的预期回报；符号 ρ 和 φ 为常数；ρ 表示当“聪明钱”对股票无需求时的预期真实的回报率；当 Q_t=1 时，真实的回报率是 $\rho+\varphi$；φ 是风险溢价，这种风险溢价越高，就会降低“聪明钱”投资者对股票的需求；ρ 和 φ 反映了“聪明钱”投资者的风险厌恶的程度。

普通投资者是指这些不能对预期回报率作预测的所有投资者。假设他们对消息作出过度的反应或比较容易受市场情绪的影响。当然不能假设他们所有的行为，因而定义 Y_t 表示普通投资者所需求的某一股票的总值。当市场均衡时，“聪明钱”投资者和普通投资者对股票的需求量之和为 1，这就是市场均衡表达式，即

$$Q_t + Y_t / P_t = 1 \tag{3.24}$$

于是可由式（3.15）推导出如下模型：

$$P_t = \sum_{k=0}^{\infty} \frac{E_t D_{t+k} + \varphi E_t Y_{t+k}}{(1+\rho+\varphi)^{k+1}} \tag{3.25}$$

由此来看，股票实际的价值就表示为预期未来所支付的股利和 φ 乘以预期普通投资者所需求的股票价值之和的贴现值，贴现率为 $\rho+\varphi$。当 φ 趋于 0 时，即“聪明钱”的影响非常大，表达式为一般有效模型这一极限形式；当 φ 趋于∞时，“聪明钱”的影响很小，表达式为另一极限形式，即 $P_t=Y_t$，此时，普通投资者决定价格。

该模型在引入普通投资者的需求以及风险溢价水平后，将强有效市场模型推广为一般模型，使该模型能有效解释美国股市的股票价格的行为规律，即股票的价格由未来所支付的股利和股票的需求所决定，而由于美国股市是一个成熟的股票市场，其价格主要由内在价值所决定，供求状况的改变可能只是局部影响股价的发展。

3.5 每股收益定价模型

在我国股市的实际投资实务中，许多证券分析人员则使用简单得多的过程来评价普通股票。本章提出了用于解释中国股市的每股收益定价模型，即首先估计次年的每股收益 E_1，然后估计股票的正常市盈率。而每股收益 E_t 又与公司的股利支付率 p_t 及每股股利 D_t 相关，关系式如下：

$$D_t = p_t E_t \tag{3.26}$$

将式（3.26）的 D_t 代入到式（3.25）中，可以得到如下公式：

$$P_t = \sum_{k=0}^{\infty} \frac{p_t E_t E_{t+k} + \varphi E_t Y_{t+k}}{(1+\rho+\varphi)^{k+1}} \tag{3.27}$$

该模型由于引入了每股收益的概念，使其用来解释我国股市中的股票价格的行为非常有效。由于我国股市的股利支付均较低，每股收益对股票价格的信号传递作用较为明显，因此，我国股市的价格水平主要是由市场中的供求关系来决定的。这就是我国股市的操纵行为及庄股特征普遍存在的主要原因。

3.6　中国股市价格行为分析

3.6.1　我国股市政策运行特征

纵观我国股市十余年的发展，政策主导股市的特征非常明显。在这方面的研究中，贺强（2003）通过对中国政策主导股市金融运行模型的研究，提出了监管者、股市政策、投资者、股市之间相互影响、作用的模式。他认为，监管者对股市具有既怕高又怕低的两种心理，因此，在股市处于较高水平，泡沫化程度很高时，为遏制股市的进一步投机及防范风险就出台“利空”消息，如管理层就推出查资金、查违规的政策以及扩容政策等。当股市暴跌到一定的低点，管理层又会推出托市、救市的政策，引起大量资金进场，股市大幅上涨，投资者面对监管者出台的利好消息和“利空”消息所表现出的投资行为通常为博傻买入和恐慌抛售，由于投资者利用这种协同的投资行为或者投资者的羊群效应，就会在股市向好时将股市进一步推高，从而形成股市的泡沫化。股市在低迷处于熊市的状况下就会进一步下跌，导致股指过低。股指过高和过低又会引起监管者的注意，又通过出台相应的政策来调控股市。我国股市中，这一循环模式的周而复始的运行又加强了股市受政策推动的特征。有关股市受政策影响的证据来自于作者 2003 年关于对沪深股市波动性突变行为的研究。该研究认为，沪深股市产生的方差变点中，有 90%以上是由于有关门出台的政策所致。这种股市政策市的运行特征可由模型作出合理的解释。当前，在我国股市中，投资者购买股票所获得回报主要是股票溢价所得到的资本利得。而通过股利回报则很少，即股利支付率很低，因此，在模型中，可以看出，股票价格上涨或下跌，则主要是由影响股价的供、求力量所决定的。而政府所出台的政策则是改变股市供求的决定性因子。

3.6.2　我国股市的庄股行为

关于我国股市的庄股行为，最有影响力的文章为我国著名经济学家吴敬琏教授 2001 年所写的关于基金“黑幕”的文章，他详细地揭示了股市中一些基金等机构投资者的坐庄行为。这一事件以及后来的“银广夏”的财务丑闻的冲击，同时伴随着国有股减持风波，从而使股市暴跌。上证综合指数从 2001 年 6 月中旬，炒至 2245 点的历史新高，到 2002 年后，股指直落 900 点，股指至 2003 年还在 1400 点左右徘徊。我国股市中的机构投资者的做庄行为以及中小散户投资者的跟庄行为普遍存在，从较早时期即 1996 年、1997 年我国股市的大牛市中，从琼民源（后来改为中关村科技）、深科技、四川长虹、深发展等一大批股票中都可以看到庄股的踪影。在这一阶段中，由于中国股市的上市公司家数较少（431 家），供给普遍不足，在国家不断下调存贷款利率的宏观政策背景下，大量违规资金不断进入股市将股市推向高点，深市在 1997 年 5 月炒至历史高点。沪市炒至 1510 点，因此，股市被炒得过高过热。在这一轮牛市中，有不少的庄家及投资者大发其财，也有不少的投资者倾家荡产。在这个阶段中，由于身处牛市，市场呈现出齐涨态势，因此，庄家一般采用在股价低位时不断买入，达到控盘后，然后不断拉高股价，最后，散布各种利好消息，在高位不断卖出手中股票来获取超额利润。

随着股市的进一步发展，我国股市的庄家操纵股价的方式发生了变化。即从早期的单纯操作股价到与上市公司共谋，这种共谋方式以 2003 年 5 月股价崩盘而连续发生十个跌停的世纪中天（0540）为典型代表。这种庄家操作模式简单概括为：即庄家先在二级市场收购大量流通股票，然后通过购买大量该公司国家股或法人股等未流通股，取得公司控股权、发言权。然后，通过各种所谓进行的“资产重组”“做业绩”“高比例送股”等题材配合其在二级市场拉升股价，从而谋取超额利益。类似的庄家操纵的股票有东方电子、中科创业、亿安科技等。据廖新 2003 年 9 月 8 日发表在《21 世纪经济报道》的文章，即关于西南证券总裁孙兵提剑“斩庄”的故事就进一步证明我国股市庄股普遍存在的事实，文中提到，位于上海定西路 659 号的西南证券营业部，自 2003 年以来“ST 民丰”的庄家中经投资，“徐工科技”的庄家农凯系，“西科药业”的庄家朱耀民；二级市场一系列“大腕”居然都跟这家营业部有染，其监控的机构资金一度达到 22 亿元。在徐工科技崩盘前，孙兵请走了该股票的庄家，从而避免了破产的命运。

我国股市的庄家操纵股票，是由于我国股市的机制缺陷造成的。一方面，由于股市没有全流通，有些机构投资者可以利用资金优势操纵一家，甚至多家上市公司（如我国股市所谓的德隆系），另一方面，由于上市公司普遍不能给投资者发放满意的现金股利，投资者只能通过股价上涨而获得资本利得，由于股市的不确定性，股市上庄家只有通过操纵股价来获利。同时，股市中的信息不对称及监管部门的不作为现象或事后监督管理行为，也导致了我国股市特有的庄股横行状况。

3.6.3 我国股市的信息不对称：逆向选择和道德风险

在证券市场上信息不对称（asymmetric information）指的是，交易的一方（如上市公司）拥有但另一方（如投资者）不拥有的信息。在我国的证券市场上，由于存在信息不对称，因而存在着逆向选择问题。例如，股市中广泛存在的上市公司因大量增发股票而导致股价跌破增发价的现象。由于我国证券市场上存在着一些以“圈钱”为目的的上市公司，而一些质地较好的上市公司想通过增发股票来融资，但由于信息不对称，投资者将通过增发新股的公司视为以“圈钱”为目的的公司，而选择放弃这样的股票，使得这些公司的股票跌破发行价，从而，有些公司不得不放弃增发新股的融资手段转而采用其他的融资方式。

由于信息不对称，我国股市存在着一定程度的道德风险问题。由于上市公司的经理人（管理者）不仅与大股东之间存在委托代理问题，而管理者与普通股投资者之间也有着委托代理关系。因此所有权与控制权的分离，如果经理人（管理者）以他们自己的利益而不是股票持有者的利益为行动目标，这种经理人（管理者）就存在道德风险，我国股市中，大股东掏空上市公司，以及某些上市公司高级管理人员参与二级市场操纵股价的行为就是属于信息不对称的道德风险问题。

3.6.4 庄家（机构投资者）、散户、政府的相互博弈

在我国股票市场上，根据拥有资金的多少将投资者分为：机构（庄家）和散户。根据不同的利益主体，在股票市场上存在着庄家与交易所、庄家与散户、庄家与庄家、庄家与

政府之间的博弈关系。

在庄家与交易所的博弈关系中，浙江大学的汪建坤等（2000）给出了在完全信息静态博弈假设下的支付矩阵。分析这一博弈，庄家与交易所在实现纳什均衡时的战略是：庄家做中等交易量，交易所不控制，结果是庄家得到 5 个单位收益，交易所得到 2 个单位收益。博弈的结果是庄家与交易所均增加了收益，同时也没有恶性炒作现象。

关于庄家与散户之间的博弈，郭怀英（2002）应用“智猪博弈”的例子来说明。在股票市场上，庄家就类似于大猪，散户就类似于小猪。散户既无能力收集信息，也无能力操纵股价，其最优战略只能跟庄，但在实际操作中，散户远没有“智猪博弈”中的小猪那么幸运，只有少量有分析能力的人才能盈利。李兴绪（2003）通过基于我国股市中机构与散户的博弈分析，对股市中的机构操纵行为研究得出的结论是，我国股票市场中机构利用信息不对称，操纵股票，而高价股票和低价股票均有可能被操纵。

庄家与政府之间的博弈，在股票市场中，政府既是交易规则的制定者，又是交易活动的裁判者和交易秩序的维持者。政府的目标函数是维持股票市场的健康、稳定和发展。政府具有怕高和怕低心理。股市上涨的太高，泡沫太大，系统风险就很大，严重时还可能引出金融大危机，此时，政府必然进行干预，对违规的机构和资金进行处理。股市跌得太低时，市场交易清淡，许多投资者亏损严重，为激活股市政府又出台救市的措施，此时，大量资金入市进行操作，庄家的最优策略是直到股市出现严重泡沫化引起政府的关注时开始收敛其投机行为。

第 4 章　证券市场波动性及中国证券市场行为的实证研究

4.1　股市波动模型的研究

4.1.1　引言

大量的经济与金融时间序列展示了随时间变化的波动性（即时间序列二阶矩的时变性）。目前对波动性进行描述的方法分为两大类，一类方法是 ARCH 模型及它们的变化形式，另一类方法是随机波动模型（stochastic volatility，SV）。在随机波动模型里，方差由一个不可观测变量决定。随机波动模型的一个显著的优点是它可以直接与一类应用在资产定价理论中的扩散过程相连。金融学家则通过对波动性自身特性以及股票价格与波动性的关系的研究而建立出一系列的模型。

4.1.2　股市波动持续性模型

金融波动的持续性是近年来金融市场研究的一个热点问题。在对金融市场的研究中，往往发现价格、收益及方差序列具有普遍而较强的持续性，这一现象无法用有效市场理论来解释。波动的持续性说明金融波动序列具有复杂的非线性结构，如何分析波动持续性的市场机制，并对之进行建模分析，以及解决在此基础上的定价、风险分析和防范等问题，都具有较强的理论意义和应用价值。在对波动持续性的研究中，国内著名学者张世英教授做了大量的研究工作并取得了很有价值的成果，并且还利用波动性模型对上海股市的波动和风险进行了研究，认为上海股市收益序列的波动具有很强的持续性。

对于表现波动性的方差序列的建模，恩格尔（Engle）提出了自回归条件异方差（autoregressive conditional heteroscedasticity，ARCH）模型，即

$$\begin{aligned} &R_t = f(x_t, b) + \varepsilon_t \\ &\varepsilon_t / \Omega_{t-1} \sim n.i.d.(0, \sigma_t^2) \end{aligned} \tag{4.1}$$

$$\begin{aligned} &\sigma_t^2 = a_0 + \sum_{i-1}^{q} a_i \varepsilon_{i-1} = a_0 + a(l)\varepsilon_t^2 \\ &a_i > 0(i = 0, 1, \cdots, q), \quad a(l) > 1 \end{aligned} \tag{4.2}$$

该模型引入了条件方差的概念，并且可以描述过程的异方差特征，因此广泛地应用于金融波动的研究中。此后，ARCH 模型不断得到扩展，衍生出一系列新的 ARCH 类模型，如 GARCH 模型、IGARCH 模型、ARCH-M 模型、FIGARCH 模型等。在 ARCH 建模中，往往发现方差序列具有单位根现象，此时，新信息对于未来条件方差的影响不会随时间推移而衰减，即所谓的“永久持续性”，也说明未来的风险受所有历史新信息的影响。

4.1.3　金融随机波动扩散模型

随机波动扩散模型是通过刻画方差波动的随机过程而构建的波动模型。赫尔和怀特（Hull and White，1987）、维金斯（Wiggins，1987）、斯科特等（Scott，1987）提出了随机波动的扩散模型。赫斯腾（Heston，1993）提出瞬时波动、对数波动性均满足均值回复的扩散过程。维金斯应用随机微分方程来刻画股票价格和波动性，模型如下：

$$\frac{\mathrm{d}s}{s}=\mu\mathrm{d}t+\sigma\mathrm{d}w_1 \tag{4.3}$$

$$\mathrm{d}\ln\sigma=-k(\ln\sigma-\alpha)\mathrm{d}t+\gamma\mathrm{d}w_2 \tag{4.4}$$

马克（Mark）和安莎莉（Anthony）2000 年还应用马尔可夫过程建立了均值回复的随机波动模型。

4.1.4　不对称波动性的定价模型

在证券市场上，本期收益率与波动性呈负相关关系，这种现象称为不对称波动性。金融学家们一直对股票价格及波动性的关系存在着浓厚兴趣。股票价格大幅下跌常伴随着市场波动性的增加，在股市崩盘时这种不均衡波动性是最明显的。Neison（1991）和 Glosten 等（1993）提出了含不对称波动性的 ARCH 模型。此外，Bakshi 等（1997）和 Bates（1996）应用连续时间随机波动模型验证了收益率与收益率波动性的负相关性。

Black（1972）等学者解释了美国证券市场的单个股票的不对称波动性。他们提出了杠杆效应假说：股票价格下跌（收益率为负）会加强金融杠杆，这种金融杠杆会增加股票的风险以及波动性。从一方面来看，这种杠杆效应与不对称波动性的意义是一样的，收益率的变化所反映的非对称波动性的特征揭示了时变风险溢价的存在性。从另一方面来看，预期波动性的增加又会致使股票价格的下降，这种现象称为波动性反馈效应（volatility feedback effect）。

杠杆效应和波动性反馈效应可以同时起作用。正如波动性反馈假说所示，预期波动性增加会引起股票价格的迅速下跌，而股票价格的下跌增强了金融杠杆，从而使波动性进一步增加，进而又致使股价下跌。

在波动性反馈效应的研究方面，Campbell 和 Hentschel（1992）做了大量工作并做出了一些重要贡献，他们首先提出了反馈效应机理的模型，并应用 GARCH 模型将收益率表示成与股利及股利波动性线性相关的模型。模型的最基本特征就是收益率与股利增长率呈正相关关系，而与股利的方差呈负相关关系。

Bekaert 和 Wu（2000）则给出了股利响应（dividend shock）和股利波动性响应（dividend volatility shock）都在不确定性下，公司股利增长率又满足随机波动过程的波动性反馈模型。这个模型能较好地反映不对称波动性以及对杠杆效应和反馈效应作出解释。模型如下：

设 $g_t=\ln(D_{t+1}/D_t)$ 是股利的增长率，满足随机波动过程，

$$g_{t+1}=\alpha_0+\alpha_1 g_t+\varepsilon_{d,t+1}\quad \varepsilon_{d,t+1}\big|I_t\sim N(0,\sigma_{d,t}^2) \tag{4.5}$$

$$\sigma_{d,t+1}^2=\beta_0+\beta_1\sigma_{d,t}^2+\sigma_{d,t}v_{t+1},\quad v_{t+1}\sim N(0,\eta_v^2) \tag{4.6}$$

设股利响应$(\varepsilon_{d,t+1})$与股利波动性（v_{t+1}）是相关的，即$\mathrm{corr}(\varepsilon_{d,t+1},\mathrm{v}_{t+1})=\rho_t$，这种相关性反映了杠杆效应。

设$p_t=\ln P_t$，$d_t=\ln D_t$，有式（4.7）：

$$p_t-d_t=c_0+c_1 g_t+c_2\sigma_{d,t}^2 \tag{4.7}$$

其中，参数为

$$c_1=\frac{\alpha_1}{1-\rho\alpha_1} \tag{4.8}$$

$$\begin{aligned}c_2=&\frac{(1-\rho\alpha_1)(1-\rho\beta_1)-\rho\eta_v\rho_l}{(1-\rho\alpha_1)\rho^2\eta_v^2}\\&\pm\frac{\sqrt{[(1-\rho\alpha_1)(\rho\beta_1-1)+\rho\eta_v\rho_l]^2-\rho^2\eta_v^2[1+2\rho_m(1-\rho\alpha_1)]}}{(1-\rho\alpha_1)\rho^2\eta_v^2}\end{aligned} \tag{4.9}$$

$$c_0=\frac{(-r^f+k)(1-\rho\alpha_1)+\alpha_0}{(1-\rho\alpha_1)(1-\rho)}+\frac{\rho\beta_0}{(1-\rho)}c_2 \tag{4.10}$$

则，收益率的线性解如下：

$$r_{t+1}=r^f+\lambda_1\sigma_{d,t}^2+\lambda_2\varepsilon_{d,t+1}-\lambda_3\sigma_{d,t}v_{t+1} \tag{4.11}$$

其中，

$$\lambda_1=-(1-\rho\beta_1)c_2 \tag{4.12}$$

$$\lambda_2=\frac{1}{1-\rho_2} \tag{4.13}$$

$$\lambda_3=-\rho c_2 \tag{4.14}$$

由于 c_2 有两个根，对于模型中的反馈效应，只有负根是有效解。由于负相关呈现为杠杆效应，因此，可以直接计算出收益率的条件方差：

$$\sigma_{r,t}^2=(\lambda_2^2+\lambda_3^2\eta_v^2-2\lambda_2\lambda_3\eta_v\rho_l)\sigma_{d,t}^2 \tag{4.15}$$

对于$\rho_t<0$，括号中的项为正。λ_3反映了反馈效应。如果λ_3为正，一个正的v_{t+1}会导致一个比收益率方差$\sigma_{r,t+1}^2$大的预期条件方差值，同时一个正的v_{t+1}对收益率r_{t+1}的影响是负的。由于杠杆效应，$\varepsilon_{d,t+1}$与v_{t+1}是负相关，则一个正的v_{t+1}与负的$\varepsilon_{d,t+1}$总是相对应的。因此，波动性反馈效应因杠杆效应得到加强。

4.2 美国证券市场波动性及中国证券市场行为的实证研究

在经济和金融研究中，由于对股票价格的定价，投资组合的风险的确定以及期权价格等衍生金融工具的定价和风险管理都需要确定股票市场的波动性，因而，对股票波动性的研究一直以来都是金融研究的一个热门领域。本节通过对美国股市波动性的研究成果和我国股市波动性研究成果进行比较，以突出我国的新兴股市的波动性特征以及波动性研究的不足。

4.2.1　美国股市的波动性

罗伯特 • 希勒（Robert J.shiller）应用由事后股利贴现值表示的简单有效市场模型，通过检验方差不等式来验证美国股市的强波动性特征。简单有效市场模型如下：

$$P_t = E_t P_t^* \tag{4.16}$$

$$P_t^* = \sum_{k-0}^{\infty} D_{t+k} \prod_{j-0}^{k} \gamma_{t+j} \tag{4.17}$$

这里，P_t^* 表示事后股利贴现值；γ_{t+j} 为实际的贴现因子，$\gamma_{t+j} = 1/(1+r_{t+j})$，$\gamma_{t+j}$ 表示在时间 $t+j$ 内的短期贴现率；P_t 表示实际的股价。罗伯特 • 希勒采用 1871～1988 年美国标准普尔指数数据作出了反映美国股市波动性的股价指数与事后股利贴现值的比较图，如图 4.1 所示。

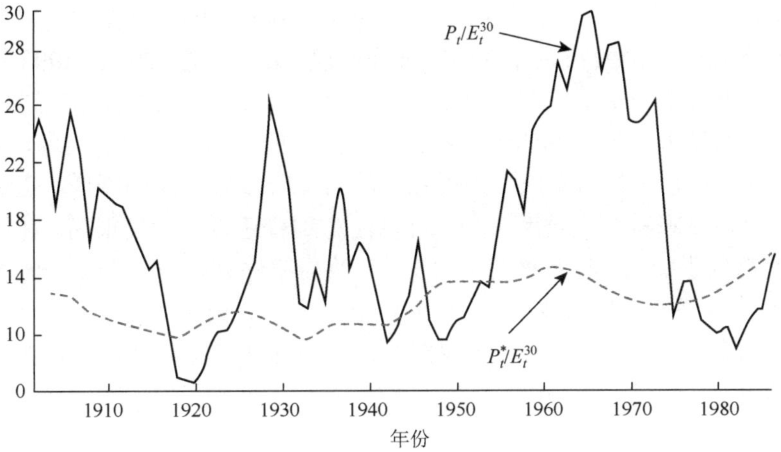

图 4.1　美国股市波动性的股价指数与事后股利贴现值的比较图（1901～1988 年）

在图 4.1 中，p_t/E_t^{30} 表示美国标准普尔指数实际市盈率；而 p_t^*/E_t^{30} 表示以实际所支付股利进行贴现来计算出的 p_t^* 后导出的事后市盈率，用来计算 p_t^* 的贴现率为 8.32%；E_t^{30} 表示实际每股收益的 30 年移动平均值。在计算 p_t^* 时，假设在 1988 年时，未来真实的股利的贴现值等于当时的价格，因此，在 1988 年时，$p_t/E_t^{30} = p_t^*/E_t^{30}$。从图中可以看出，实际市盈率的波动幅度比事后市盈率的波动幅度大得多。

同时，罗伯特 •希勒还通过检验实际的股价和事后股利贴现值这两组时间序列数据的方差检验来揭示股市的强波动性。检验模型如下：

$$X_t = E_t(X_t^*)$$

式中，E_t 表示在 t 时刻对于所有可获得的信息条件下的数学期望，有如下：

$$\sigma(x_t) = \rho(x_t, x_t^*)\sigma(x_t^*) \tag{4.18}$$

式中，σ 表示标准差；$\rho(x_t, x_t^*)$ 表示 x_t 和 x_t^* 之间的相关关系；由于 $\rho \leqslant 1$，于是有如下不等式：

$$\sigma(x_t) \leqslant \sigma(x_t^*) \tag{4.19}$$

罗伯特·希勒的检验结果显示，由图 4.1 所示的数据严重违反了不等式（4.19），1901～1987 年标准普尔指数（P_t）的样本标准差是 6.706，而指数事后贴现值 P_t^* 的标准差仅为 1.611。相对于指数事后贴现值，实际的股价指数表现出了很强的波动性。

4.2.2　中国股市的波动性

1. 沪深股市收益率序列的分布特征

将沪深股市的综合指数的日收益率定义为股指对数的一阶差分，即

$$R_t = \ln\left(P_t / P_{t-1}\right)$$

式中，P_t 表示 t 时刻的综合指数的日收盘价；P_{t-1} 表示 $t-1$ 时刻的综合指数的日收盘价。图 4.2 和图 4.3 分别是深沪综合指数收益率的时间序列分布图。从图中可以看出，按收益率值超过 20%可以将深沪股市收益率序列分为两段，第一段为 924 点（1995 年 5 月 23 日）以前，第二段为 924 点以后。从图中可以看出，前一阶段的波动性比后一阶段的波动性更强，而且一个正的较大的收益率的出现都会有一个负的大的收益率的出现，这说明股市在 1995 年 5 月 23 日以后“暴涨暴跌”的现象比较前一阶段有明显的降低，这说明投机程度有所减弱。但是，纵观整个收益率序列，可以注意到普遍投机程度很高。我国第二阶段的股市的平稳性得到了加强，收益率的幅度变小，收益率序列在每一个波动幅度较大的区域内均会出现大量的幅度较高的波动，这说明收益率序列会出现聚类现象，这一现象也说明收益率序列具有条件异方差显现。对于我国股市出现这些现象以及原因将在以后的章节中做进一步的研究。

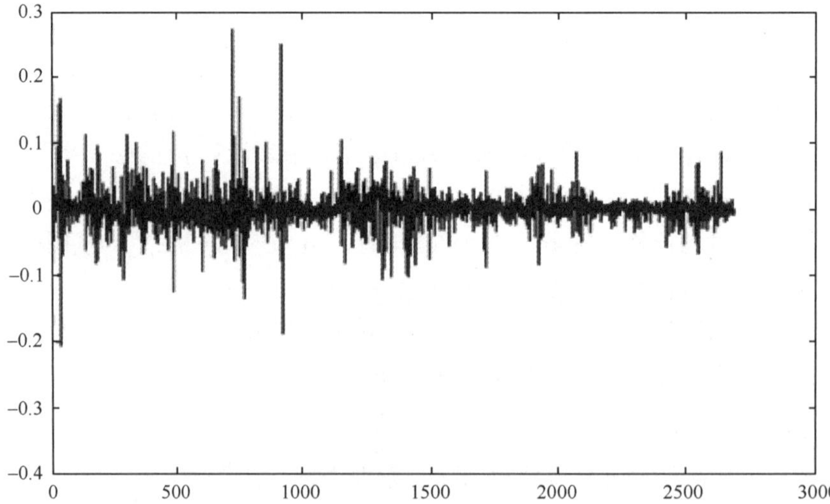

图 4.2　深证综合指数收益率序列分布图

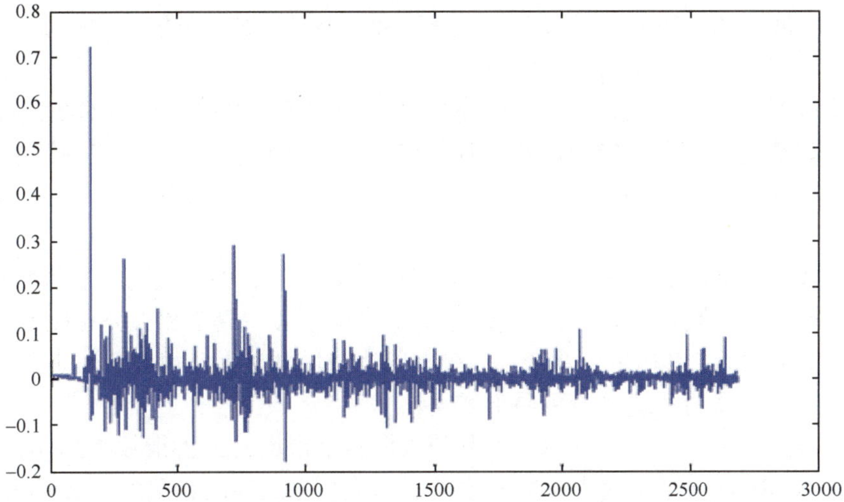

图 4.3　沪证综合指数收益率序列分布图

2. 中国股市波动性的实证分析

对我国股市波动性的研究越来越引起众多金融学界学者的关注。在现有的我国股市波动性研究的成果中，基本上都认为我国股市的波动性十分剧烈，显示出极大的不稳定性。并且其认为中国股票市场的波动程度明显大于成熟的股票市场，如美国股票市场。

随着对我国股市的波动性研究的不断深入，人们则把波动性的研究推向对波动性微观的刻画。刘金全和崔畅（2002）通过分析股票收益率序列之间的协整关系，发现沪深两市之间存在长期协整关系，即它们之间存在类似的长期趋势成分，而且，它们的短期误差修正系数存在一定的差距，说明它们存在不同的短期波动模式。同时他们还应用 GARCH 模型发现沪市对深市的“溢出效应”显著存在，而深市对沪市的“溢出效应”不显著存在。史代敏（2002）也通过协整分析方法得出了上证综合指数和深证综合指数存在着协整性，并指出由于沪深股市的交易制度、投资者结构、上市公司具有高度的“同质性”，加之资金在两个市场可以自由流动，因而沪深股市的价格变动应该具有一致性。李亚静等（2003）则根据 Granger 关于序列长记忆性的定义，从股市收益率与波动性两个方面研究了上海股市和深圳股市的长记忆性。他们研究的结果表明：中国股市收益率与波动性具有长记忆性，而且上海股市的记忆性明显强于深圳股市。

在股市波动性与经济波动的关系方面的研究中，朱东辰和余津津（2003）以沪市股价指数变动率和工业生产增长率作为研究变量，运用时间序列的分析方法实证分析了我国股市波动与实体经济变动的关系，得出了这样的结论，即我国股市的股价指数与工业指数间不存在长期均衡关系：在 1992 年 11 月至 2002 年 6 月的完整检验期间内的检验显示，我国股市波动不能预先反映经济增长；但在子期间 1997 年 6 月至 2002 年 6 月内，我国股市已经可以比较显著地预先反映经济增长。赵振全和张宇（2003）则通过多元回归和 VAR 模型来研究股票市场发展和宏观经济发展之间的关系，得出了这样的结论：同期之间股票市场波动和宏观经济波动之间存在着一定的关系，但是这种相互关系还很弱，宏观经济波动对股票市场波动的解释能力也很弱；宏观经济波动对股票市场波动的预测能力要强于股票市场波动对宏观经济波动的预测能力。

在中国股票市场价格波动的尺度特征方面，何建敏（2003）通过对我国股票市场的PDF的尺度特征进行研究后指出，我国股票市场不符合由单分形所定义的简单尺度特征，而是存在一种复杂的PDF的多尺度特征。并且还指出我国股票市场存在着广为流传的具有信息级联的跟庄现象。

在股票收益波动与BETA系数时变性方面，赵桂芹（2003）利用扩展的S-S模型，对上海股市2000年的日收益数据进行实证分析来讨论小公司股票和大公司股票收益波动和市场波动之间的关系。其研究结果表明，在市场波动加剧时大公司股票与小公司股票的反应是不同的，小公司的系统风险更易于增大。

赵留彦和王一鸣（2003）则应用上海和深圳两个市场的大盘指数和A股交易序列，借助于指数GARCH模型探讨中国股市收益率和交易量之间的相关性。其研究成果显示：交易量与同期的收益率水平明显正相关；虽然总体来看，交易量对收益波动没有确定一致的解释作用和先导作用，但将交易量划分为预期和非预期部分后发现，预期交易量不影响股价波动，而未预期到的交易量变动不但与同期的波动正相关，还可以为下期波动提供有限的预测信息。

除此而外，宋逢明和江婕（2003）通过消除涨跌停板对波动率估计的影响，用波动性的相对稳定性进一步分析波动性特征后发现，中国股票市场的整体波动性和指数波动性在1997年以后都有明显的下降趋势。并指出中国股票市场的波动性在趋向好的方向发展。另外，他们的研究成果还认为，中国股票市场的相关系数比较小，相对波动性高，中国股票市场的波动率缺乏相对稳定的分层，中国股票市场缺乏一批真正的蓝筹股股票。

从以上关于波动性的研究成果来看，对波动性特征以及波动性和其他因子的关系的研究的成果是比较多的，但是，对波动性的更为深入的研究将有利于我们加深对它的理解，从而对我们控制证券投资的风险具有非常重要的意义。本书在接下来的章节里将对我国股市波动性的突变行为和沪深股市价格和波动性的溢出效应，以及波动性的不对称性做进一步的深入研究，并建立我国股市波动性估计的GARCH模型。

4.3　沪深股市波动性突变行为研究

4.3.1　引言

过去四十多年以来，变点问题一直是统计学前沿研究的热点问题。它既在理论上有趣而又具有重要的应用价值，同时已应用于很多不同学科，特别是在经济学和金融学方面有广泛的应用价值。按统计学的定义，对于某一随机变量序列，如果存在一个时间点，在这个时间点以前的序列服从一种概率分布，而在这个时间点以后的序列则服从另一种概率分布（或同一种概率分布而参数不同），那么在这个序列中存在一个变点。因此，一个变点问题就包含两方面内容：其一是确定是否存在变化，其二是估计未知变点。当序列中存在两个以上的变点时，这种模型就称为多变点模型。

对于随机正态变量序列 x_1，x_2，…，x_n，其对应的参数（均值和方差）分别是（μ_1，σ_1^2），（μ_2，σ_2^2），…，（μ_n，σ_n^2）。假设 $\mu_1=\mu_2=\cdots=\mu_n=\mu$，且 μ 已知。关于变点的推断可以表示为检验原假设：

$$H_0:\ \sigma_1^2=\cdots=\sigma_n^2=\sigma^2\ （未知） \tag{4.20}$$

对应于备选假设：

$$H_A:\ \sigma_1^2=\cdots=\sigma_{k_1}^2\neq\sigma_{k_1+1}^2=\cdots=\sigma_{k_2}^2\neq\cdots\neq\sigma_{k_q+1}^2=\cdots=\sigma_n^2$$

式中，q 为变点的未知数，并且 $1\leqslant k_1<k_2<\cdots<k_q<n$，$k_1$，$k_2$，…，$k_q$ 为需要估计的变点的位置。因为方差与波动性的变化是相一致的，而研究波动性的变化又是近期经济学文献中的热点问题，因此，为了找出股票价格序列的变点，以上方差变点假设检验模型便是一个重要的模型。

Vostrikova 和 Ju（1981）提出的二分分段法能够同时检测出变点的数量和它们位置，并能够节约大量运算时间。Gupta 和 Chen（1996）已经应用这个方法成功地解决了在高斯随机向量序列的均值向量中寻找多均值变点问题，接着 Chen 和 Gupta（1997）又成功地用此方法寻找高斯随机变量序列的多重方差变点。这种二分分段法可以表示为如下步骤：首先在第一个阶段检测单个变点，如果没有变点，则接受零假设，如果存在一个变点，则这一点就将这个原始随机变量分成两个子序列，对于每个子序列，按第一步分别寻找出一变点，持续这个过程直到在每一个子序列中找不出变点为止。利用此方法，仅须检测和估计某一单个变点的位置，然后对每个子序列持续这一过程，并结合信息标准方法可寻找多个变点。为了获得寻找多个变点，仅需检验由式（4.20）定义的原假设 H_0 及相对应的下述备选假设：

$$H_1:\ \sigma_1^2=\cdots=\sigma_k^2\neq\sigma_{k+1}^2=\cdots=\sigma_n^2 \tag{4.21}$$

式中，$1<k<n$，k 是每个阶段中某一未知变点的位置。

4.3.2　寻找方差变点的方法

在统计学中有几种寻找方差变点的方法，其中 Chen 和 Gupta（1997）提出一种有效的信息标准方法寻找方差变点，并且用这个方法成功地找出纽约道琼斯工业平均指数从 1971～1974 年的方差变点，并获知这些变点均与重要的历史和经济事件有关。

西沃兹信息标准（SIC）定义为：$-2\log L(\hat{\theta})+p\log n$，这里 $L(\hat{\theta})$ 是模型的极大似然函数，p 是模型中的自由参数的数量，n 是样本大小。按这个定义，对于零假设对应有一个模型，而对假设 H_1 则有 n–3 个模型，选择接受 H_0 或 H_1 将取决于最小信息标准的原则。即当 $\mathrm{SIC}(n)\leqslant\min\limits_k \mathrm{SIC}(k)$，则接受 H_0，而如果对某一 k，$\mathrm{SIC}(n)>\mathrm{SIC}(k)$，则拒绝 H_0，也就是接受 H_1。于是用 $\hat{k}$ 估计变点 k 的位置，如下：

$$\mathrm{SIC}(\hat{k})=\min_{1<k<n}\mathrm{SIC}(k) \tag{4.22}$$

这里 SIC(n)是在假设 H_0 时的 SIC，而 SIC(k)是假设 H_1 时的 SIC，对 k=2, …, n–2。我们可推导出：

$$\mathrm{SIC}(n)=n\log 2\pi+n\log\hat{\sigma}^2+n+\log n \tag{4.23}$$

以及

$$\mathrm{SIC}(k)=n\log 2\pi+k\log\hat{\sigma}_k^2+(n-k)\log\hat{\sigma}_{n-k}^2+n+2\log n \tag{4.24}$$

这里

$$\hat{\sigma}^2=\frac{1}{n}\sum_{i=1}^{n}(x_i-\mu)^2\ ,\quad \hat{\sigma}_k^2=\frac{1}{k}\sum_{i=1}^{k}(x_i-\mu)^2\ ,\quad \hat{\sigma}_{n-k}^2=\frac{1}{n-k}\sum_{i=k+1}^{n}(x_i-\mu)^2$$

$\hat{\sigma}^2$是在 H_0 下 σ^2 的极大仍然估计，而 $\hat{\sigma}_k^2$ 和 $\hat{\sigma}_{n-k}^2$ 分别是在 H_1 下 σ_k^2 和 σ_n^2 的极大拟然估计。

在古典统计分析中，发现一个测试统计量的分布比较困难，与传统的方法相比，对于探索性的数据分析，Chen 和 Gupta（1997）的信息标准方法是行之有效的方法，尤其对不须找出统计量的分布类型的数据，特别当用此方法找到的变点太多的情况下，该文作者引入了显著水平参数 α 以及与之相联系的临界值 C_α，这里 $C_\alpha\geqslant 0$。当 $\mathrm{SIC}(n)<\min\limits_{2\leqslant k\leqslant n-2}\mathrm{SIC}(k)$ 时，拒绝零假设 H_0；当 $\mathrm{SIC}(n)<\min\limits_{2\leqslant k\leqslant n-2}\mathrm{SIC}(k)+C_\alpha$ 时，则接受 H_0，这里对于所使用的 α 值可参阅该文献。

本章将二分分段法及信息标准方法有机结合，给出了一个简单而迅速的方法估计变点的数量以及变点的位置，即通过比较 SIC 的值可以同时确定变点的数量以及它们的位置。

4.3.3　应用

以下应用 SIC 方法寻找上证综合指数和深证综合指数的方差变点。

1. 数据概况

所采用数据来源于中国钱龙数据库。上证综合指数的数据总数为 2689 个，时间是从 1991 年 10 月 3 日到 2002 年 9 月 2 日；而深证综合指数（DATA6）的数据总数为 2712 个，时间是从 1992 年 9 月 2 日到 2002 年 9 月 2 日，所用于变点分析的数据均为日收盘价。

2. 收益率分布

P_t 表示综合指数收益价，将收益价数据转换为收益率序列，$R_t=\dfrac{P_{t+1}-P_t}{P_t}$，$t$=1,…,$n$，根据经验，收益率序列{$R_t$}服从均值为零的正态分布，上证综合指数收益率散点图和深证综合指数收益率散点图，如图 4.4 和图 4.5 所示。

从图 4.4 和图 4.5 可以清楚地看到收益率序列中有多个方差变点，而自相关分析显示，收益率序列可被看成为一个不相关的序列，如图 4.6 和图 4.7 所示。应用 Matlab 软件计算由 4.3.2 节定义的 SIC 的值。

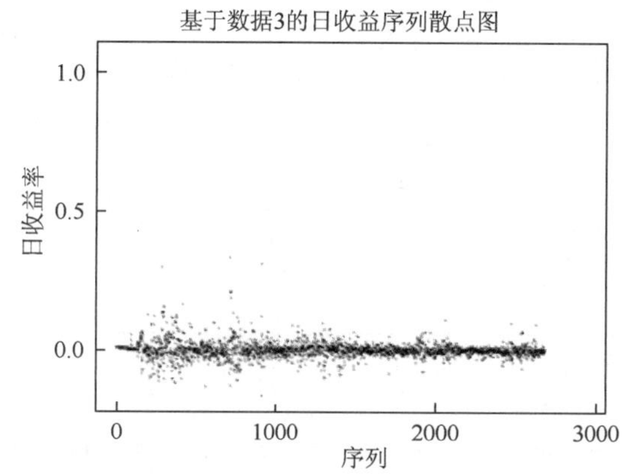

图 4.4　上证综合指数收益率散点图

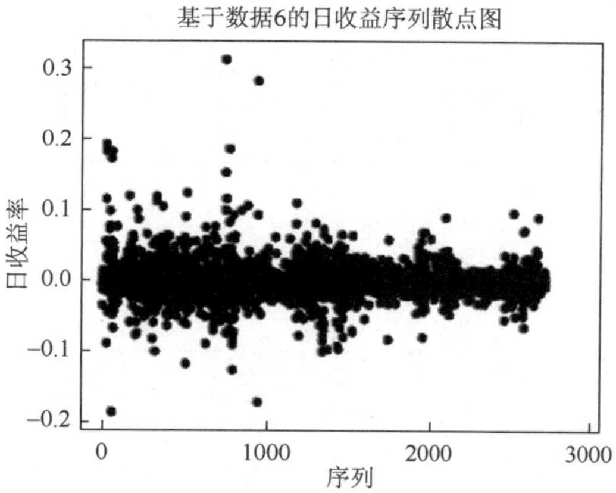

图 4.5　深证综合指数收益率散点

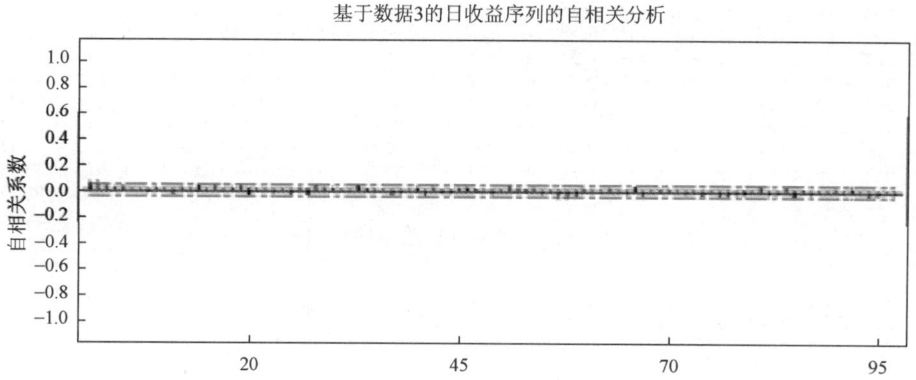

Laq	Cort	T	LBQ	Laq	Cort	T	LBQ	Laq	Cort	T	LBQ	Laq	Cort	T	LBQ	Laq	Cort	T	LBQ
1	0.05	2.65	7.05	16	0.03	1.77	36.18	31	−0.01	−0.30	50.43	46	0.02	1.02	64.79	63	0.02	1.02	97.95
2	0.06	3.11	16.78	17	0.00	0.24	36.24	32	−0.00	−0.04	50.43	47	0.01	0.47	65.02	62	0.01	0.51	96.80
3	0.03	1.51	10.10	18	0.02	0.97	37.23	33	0.03	1.38	52.44	48	0.00	0.16	65.05	63	0.02	1.02	97.95
4	0.02	1.09	20.31	19	0.03	1.52	39.62	34	0.00	0.17	52.47	49	−0.02	−0.98	66.07	64	0.01	0.41	98.13
5	0.03	1.41	22.33	20	−0.02	−1.28	41.31	35	0.01	0.50	52.73	50	−0.01	−0.58	66.43	65	−0.02	−0.78	98.80
6	−0.00	−0.26	22.40	21	0.00	0.04	41.31	36	−0.01	−0.42	52.92	51	0.03	1.71	69.55	66	0.02	1.18	100.32
7	−0.00	−0.02	22.40	22	−0.01	−0.40	41.47	37	−0.04	−1.93	56.88	52	0.01	0.68	70.05	67	−0.03	−1.41	102.50
8	−0.02	−1.08	23.60	23	−0.02	−1.08	42.68	38	−0.02	−0.82	57.57	53	0.01	0.46	70.28	68	−0.00	−0.16	102.53
9	0.01	0.60	23.96	24	−0.01	−0.47	42.91	39	−0.01	−0.48	57.81	54	0.02	0.80	70.98	69	0.02	0.89	103.41
10	0.00	0.04	23.96	25	−0.03	−1.41	44.97	40	0.01	0.70	58.33	55	−0.02	−0.99	72.03	70	0.02	0.85	104.21
11	−0.04	−2.23	29.07	26	0.02	0.84	45.71	41	−0.03	−1.47	60.61	56	−0.01	−0.39	72.19	71	0.01	0.26	104.28
12	0.02	1.09	30.43	27	−0.03	−1.40	47.76	42	0.02	0.79	61.27	57	−0.06	−2.78	80.51	72	−0.02	−0.99	105.37
13	0.01	0.36	30.43	28	0.02	1.23	49.35	43	−0.02	−0.86	62.05	58	−0.06	−2.89	89.55	73	−0.01	−0.50	105.64
14	0.03	1.55	32.90	29	0.01	0.72	49.89	44	−0.02	−1.03	63.17	59	−0.05	−2.33	95.45	74	−0.03	−1.69	108.81
15	0.00	0.24	32.96	30	0.01	0.65	50.33	45	0.01	0.69	63.67	60	0.02	0.98	96.50	75	−0.01	−0.59	109.19

图 4.6　上证综合指数日收益率序列自相关分析

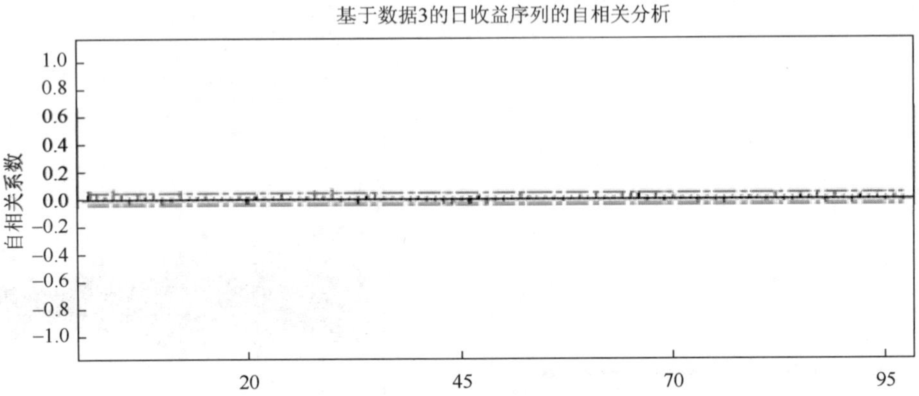

Lag	Cort	T	LBQ	Lag	Cort	T	LBQ	Lag	Cort	T	LBQ	Lag	Cort	T	LBQ	Lag	Cort	T	LBQ
1	0.05	2.47	6.12	16	−0.00	−0.19	50.68	31	−0.02	−1.08	79.72	46	−0.04	−1.79	101.97	61	0.03	1.61	114.35
2	0.05	2.41	11.58	17	−0.00	−0.06	50.68	32	−0.01	−0.06	80.11	47	0.02	0.94	102.93	62	0.01	0.26	114.44
3	0.02	1.21	13.46	18	−0.00	−0.11	50.70	33	−0.03	−1.59	82.83	48	−0.03	−1.46	105.28	63	−0.01	−0.57	114.80
4	0.07	3.55	26.19	19	0.01	0.60	51.07	34	0.02	0.86	83.63	49	−0.02	−0.91	106.18	64	0.03	1.64	117.78
5	0.03	1.52	28.56	20	−0.04	−1.86	54.67	35	0.03	1.49	86.03	50	−0.02	−0.76	106.81	65	0.04	2.13	122.82
6	−0.03	−1.76	31.72	21	0.01	0.65	55.11	36	−0.01	−0.28	86.11	51	−0.01	−0.26	106.88	66	0.02	1.24	124.55
7	0.04	1.84	35.21	22	0.01	0.29	55.20	37	0.01	0.46	86.33	52	0.03	1.34	108.87	67	−0.02	−0.79	125.24
8	0.01	0.63	35.63	23	0.01	0.26	55.27	38	0.00	0.14	86.35	53	0.00	0.09	108.88	68	0.03	1.59	128.07
9	0.03	1.70	38.60	24	0.01	0.26	55.27	39	−0.02	−1.05	87.54	54	0.01	0.54	109.19	69	−0.01	−0.73	128.67
10	−0.03	−1.78	41.85	25	0.00	0.08	56.82	40	0.01	0.28	87.62	55	0.00	0.17	109.22	70	0.02	0.87	129.53
11	−0.02	−1.12	43.14	26	0.00	0.25	56.89	41	−0.02	−1.22	89.22	56	0.01	0.45	109.45	71	0.00	0.03	129.53
12	0.05	2.55	49.91	27	−0.00	−0.22	56.94	42	−0.02	−0.92	90.14	57	−0.02	−1.12	110.84	72	−0.01	−0.41	129.72
13	0.00	0.18	49.94	28	0.06	2.91	65.89	43	−0.03	−1.76	93.48	58	0.00	0.05	110.84	73	−0.03	−1.35	131.78
14	0.01	0.36	50.07	29	0.02	1.17	67.33	44	−0.04	−1.86	97.23	59	0.01	0.64	111.29	74	0.01	0.39	131.95
15	0.01	0.74	50.64	30	0.06	3.24	78.47	45	−0.02	−1.06	98.46	60	0.01	0.43	111.50	75	−0.02	−0.91	132.91

图 4.7　深证综合指数日收益率序列自相关分析

4.3.4　上证和深证综合指数变点及其经济意义分析

通过变点分析得到的上证和深证综合指数的变点，见表 4.1 和表 4.2。

表 4.1　上证综合指数的变点

点位	时间	点位	时间
3	1991 年 10 月 4 日	161	1992 年 5 月 20 日
12	1991 年 10 月 17 日	918	1995 年 5 月 15 日
26	1991 年 11 月 6 日	923	1995 年 5 月 22 日
27	1991 年 11 月 7 日	924	1995 年 5 月 23 日
42	1991 年 11 月 28 日	925	1995 年 5 月 24 日
64	1991 年 12 月 30 日	1521	1997 年 10 月 23 日
91	1991 年 2 月 11 日	2638	2002 年 6 月 20 日
92	1992 年 2 月 12 日	2640	2002 年 6 月 24 日
149	1992 年 5 月 4 日	2686	2002 年 8 月 27 日
160	1992 年 5 月 19 日		

表 4.2　深证综合指数的变点

点位	时间	点位	时间
3	1991 年 9 月 3 日	1166	1996 年 4 月 12 日
7	1991 年 9 月 7 日	1470	1997 年 7 月 9 日
22	1991 年 9 月 25 日	1518	1997 年 9 月 15 日
63	1991 年 11 月 25 日	1522	1997 年 9 月 19 日
940	1995 年 5 月 12 日	2660	2002 年 6 月 19 日
946	1995 年 5 月 22 日	2709	2002 年 8 月 27 日

首先，从表 4.1 和表 4.2 可以看出，沪市从 1991 年 10 月 4 日到 1992 年 5 月 20 日共有 11 个变点，然而深市从 1991 年 9 月 3 日到 1991 年 11 月 25 日共有 4 个变点，这些变点是股市在不断增加的投资将股市进一步推高而产生的，在这个阶段，沪市的变点多于深市的变点说明当时沪市股票投机的程度大于深市，这一点也可以从沪深股市不同的涨升幅度看出，如沪市从 1991 年 10 月 4 日综合指数收盘价为 182.48 到 1992 年 5 月 25 日的 1421 共上涨了 6.8 倍，而深市从 1991 年 9 月 3 日综合指数收盘价为 48.52 到 1992 年 6 月 1 日的 306.39 共上涨了 5.3 倍。在短期内产生如此多的变点和股价的令人吃惊的涨幅的是因为非理性的过度投资以及股票供给不能满足投资者的需求，从表 4.3 可知，截至 1992 年年底在沪深股市上市的 A 股票总数为 35 只。由此可见，在这一阶段股票的上涨已经远远的偏离其内在的价值，积累了很大的风险。

其次，由表 4.1 和表 4.2 可知，沪市在 1995 年 5 月 15 日、5 月 22 日、5 月 23 日、5 月 24 日出现了变点，而深市则在 1995 年 5 月 12 日、5 月 22 日出现了两个变点。从查阅到的相关文献中可以看出，中国政府有关部门分别在 1995 年 2 月 22 日公布了新国债发行的消息，而沪市对这一消息的反应是上证综合指数的当日下跌幅度 9.9%，在 1995 年 5 月 18 日有关部门又出台了暂停国债期货市场的政策，当日深市综合指数比上日上涨 28.3%，而沪市综合指数上涨幅度为 31%，接着于 5 月 23 日有关部门又推出了 1995 年新股发行规模的股市扩容政策而导致深市下跌 17.2%以及沪市下跌 19.8%的巨大波动。由此看来，1995 年沪深股市所产生的变点是政府出台有关政策所导致，沪市出现的变点多于深市表明，在这段时期中沪市对政策的敏感性和波动性比深市大。

表 4.3　中国上市公司统计表

上市时间	1990 年	1991 年	1992 年	1993 年	1994 年	1995 年	1996 年	1997 年	1998 年	1999 年	2000 年	2001 年	2002 年	2003 年
发行 A 股	10	14	35	140	227	242	431	627	727	822	955	1025	1085	1146
发行 B 股	0	0	0	6	4	12	16	25	26	26	28	24	24	24
发行 A 股和 B 股	0	0	18	34	54	58	69	76	80	82	86	88	87	87
发行 A 股和 H 股	0	0	0	3	6	11	14	17	18	19	19	23	29	29
合计	10	14	53	183	291	323	530	745	851	949	1088	1160	1225	1286

随着股市的进一步发展，从表 4.1 和表 4.2 中可以看出，深市在 1996 年 4 月 12 日产

生了一个变点，而沪市在这段时期却没有出现变点。回顾历史，我们知道上海和深圳股市经过了很长的低迷期后，两市从 1996 年 4 月 12 日到 1996 年 12 月 6 日均产生了较大的涨幅。在 4 月 12 日深证综合指数收盘价为 119.36，而深证综合指数收盘价在 11 月 29 日达到了一个高点为 419.63，其上涨幅度为 251%，上证综合指数也从 4 月 12 日的 603.02 上涨到 12 月 6 日 1029.14，其上涨幅度为 70.7%。由此可见，深市上涨的幅度远大于沪市，1996 年沪深股市只产生了一个变点意味着，当时股市呈现出深强沪弱的特点，也就是说大量资金涌入深市将其推向了令人吃惊的高点。接着，为了控制市场的过度投机和控制风险，有关部门相继出台了一些政策干预市场，如《人民日报》社论，沪深股市于 12 月 12 日到 17 日连续出现很大的下跌，平均每天的下跌幅度达到 9.4%。对于 4 月 12 日产生的这个变点，究其原因是，当时股票在长期下跌后，大量股票的价格接近其发行价，股市已经积累了要涨升的能量，当时政府正在实行“软着陆”宏观政策，并且已经取得了一定成效，特别是中国政府分别于 1996 年 5 月和 8 月的两次下调人民币存贷款利率，诱发了大量的资金投入股市，使股市产生了令人吃惊的涨幅，从而深市呈现出了这个非常有意义的变点。

从表 4.1 和表 4.2 还可以看出，在 1997 年 10 月 23 日沪市产生了一个变点，而深市于 1997 年 7 月 9 日、9 月 15 日、9 月 19 日产生了 3 个变点。回顾历史发现，这些变点刚好发生在 1997 年的东南亚金融危机的时候，由于受到国际金融投机资本的冲击，1997 年 7 月 2 日泰国中央银行宣布放弃实行了 14 年之久的固定汇率制度，泰国遭受了巨大的损失，到 10 月 31 日，泰铢贬值了 58.6%。继泰国之后，菲律宾、马来西亚和印度尼西亚、韩国等也陷入了危机之中。在东南亚金融危机得逞的国际投机家们又对中国的香港和台湾的金融市场进行冲击，10 月 17 日，台湾弃守新台币，然而在香港特别行政区政府的反击下，投机家们损失惨重，联系汇率得以维持，但是香港股市也有很大损失。在这样的背景下，沪深股市产生了具有下跌趋势的变点，这样的变点反映了亚洲金融危机对中国股市的影响。

从表 4.1 和表 4.2 也可以看到，深市的最近的变点产生于 2002 年 6 月 19 日和 8 月 27 日，沪市的变点产生于 2002 年 6 月 20 日、6 月 24 日及 8 月 27 日，这些变点是市场对国务院发出的关于停止执行《减持国有股筹集社会保障资金管理暂行办法》中关于利用证券市场减持国有股的规定的政策产生的反应而产生的，这个政策于 6 月 23 日晚些时候公布出来后，沪深股市分别于 24 日、25 日两天内均产生了 9%的涨幅。这个变点的产生是否预示着沪深股市在未来较长的时间内会有较大的涨幅，这还需要时间来证明。

4.3.5　关于波动性突变行为的启示

综上所述，通过以上分析可以得出如下结论。

（1）变点分析是一种非常有用的股票投资分析方法，证券市场股市收益率序列产生的变点能正确解释国际经济环境和国家宏观经济以及政府出台的有关股市的重大政策对股票市场的影响。

（2）股市变点还具有较大的股市预测功能。如上分析，发生于不同时期的变点，其后股票市场均产生了较大涨升或下跌，变点的出现就揭示出了股票市场的未来趋势，因此，变点分析可以为投资者投资提供一定的决策依据。

（3）沪深股市在变点出现的时间上呈现一定程度的协同性和独立性，这说明了沪深股市是相互影响而趋向统一的证券市场，同时在局部的时间范围内，它们又各维持着自己的独立的趋势特征，这种变点的相关性和独立性的行为特征也是沪深股市之间存在协同性和溢出效应的证据。

4.4　沪深股市价格和波动性的溢出效应

4.4.1　引言

随着资本投资的自由化和资产证券化的日益加快，证券市场之间的相互关联性正日益增强。因而，目前研究证券市场之间股票价格及波动性的溢出效应便成为国际和国内学者感兴趣的课题。在这方面的研究中，Eun 和 Shim（1989）采用 VAR 方法发现在世界九个最大的股票市场中互相影响的证据，并且还指出来自于美国股票市场的信息对其他股市的影响起着决定性的作用。Hamao 等（1990）采用 ARCH-M 模型给出了从纽约市到东京股市以及从伦敦股市到东京股市的溢出效应，但从东京股市到纽约股市或伦敦股市则没有溢出效应。而 Lee（2002）则应用小波分析的方法研究纽约股市和韩国股市之间的溢出效应，得到的结论是从纽约股市到韩国股市有明显的溢出效应，而韩国股市对纽约股市却不存在溢出效应。尽管 GARCH 模型被广泛应用于研究中，由于 VAR 方法是采用回归模型中的预测误差项，而 GARCH 方法是采用所估计的 ARCH 误差项，因此，这样的方法很容易受到模型自身的影响。

小波分析方法是一种窗口大小（即窗口面积）固定但其形状可改变，时间窗和频率窗都可改变的时频局部分析方法。即在低频部分具有较高的频率分辨率和较低的时间分辨率，在高频部分具有较高的时间分辨率和较低的频率分辨率，因此，它在时域和频域同时具有良好的局域化性质。从小波的多分辨率分析中可知，任何函数 $f(t)\in L^2(R)$ 都可以由分辨率为 2^{-N} 时 f 的低频部分（离散逼近信号）和分辨率为 $2^{-j}\,(1\leqslant j\leqslant N)$ 下 f 的高频部分（细节信号）完全重构，因此通过小波的多分辨率分析，将股票收益率序列分解为不同频率的高频和低频部分，由于高频部分又具有较高的时间分辨率，因而可以通过分析不同股市收益率序列的小波变换的高频信号的相互关系来判断股市之间的溢出效应，从而避免了用 VAR 和 GARCH 方法研究股市溢出效应的不足。

本节应用小波分析方法研究沪深股市的价格和波动性的特征以及两市之间的溢出效应。也就是用小波分析对上证和深证综合指数收益率序列作信号分解，即分解为高频信号（细节信号）和低频信号（离散逼近信号），即先将沪深综合指数序列转换成对数收益率序列，然后应用 Matlab 中的小波分析软件对以上对数收益率序列做多分辨率分析，得出两市对数收益率序列的高频和低频信号序列，最后用计量经济学中的一元回归模型来检验两市对数收益率序列的高频信号之间的关系来确定沪深股市价格和波动性的溢出效应。

由于小波变换是一种信号的时间-频率分析方法，它具有多分辨率的特点，而且在时频两域都具有表征信号局部特征的能力，是一种窗口大小固定不变但其形状可改变，时间窗和频率窗都可以改变的时频局部化分析方法，用小波方法就很容易地将股票收益率序列分解成一系列在时频两域都具有表征信号局部特征的新的时间序列，然后通过比较不同股市的高频信号序列的关系，就可知道它们之间是否存在溢出效应。同时，因为小波理论可以处理具有多重标度的信号，因此它也可以用来分析分形和混沌时间序列，这可能是未来研究的一个有希望的领域（埃德加 • E. 彼得斯）。然而用小波方法研究溢出效应时，研究成果可能会因为时间序列数据的选取而受到影响，不管怎样，小波方法还是在金融时间序列研究中得到广泛的应用。

4.4.2 小波分析基本理论

1. 小波分析

小波分析方法是一种窗口大小（即窗口面积）固定但其形状可改变，时间窗和频率窗都可以改变的时频局部化分析的方法。即在低频部分具有较高的频率分辨率和较低的时间分辨率，在高频部分具有较高的时间分辨率和较低的频率分辨率，所以被称为数学显微镜。

设 $\Psi(t)\in L^2(R)$（$L^2(R)$ 表示平方可积的实数空间，即能量有限的信号空间），其傅里叶变换为 $\hat{\Psi}(\omega)$。当 $\hat{\Psi}(\omega)$ 满足允许条件（admissible condition）时：

$$C_\Psi=\int_R\frac{\left|\hat{\Psi}(\omega)\right|^2}{\omega}\mathrm{d}\omega\prec\infty \tag{4.25}$$

这里，我们称 $\hat{\Psi}(\omega)$ 为一个基本小波或母小波（mother wavelet）。将母函数 $\Psi(\omega)$ 经伸缩和平移后，就可以得到一个小波序列。

对于连续的情况，小波序列为

$$\Psi_{a,b}=\frac{1}{\sqrt{|a|}}\Psi\left(\frac{t-b}{a}\right)\quad a,b\in R;a\neq 0 \tag{4.26}$$

式中，a 为伸缩因子；b 为平移因子。

对于离散情况，小波序列为

$$\Psi_{j,k}=2^{-j/2}\Psi(2^{-j}t-k)\quad j,k\in Z \tag{4.27}$$

对于任意的函数 $f(t)\in L^2(R)$ 的连续小波变换为

$$W_f(a,b)=\left\langle f,\Psi_{a,b}\right\rangle=|a|^{-1/2}\int_R f(t)\overline{\Psi\left(\frac{t-b}{a}\right)}\mathrm{d}t \tag{4.28}$$

其逆变换为

$$f(t)=\frac{1}{C_\Psi}\int_{R^+}\int_R\frac{1}{a^2}W_f(a,b)\Psi\left(\frac{t-b}{a}\right)\mathrm{d}a\mathrm{d}b \tag{4.29}$$

小波变换的时频窗口特性与短时傅里叶变换的时频窗口不一样。其窗口形状为两个矩形 $[b-a\Delta\Psi,b+a\Delta\Psi]\times\left[(\pm\omega_0-a\Delta\hat{\Psi})/a,(\pm\omega_0+a\Delta\hat{\Psi})/a\right]$，窗口中心为 $(b,\pm\omega_0/a)$，时窗和频窗宽分别为 $a\Delta\Psi$ 和 $\Delta\hat{\Psi}/a$。其中 b 仅仅影响窗口在平面时间轴上的位置，而 a 不仅影响窗口在频率轴上的位置，也影响窗口的形状。这样小波变换对不同的频率在时域上的取样步长是调节性的，即在低频时小波变换的时间分辨率较差，而频率分辨率较高；在高频时小波变换的时间分辨率较高，而频率分辨率较低，这正符合低频信号变化缓慢而高频信号变化迅速的特点。这便是它优于傅里叶变换和短时傅里叶变换的地方。从总体上来说，小波变换比短时傅里叶变换具有更好的时频窗口特性。

2. 小波分析与傅里叶变换的比较

小波分析是傅里叶分析思想方法的发展和延拓。它自产生以来，就一直与傅里叶分析密切相关。它的存在性证明，小波基的构造以及结果分析都倚赖于傅里叶分析，两者是相辅相成的。两者相比较主要有以下不同。

（1）傅里叶变换的实质是把能量有限信号 $f(t)$分解到以 $\{e^{i\omega t}\}$ 为正交基的空间上去；小波变换实质就是把能量有限信号 $f(t)$分解到 $W_{-j}(j=1,2,\cdots,J)$ 和 V_{-j} 所构成的空间上去。

（2）傅里叶变换用到的基本函数只有 $\sin(\overline{w}t),\cos(\overline{w}t),\exp(i\overline{w}t)$ 具有唯一性；小波变换用到的函数（即小波函数）则具有不唯一性，同一个工程问题用不同的小波函数进行分析有时结果相差甚远，小波函数的选用是小波分析应用到实际中的一个难点问题，目前往往是通过经验或不断的实验（对结果进行对照分析）来选择小波函数。

（3）在频域中，傅里叶变换具有较好的局部化能力，特别是对于那些频率成分比较简单的确定信号，傅里叶变换很容易把信号表示成个频率成分的叠加和的形式。但在时域中，傅里叶变换没有局部化能力，即无法从信号 $f(t)$的傅里叶变换 $\hat{f}(\varpi)$ 中看出 $f(t)$ 在任一时间点附近的形态。事实上，$\hat{f}(\varpi)\mathrm{d}\varpi$ 是关于频率为 ϖ 的谐波分量的振幅，在傅里叶展开式中，它是由 $f(t)$的整体形态所决定的。

（4）在小波分析中，尺度 a 的值越大相当于傅里叶变换后中的 ϖ 的值越小。

（5）在短时傅里叶变换中，变换系数 $S(\varpi,\tau)$ 主要依赖于信号在 $[\tau-\delta,\tau+\delta]$ 片段中的情况，时间宽度是 2δ（因为 δ 是由窗口函数 $g(t)$唯一确定，所以 2δ 是一个定值）。在小波变换中，变换系数 $W_f(a,b)$ 主要依赖于信号在 $[b-a\Delta\Psi,b+a\Delta\Psi]$ 片段中的情况，时间宽度为 $2a\Delta\Psi$，该时间宽度是随着尺度 a 的变化而变化，所以小波变换具有时间局部分析能力。

3. 小波变换

1）连续小波变换

定义 4.1　设 $\psi(t)\in L^2(R)$，其傅里叶变换为 $\hat{\Psi}(\varpi)$，当 $\overline{\psi}(\omega)$ 满足允许条件（完全重构条件或恒等分辨条件）：

$$C_\Psi=\int_R\frac{\left|\hat{\Psi}(\omega)\right|^2}{|\omega|}\mathrm{d}\omega\prec\infty \tag{4.30}$$

我们称 $\psi(t)$ 为一个基本小波或母小波，将母函数 $\Psi(\omega)$ 经伸缩和平移后得

$$\Psi_{a,b}=\frac{1}{\sqrt{|a|}}\Psi\left(\frac{t-b}{a}\right),a,b\in R;a\neq 0 \tag{4.31}$$

称其为一个小波序列，其中 a 为伸缩因子；b 为平移因子。

对于任意的函数 $f(t)\in L^2(R)$ 的连续小波变换为

$$W_f(a,b)=\left\langle f,\Psi_{a,b}\right\rangle=|a|^{-1/2}\int_R f(t)\overline{\Psi\left(\frac{t-b}{a}\right)}\mathrm{d}t \tag{4.32}$$

对于小波函数$\psi(t)$，由条件（4.30）知，必有$\hat{\psi}(0)=0$，从而等价地有

$$\int_{-\infty}^{+\infty}\Psi(t)\mathrm{d}t=0 \tag{4.33}$$

这就是说，$\psi(t)$与整个横轴所围面积的代数和为 0，因此$\psi(t)$的图形应是在横轴上下波动的“小波”，故称其为小波。

式（4.32）也可以简记为

$$(W_\Psi f)(a,b)=\left\langle f,\Psi_{a,b}\right\rangle$$

一个函数f能够由它的小波变换重构。我们有下述定理。

定理 1：令Ψ是一个基小波，它定义了一个连续小波变换$(W_\Psi f)(a,b)$，那么

$$\int_{-\infty}^{+\infty}\int_{-\infty}^{+\infty}\left[(W_\Psi f)(a,b)\overline{(W_\Psi g)(a,b)}\right]\frac{\mathrm{d}\alpha}{a^2}\mathrm{d}b=C_\Psi\left\langle f,g\right\rangle \tag{4.34}$$

对于所有的$f,g\in L^2(R)$成立。而且对于任何$f\in L^2(R)$和f的连续点$x\in R$有

$$f(t)=\frac{1}{C_\Psi}\int_{-\infty}^{+\infty}\int_{-\infty}^{+\infty}[(W_\Psi f)(a,b)]\psi_{a,b}(t)\frac{\mathrm{d}a}{a^2}\mathrm{d}b \tag{4.35}$$

在信号分析中，一般只考虑正频率。如果频率变量ω是膨胀参数a的倒数的正常整数倍，$\omega=\omega^*/a$，其中ω^*是$\hat{\Psi}$的中心（假定ω^*总是正的），那么，必须只考虑a的正值。在重构f中，现在只允许使用值$(W_\Psi f)(a,b)$，$a>0,b\in R$，这时对Ψ还必须加上进一步的限制

$$\int_0^{+\infty}\frac{\left|\hat{\Psi}(\omega)\right|^2}{|\omega|}\mathrm{d}\omega=\int_0^{+\infty}\frac{\left|\hat{\Psi}(-\omega)\right|^2}{|\omega|}\mathrm{d}\omega=\frac{1}{2}C_\Psi<\infty \tag{4.36}$$

定理 2：令Ψ是满足式（5.36）的基小波，那么

$$\int_{-\infty}^{+\infty}\int_0^{+\infty}\left[(W_\Psi f)(a,b)\overline{(W_\Psi \mathrm{g})(a,b)}\right]\frac{\mathrm{d}\alpha}{a^2}\mathrm{d}b=\frac{1}{2}C_\Psi\left\langle f,g\right\rangle \tag{4.37}$$

对于所有的$f,g\in L^2(R)$成立。而且对于任何$f\in L^2(R)$和f的连续点$x\in R$有

$$f(t)=\frac{2}{C_\Psi}\int_{-\infty}^{+\infty}\int_0^{+\infty}[(W_\Psi f)(a,b)]\psi_{a,b}(t)\frac{\mathrm{d}a}{a^2}\mathrm{d}b \tag{4.38}$$

这个定理的证明完全类似于定理 1 的证明。

为了使信号重构的实现在数值上是稳定的，除了完全重构条件（4.30）外，还要求小波$\Psi(t)$的傅里叶变换满足下面的稳定性条件：

$$A\leqslant\sum_{-\infty}^{\infty}\left|\hat{\Psi}(2^{-j}\omega)\right|^2\leqslant B,\quad 0<A\leqslant B<\infty \tag{4.39}$$

定义 4.2（对偶小波） 若小波$\Psi(t)$满足稳定性条件(4.39)，则定义一个对偶小波$\tilde{\Psi}(t)$，其傅里叶变换由下式给出：

$$\hat{\tilde{\Psi}}=\frac{\overline{\hat{\Psi}(\omega)}}{\sum_{j=-\infty}^{\infty}\left|\hat{\Psi}(2^{-j}\omega)^2\right|}$$

一般情况下，一个小波的对偶小波是不唯一的，然而，在应用中，我们希望它们是唯一的。因此，寻找具有唯一对偶小波也就成为小波分析中的基本问题。

连续小波变换具有以下重要的性质。

（1）线性：一个多分量信号的小波变换等于各个分量的小波变换之和。

（2）平移不变性：若 $f(t)$ 的小波变换为 $W_f(a,b)$，则 $f(t-\tau)$ 的小波变换为 $W_f(a,b-\tau)$。

（3）伸缩共变性：若 $f(t)$ 的小波变换为 $W_f(a,b)$，则 $f(ct)$ 的小波变换为

$$\frac{1}{\sqrt{c}}W_f(ca,cb),\quad c>0$$

（4）自相似性：对应不同尺度参数 a 和不同平移参数 b 的小波变换之间是自相似的。

2）离散小波变换

连续小波 $\Psi_{a,b}(t)$ 及小波变换 $(W_\Psi f)(a,b)$，在理论分析与数学推导是很灵便；但在信号分析时，常常需要把频率轴划分为一些邻接的频带。因此，用于实际的数值计算连续小波变换就显得不方便。这就需要把连续小波离散化。

通常，把连续小波变换中的尺度参数 a 和平移参数 b 的离散化公式分别取作 $a=a_0^j, b=ka_0^jb_0$，这里 $j\in Z$，扩展步长 $a_0\neq 1$ 是固定值。所以对应的离散小波函数 $\Psi_{j,k}(t)$ 即可写作 $\Psi_{j,k}(t)=a_0^{-j/2}\Psi\left(\dfrac{t-ka_0^jb_0}{a_0^j}\right)=a_0^{-j/2}\Psi(a_0^jt-kb_0)$

而离散化小波系数则可表示为

$$C_{J,k}=\int_{-\infty}^{+\infty}f(t)\overline{\Psi_{j,k}(t)}\,\mathrm{d}t=\left\langle f,\Psi_{j,k}\right\rangle \tag{4.40}$$

其重构公式为

$$f(t)=\sum_{-\infty}^{+\infty}\sum_{-\infty}^{+\infty}C_{j,k}\Psi_{j,k}(t) \tag{4.41}$$

为了计算方便，只考虑二进制划分或二进制离散化，这就是我们通常所说的二进小波和二进小波变换。我们在上述的离散化公式里取 $a_0=2, b_0=1$ 就可以到二进小波（dyadic wavelet）

$$\Psi_{j,k}(t)=2^{-j/2}\Psi(2^{-j}t-k) \tag{4.42}$$

二进小波对信号的分析具有变焦距的作用。假定有一定放大倍数 2^{-j}，它对应为观测到信号的部分内容。如果想要进一步观看更小的细节，就需要增加放大倍数即减小 j 的值；反之，若想要了解信号更粗的内容，则减小放大倍数，即增大 j 的值。在这个意义上，小波变换被称为数学显微镜。

定义 4.3　设函数 $\Psi_{j,k}(t)\in L^2(R)$，且满足条件（4.39），则 $\Psi_{j,k}(t)$ 为一个二进小波。若 A=B，则称为最稳定条件。而函数列 $\{W_{2^j}f(k)\}_{k\in Z}$ 叫做 f 的二进小波变换，其中

$$W_{2^j}f(k)=\left\langle f(t),\Psi_{2^j}(k)\right\rangle=\frac{1}{2^j}\int_R f(t)\overline{\Psi(2^{-j}t-k)}\,\mathrm{d}t \tag{4.43}$$

式（4.43）相应的逆变换为

$$f(t)=\sum_{j\in Z}W_{2^j}f(k)*\Psi_{2^j}(t)=\sum_{j\in Z}W_{2^j}f(t)\Psi_{2^j}(2^{-j}t-k)\,\mathrm{d}k \tag{4.44}$$

二进小波变换不同于连续小波的离散小波，它只是对尺度参数进行了离散化，而对时

间域上的平移参量保持连续变化，因而二进小波不破坏在时间域上的平移不变量，这也正是它同正交小波基相比所具有的独特优点。

4.4.3　多分辨率分析

多分辨率分析（multi-resolution analysis）是由 Mallat 于 1987 年引入小波分析中的，其思路是为有效寻找空间 L^2 的基底，先从 L^2 的某个子空间出发，在该子空间中建立起基底，然后利用极其简单的变换，将该基底扩大到 L^2 中去。也就是说，利用局部与整体的相似性多分辨率分析可以从事物的局部特征表示出其整体特征。因而可以通过多分辨率分析抽取描述对象的特征，简化表示方法，实现一定的抽象功能。它是小波分析的应用核心，也是其最具生命力之处。

定义 4.4　空间 $L^2(R)$的多分辨率分析指 L^2 中满足如下条件的一个空间序列$\{V_j\}j\in$Z。

（1）一致单调性：即 $V_j \in V_{j+1}, j \in Z$；

（2）渐近完全性：即 $\bigcap_{j\in Z} V_j = \{0\}, \text{close}\left\{\bigcup_{-\infty}^{+\infty} V_j\right\} = L^2(R)$；

（3）伸缩规则性：$f(x)\in V_j \Leftrightarrow f(2x)\in V_{j+1}$，$j\in Z$，伸缩性体现了尺度的变化、逼近正交小波函数的变化和空间的变化具有一致性；

（4）平移不变性：对任意 $k\in Z$，有 $\Psi_j(2^{-j/2}t)\in V_j \Rightarrow \Psi_j(2^{-j/2}t-k)\in V_j$；

（5）Riesz 基存在性：存在 $\Psi(t)\in V_0$，使得 $\{\Psi(2^{-j/2}t-k)|k\in Z\}$ 构成 V_j 的 Riese 基。

对于条件（5），可以证明函数 $\Psi(t)\in V_0$，使它的整数平移系 $\{\Psi(2^{-j/2}t-k)|k\in Z\}$ 构成 V_j 的规范正交基，我们称 $\Psi(t)$ 为尺度函数（scaling function）。定义函数

$$\Psi_{j,k} = \Psi(2^{-j/2}t-k) \quad j,k\in Z \tag{4.45}$$

则函数系 $\{\Psi(2^{-j/2}t-k)|k\in Z\}$ 是规范正交的。

设以 V_j 表示分解中的低频部分，W_j 表示分解中的高频部分，则 W_j 是 V_j 在 V_{j-1} 中的正交补，即

$$V_j \oplus W_j = V_{j-1} \quad j\in Z \tag{4.46}$$

显然

$$V_{j+m} \oplus W_{j+m} \oplus W_{j+m-1} \oplus \cdots \oplus W_j = V_j \tag{4.47}$$

则多分辨分析的子空间 V_0 可以用有限个子空间来逼近，即有

$$V_0 = V_1 \oplus W_1 = V_2 \oplus W_2 \oplus W_1 = \cdots = V_N \oplus W_N \oplus W_{N-1} \oplus \cdots \oplus W_1 \tag{4.48}$$

若令 $f_j \in V_j$ 代表分辨率为 2^{-j} 的函数 $f\in L^2(R)$ 的逼近（即函数 f 的低频部分），而 $d_j\in W_j$ 代表逼近的误差（即函数 f 的高频部分），则式（4.48）意味着：

$$f_0 = f_1 + d_1 = f_2 + d_2 + d_1 = \cdots = f_N + d_N + d_{N-1} + \cdots d_1 \tag{4.49}$$

4.4.4　溢出效应的回归模型的建立

为了检验沪深股市之间的溢出效应，即找出它们的相互关系，采用下述回归方程来检

验沪深股市收益率序列的经过小波变换后的高频信号序列之间的关系：

$$Y[d_j]_t = \alpha + \beta X[d_j]_t + \varepsilon_t, \quad j = 1,2,\cdots,N \tag{4.50}$$

或

$$Y[d_j]_t = \alpha + \beta X[d_j]_{t-1} + \varepsilon_t, \quad j = 1,2,\cdots,N \tag{4.51}$$

4.4.5 实证分析

将沪深股市的综合指数的日收益率定义为 100 倍股指对数的一阶差分，乘以 100 的倍数的原因是将日收益率放大以便于进行小波分析，即

$$R_t = 100 \times \ln\left(P_t / P_{t-1}\right)$$

式中，P_t 为 t 时刻的综合指数的日收盘价；P_{t-1} 为 $t-1$ 时刻的综合指数的日收盘价。下面以沪深股市综合指数 1991 年 10 月 3 日到 2002 年 9 月 2 日的日收盘价数据为处理对象，应用小波分析对日收益率序列进行信号分解，得出沪深综合指数日收益率序列的小波分解图分别为图 4.8 和图 4.9，表 4.4 为沪深股市收益率序列小波分解各层信号能量值。

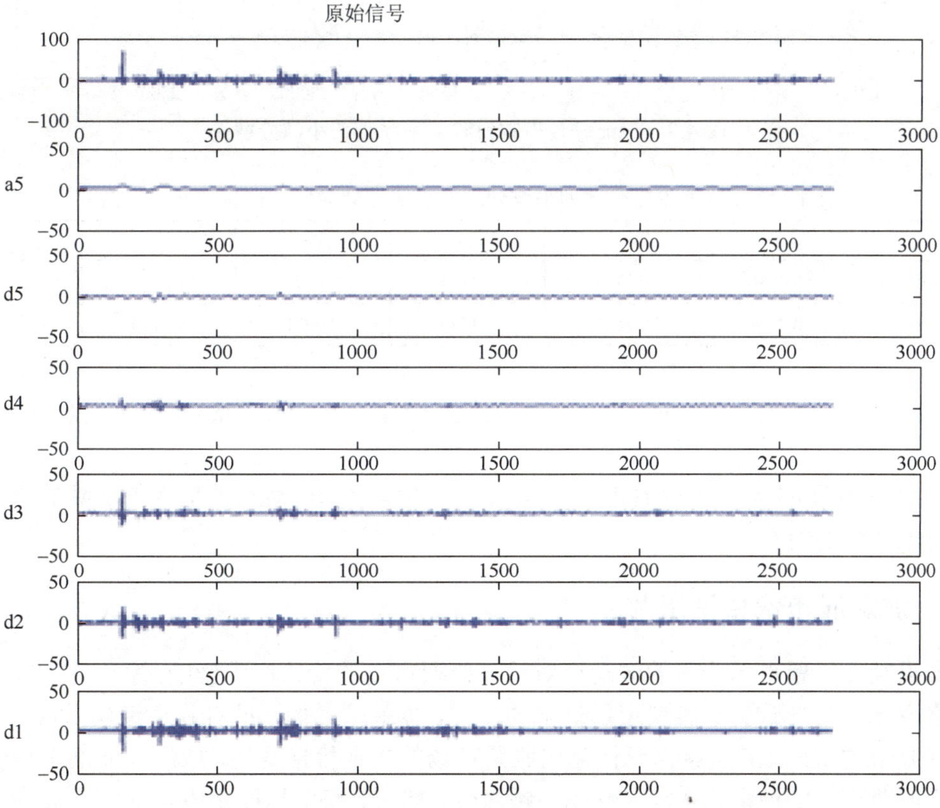

图 4.8　沪证综合指数日收益率序列的小波分解图

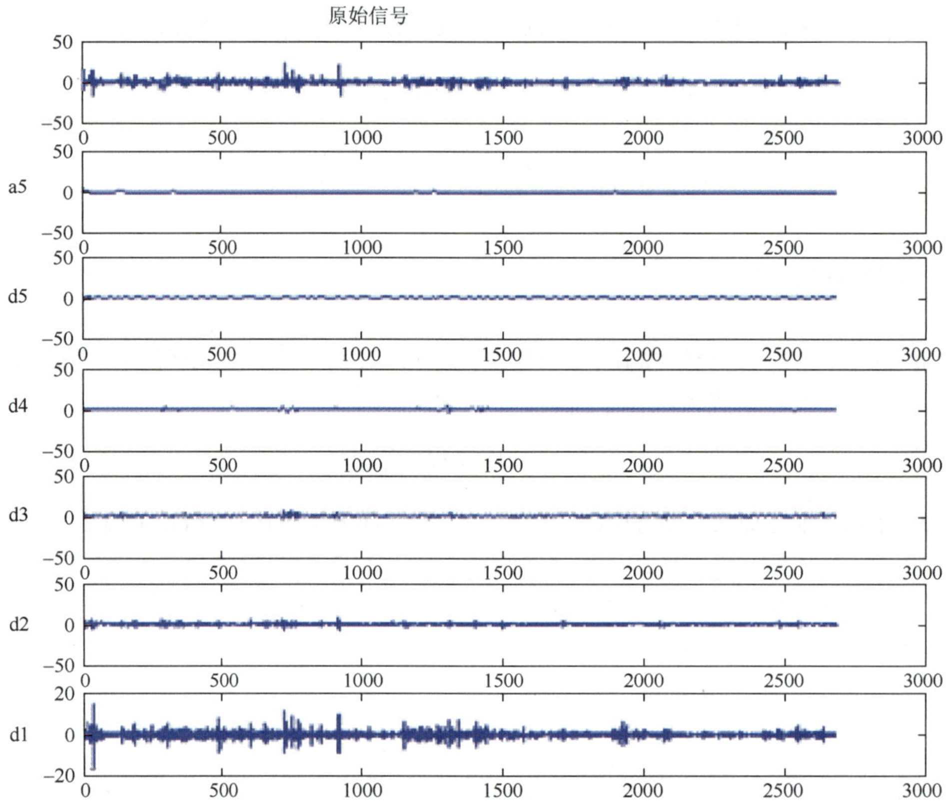

图 4.9　深证综合指数日收益率序列的小波分解图

表 4.4　沪深股市收益率序列小波分解各层信号能量值（占总能量的比例）

	d1	d2	d3	d4	d5	a5
深市	0.4986	0.2729	0.1114	0.0756	0.0416	0.0514
沪市	0.4866	0.2505	0.1279	0.0971	0.0380	0.0400

将沪深综合指数一层小波信号序列绘制出分布图，即可直观地看出沪深股市的波动性的特征。

从图 4.10 和图 4.11 可以看出，沪深综合指数均显示出波动性呈现出下降的趋势，并且具有聚类性的特征。

4.4.6　沪深股市价格溢出效应

如果某一股票市场价格的波动会对另一股票市场的价格产生影响，那么前一股票市场的价格变化就会导致另一股票市场价格的变化，也就是它们之间存在着溢出效应。为了研究沪深股市的溢出效应，就需要计算出股票市场的短期价格变化。应用小波的多分辨分析来研究股票市场的波动，并把它变成高频信号，然后，将沪深股市收益率的小波变换后的高频信号作回归分析来检验它们之间的溢出效应。从表 4.4 可以看出，高频细节信号的能量在整个能量中占有很大的比例，图 4.8 和图 4.9 中的第一层细节信号 d1 可用来表示股市

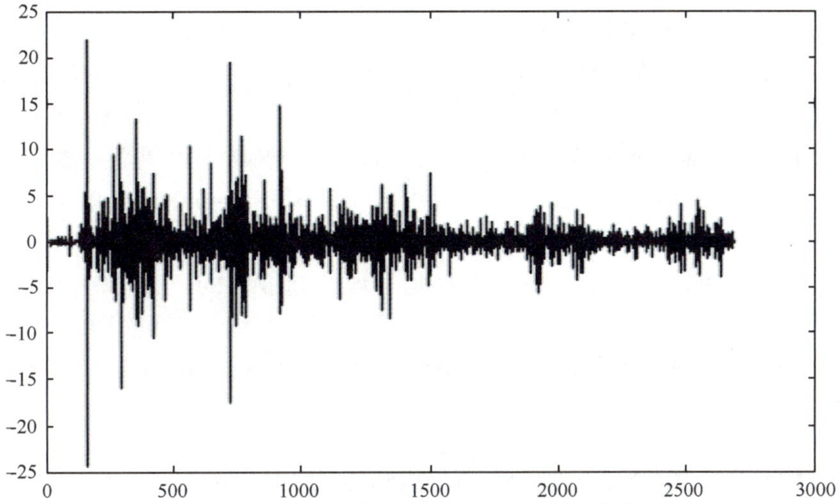

图 4.10　上证综合指数第一层高频系数分布图

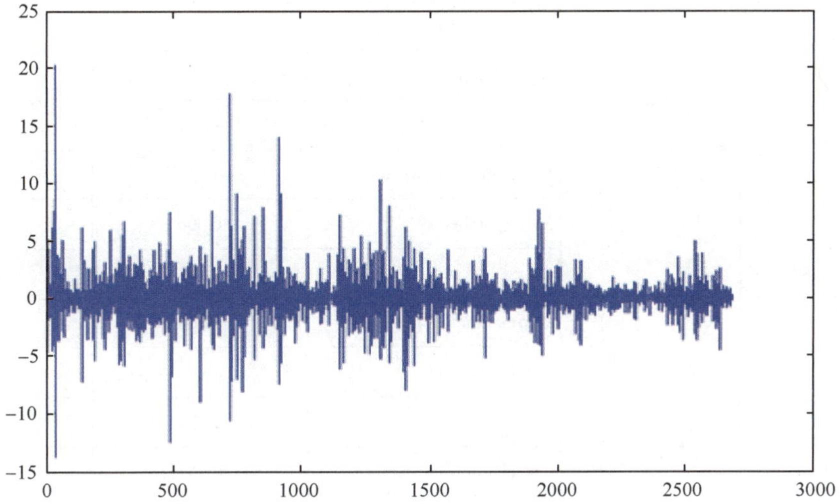

图 4.11　深证综合指数第一层高频系数分布图

在一到两天内的波动，而第二层细节信号 d2 可用来解释四天内的波动（时间的刻度为 2^2）。由此来看，这种股票市场的运动是由短期波动产生的。将沪深综合指数收益率的两层高频细节信号（d1+d2）分别按 $R_t^{深}-R_{t-1}^{沪}$ 和 $R_t^{深}-R_t^{沪}$ 作回归分析，结果见表 4.5。

然后，再对沪深综合指数收益率的两层高频细节信号（d1+d2）作相关性分析并得出结果，见表 4.6。

表 4.5　沪深综合指数的收益率的两层高频细节信号（d1+d2）回归分析

回归尺度	$R_t^{深}-R_{t-1}^{沪}$			$R_t^{沪}-R_{t-1}^{深}$			$R_t^{深}-R_t^{沪}$		
	常数项	系数	R^2	常数项	系数	R^2	常数项	系数	R^2
d1+d2	0.002（−0.005）	−0.072*（−3.28）	0.004	0.0005（0）	−0.054（−2.475）	0.0023	−0.001（−0.038）	−0.0616*（−3.644）	0.005

*表示在 5%水平上显著

注：括号中的数字为 t 检验值

从表 4.5 和表 4.6 可知，沪两层高频细节信号与深两层高频细节信号在 1%水平上显著负相关，肯得尔双尾检验的相关系数为–0.047，斯佩尔曼双尾检验的相关系数为–0.067。对 $R_t^{\text{深}} - R_{t-1}^{\text{沪}}$ 和 $R_t^{\text{深}} - R_t^{\text{沪}}$ 作回归分析，常数项值很小并接近于零，且 t 值的绝对值远小于 2，因而不显著，但系数项则通过 t 检验，在 5%水平上显著，即上证综合指数收益率上一日变化 1 个单位，深证综合指数日收益率变化–0.072 个单位，而当天的上证综合指数收益率变化 1 个单位，深证综合指数收益率变化–0.0616 个单位。因此，沪深股市之间存在着明显的溢出效应，而且是呈现此起彼落的。为了验证深市对沪市是否存在溢出效应，对 $R_t^{\text{沪}} - R_{t-1}^{\text{深}}$ 作了反向回归（表 4.5），发现深市对沪市也存在着一定程度的负的溢出效应，但深市对沪市的溢出效应没有沪市对深市的大，而且 R^2 值和 t 检验值也比较小。

表 4.6　沪深综合指数的收益率的两层高频细节信号（d1+d2）相关性分析

			沪二层高频	深二层高频
肯得尔	沪二层高频	Correlation Coefficient	1.000	–0.047**
		Sig.（2-tailed）	.	0.000
		II	2688	2688
	深二层高频	Correlation Coefficicnt	–0.047**	1.000
		Sig.（2-tailed）	0.000	.
		II	2688	2688
斯佩尔曼	沪二层高频	Correlation Coefficient	1.000	–0.067**
		Sig.（2-tailed）	.	0.001
		II	2688	2688
	深二层高频	Correlation Coefficient	–0.067**	1.000
		Sig.（2-tailed）	0.001	.
		II	2688	2688

** Correlation is significant at the. 01 level（2-tailed）

4.4.7　沪深股市波动性的溢出效应

由于均方收益率 R_t^2 表示股票收益率围绕着均值水平的均方波动，均方收益率表示了收益率序列的波动方差，是一种风险程度的表示方式。而股票市场的价格波动方差的变化就是股票价格的波动性。为了研究沪深股市波动性的溢出效应，将沪深股市综合指数价格均方收益率序列作小波分析得出分解图，如图 4.12 和图 4.13 所示，表 4.7 为沪深股市均方收益率序列小波分解各层信号能量值。

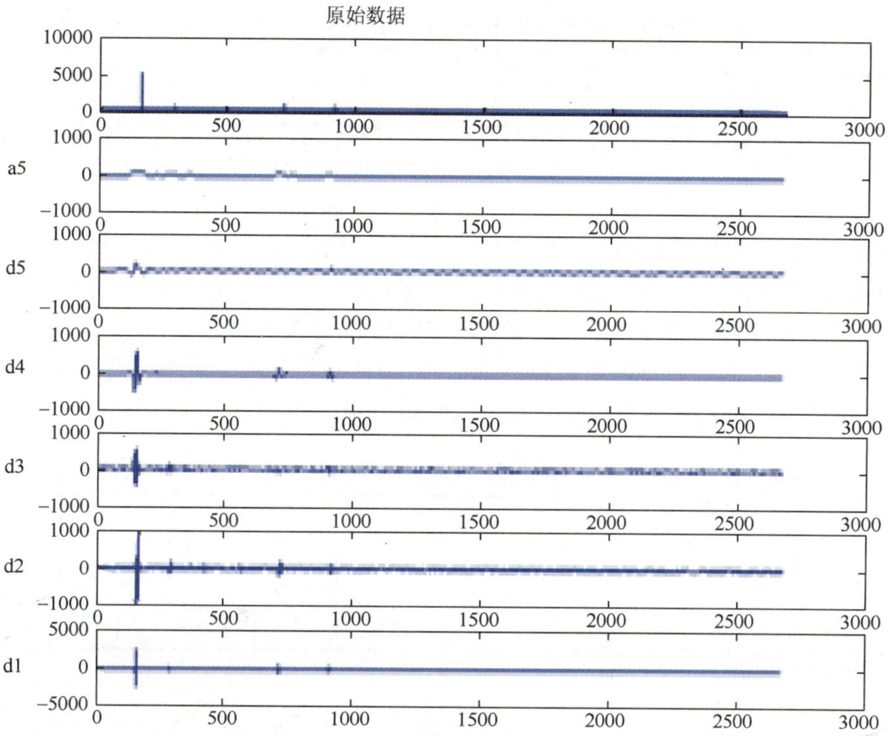

图 4.12　沪市综合指数日均方收益率序列的小波分解图

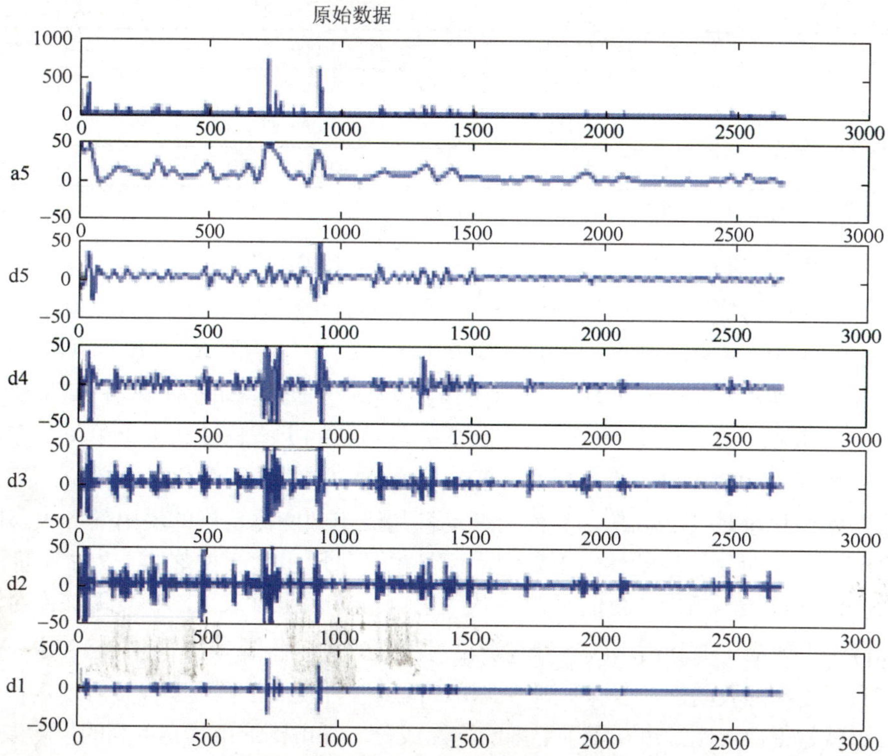

图 4.13　深市综合指数日均方收益率序列的小波分解图

表 4.7　沪深股市均方收益率序列小波分解各层信号能量值（占总能量的比例）

	d1	d2	d3	d4	d5	a5
深市	0.4196	0.2484	0.1685	0.1149	0.0486	0.1697
沪市	0.4983	0.2708	0.0697	0.1278	0.0334	0.0421

研究波动性的溢出效应，就是研究股价收益波动的高频部分，并用它来揭示不同股票市场的信息传导的机理，与研究价格溢出效应相同，通过检验沪深股市价格均方收益的序列的小波多分辨分析的两层高频细节信号的关系来研究沪深股市波动性的溢出效应。与研究股票价格溢出效应相似，通过研究两市收益率的高频信号 d1+d2 的关系来研究波动性的溢出效应。表 4.8 为沪深综合指数均方收益率的两层高频细节信号（d1+d2）分别按 $R_t^{2深}-R_{t-1}^{2沪}$ 和 $R_t^{2深}-R_t^{2沪}$ 作回归分析的结果，表 4.9 为沪深综合指数均方收益率的两层高频细节信号（d1+d2）相关性分析。

表 4.8　沪深综合指数均方收益率的两层高频细节信号（d1+d2）回归分析

<table>
<tr><td rowspan="2">回归尺度</td><td colspan="3">$R_t^{2深}-R_{t-1}^{2沪}$</td><td colspan="3">$R_t^{2沪}-R_{t-1}^{2深}$</td><td colspan="3">$R_t^{2深}-R_t^{2沪}$</td></tr>
<tr><td>常数项</td><td>系数</td><td>R^2</td><td>常数项</td><td>系数</td><td>R^2</td><td>常数项</td><td>系数</td><td>R^2</td></tr>
<tr><td>d1+d2</td><td>–0.007
（–0.004）</td><td>–0.286
（–3.564）</td><td>0.005</td><td>0.0005
（0.000）</td><td>0.208
（2.58）</td><td>0.002</td><td>–0.008
（–0.004）</td><td>–0.286
（–3.510）</td><td>0.005</td></tr>
</table>

*表示在 5%水平上显著

注：括号中的数字为 t 检验值

表 4.9　沪深综合指数均方收益率的两层高频细节信号（d1+d2）相关性分析

		沪二层高频	深二层高频
肯得尔双尾检验	沪二层高频	1.000	–0.047**
	深二层高频	–0.047**	1.000
斯佩尔曼双尾检验	沪二层高频	1.000	–0.067**
	深二层高频	–0.067**	1.000

**相关系数是在 0.01 水平上显著

从表 4.9 也可以看出，上证综合指数均方收益率两层高频信号（d1+d2）与深证综合指数均方收益率两层高频信号（d1+d2）也在 1%水平上显著负相关，肯得尔双尾检验的相关系数为–0.041，斯佩尔曼双尾检验的相关系数为–0.056，见表 4.8。对 $R_t^{2深}-R_{t-1}^{2沪}$ 和 $R_t^{2深}-R_t^{2沪}$ 作回归分析，常数项值很小并接近于零，且 t 值的绝对值远小于 2，因而不显著，但系数项则通过 t 检验，在 5%水平上显著，即上证综合指数均方收益率的上一日变化 1 个单位，深证综合指数均方收益率变化–0.286 倍，而当日上证综合指数的均方收益率变化 1 个单位，深证综合指数均方收益率变化也是–0.286 倍，显然，波动性的溢出效应比价格的溢出效应大。因此，沪深股市之间存在着明显的波动性溢出效应，而且也是呈现出此起彼落的。为了验证深市对沪市是否存在波动性溢出效应，我们对 $R_t^{2沪}-R_{t-1}^{2深}$ 作了反向回归（表 4.8），发现深市对沪市具有正的波动性溢出效应，但其溢出效应没有沪市对深市的大。从图 4.12 和图 4.13 中可以看出深市比沪市具有更大的波动性，这说明深市比沪市的风险程度高，体现出投资者一定程度上的风险偏好，这就是说深市比沪市积累了更多的泡沫成分，深市比沪市具有更高的风险溢价水平，这种高风险的溢价水平是由于其自身的波动性加上沪市的波动性的溢出效应来维持的。

4.4.8　关于价格和波动性溢出效应的启示

（1）小波分析是一个比较新的和功能强大的信号处理的数学工具，由于具有良好的时频特征，通过检验股票收益率的高频信号波动的相互关系，就可以研究不同股票市场之间的信息传递机理以及相互关系。

（2）沪深股市之间是互相关联的并且两市的股票价格存在着明显的溢出效应，溢出效应呈现出此起彼落的态势，上证综合指数收益率的上一日变化会引起深证综合指数的收益率变化的–0.072 倍，而当日上证综合指数收益率变化为深证综合指数的收益率变化的–0.0616 倍。深市对沪市也存在着一定程度的负溢出效应，但它要小于沪市对深市的溢出效应。

（3）沪深股市之间存在着波动性的溢出效应，上证综合指数均方收益率的上一日变化 1 个单位会引起深证综合指数的均方收益率变化的–0.286 个单位，而当日的上证综合指数均方收益率变化 1 个单位，为深证综合指数的均方收益率变化的–0.286 倍，波动性的溢出效应比价格的溢出效应大。而深市对沪市存在着正的波动性溢出效应，其效果要小于沪市对深市的溢出效应。

第 5 章　中国股票价格及波动性模型预测与分析

在第 4 章详细研究了我国股市的非线性特征和股市价格行为规律以及波动性的基础上，本章的目的是应用灰色系统模型以及 GARCH 模型来建立我国股票价格和波动性模型，并进行模型的预测与分析。

5.1　股票价格指数灰色系统预测与分析

5.1.1　引言

一般而言，股市行为的随机性是与市场效率相联系的。证券市场效率是指当证券市场上产生与某证券有关的新信息后，投资者将在该信息的基础上进行买卖决策，从而导致证券价格随之进行变动调整。1965 年美国芝加哥大学著名教授法玛将有效市场划为三类：①弱型有效市场，指当前的股票价格充分反映了资本市场的所有信息，包括历史价格水平及波动、交易宗数、整零交易等；②半强型有效市场，指除反映了以上列举的信息外，股票价格还包括了其他公开信息，如红利分配与拆股、国民生产总值、货币供应量、汇率以及政治等社会信息；③强势有效市场，指股票市场价格完全反映了所有公开渠道及其他渠道信息。因此，在市场参与者中，没有人或机构投资者能够通过垄断信息而获取超过平均水平以上的超额利润。

第 2 章的研究结果显示，中国股市的非线性特征相当明显，也就是我国股市是一个非有效的市场。由于证券投资的系统风险主要体现在大盘指数的变化上，本章应用灰色系统模型 GM(1,1)，对上证综合指数的收益率（价格波动）进行预测，并对模型的预测能力和适应性进行分析。由于本章是作短期预测，为了降低计算复杂性和保证预测精度，因此，选用一阶灰色系统模型 GM(1,1)就可满足要求。

5.1.2　灰色系统 GM(1,1)预测模型

GM(1,1)模型是依据灰色系统理论建立的一种随机动态预测模型，它基于关联空间、光滑离散函数概念来定义灰导数与灰微分方程，用离散数据序列建立了能描述动态模型的微分方程。其中累加生成是灰色系统模型建模的基础。

设 x 为长度为 n 的灰色数列，即

$$\left[x(1),x(2),\cdots,x(n)\right] \tag{5.1}$$

生成它的累加数列 x^1，其定义为

$$x^1=\left(\sum_{k=1}^{1}x(k),\sum_{k=1}^{2}x(k),\cdots,\sum_{k=1}^{n}x(k)\right) \tag{5.2}$$

则灰色模型 GM(1,1) 相应的微分方程为

$$\frac{\mathrm{d}x^1(t)}{\mathrm{d}t}+\alpha x^1(t)=u \tag{5.3}$$

式中，α，u 为待估计参数。

对式（5.3）进行差分，并利用 OLS 方法求解 a，u 的估计值。再代入上述微分方程，得到 $\mathrm{GM}(1,1)$ 模型：

$$\hat{x}^1(t)=\left[x(1)-\frac{\hat{u}}{\hat{\alpha}}\right]\mathrm{e}^{-\hat{\alpha}(t-1)}+\frac{\hat{u}}{\hat{\alpha}} \tag{5.4}$$

进而可算得 $x(1),x(2),\cdots,x(n)$ 的模型值：

$$\hat{x}(j)=\hat{x}^1(j)-\hat{x}^1(j-1),\quad j=1,2,\cdots,n \tag{5.5}$$

作一次累减计算，可得还原模型值：

$$\hat{x}_{(t)}^{(0)}=\hat{x}_{(t)}^{(1)}-\hat{x}_{(t-1)}^{(1)} \tag{5.6}$$

因此求出残差值：

$$q_{(t)}^{(0)}=x_{(t)}^{(0)}-\hat{x}_{(t)}^{(0)} \tag{5.7}$$

对模型进行后验差检验，其中有：后验差比值为 c，$c=\frac{s_2}{s_1}$；残差的方差为 s_1^2，$s_2^2=\frac{1}{n}\sum_{k=1}^{n}\left(q^{(0)}(k)-\overline{q}^{(0)}\right)^2$；原始数据列的方差为 s_1^2，$s_1^2=\frac{1}{n}\sum_{i=1}^{n}(x_{(i)}^{(0)}-\overline{x}^{(0)})^2$；残差均值为 $\overline{q}^{(0)}$，$\overline{q}^{(0)}=\frac{1}{n}\sum_{i=1}^{n}q_i^{(0)}$；小误差概率为 p，$p=p[\left|q_{(i)}^{(0)}-\overline{q}^{(0)}\right|<0.6745s_1]$。

而实际数据的平均值 $\overline{x}^{(0)}=\frac{1}{n}\sum_{k=1}^{n}x^{(0)}(k)$。

根据上述计算指标，可以得出精度检验等级，结果见表 5.1。

表 5.1　预测精确等级检验结果分类

预测精确等级	P	C
好	＞0.95	＜0.35
合格	＞0.8	＜0.5
勉强	＞0.7	＜0.65
不合格	≤0.7	≥0.65

5.1.3　对上证综合指数的预测分析

1. 阈值的设定

曾经有些学者对单个的股票价格进行了预测，同时也有一些学者对上证综合指数出现转折点进行了预测。然而，本节进行了大量的计算模拟发现，由于单个股票的股价及股票综合指数的波动性很大，而应用 GM(1,1)模型来预测股票价格和股票综合指数值得到的结果均不能满足预测的精度要求。因此，本节通过统计分析和投资决策实际的需求分析，确定分别以上涨幅度大于 30%作为指标预测阈值对发生以上上涨幅度的年份进行预测，以及以上涨幅度大于 10%作为指标预测阈值对达到或超过该上涨幅度的月份进行预测。

2. 上证综合指数年均值的预测分析

表 5.2 为上证综合指数收盘价经分析计算后得出的数据。该数据显示上证综合指数自 1991 年开始的 240.09 点上升到 1992 年的 668.52 点上涨了 2 倍多。1993 年又上涨了近 400 点，达到了一个短期高点，即 1013.25 点。1994 年出现回调，下跌到 674.14 点，下跌幅度为 33%。经过两年（1995 年、1996 年）的平稳期，这一时期的股指年均值为 600～700 点，随后经历了 4 年的平稳上升时期（1997 年、1998 年、1999 年、2000 年）。从 2001 年开始达到一个高点——1956.15 点后开始下跌，到目前为止，跌幅已经很深，股指的随机性、波动性很大。

表 5.2　上证综合指数年平均值

时间	1991 年	1992 年	1993 年	1994 年	1995 年	1996 年
实际值	240.09	668.52	1013.25	674.14	657.83	764.66
时间	1997 年	1998 年	1999 年	2000 年	2001 年	
实际值	1129.11	1261.03	1322.01	1883.45	1956.15	

对投资者而言，他们希望能够预测到何时指数会发生涨跌以及涨跌幅度为多少。然而，从图 5.1 中可以看到，相邻年份股价指数出现跌幅大于 30%的年份只有 1994 年。因此，由于数据少而无法预测股价指数下跌的状况。接下来，对相邻年份的上涨情况进行分析，设定上涨幅度大于 30%作为指标预测阈值，对发生上涨幅度大于 30%的年份进行预测。

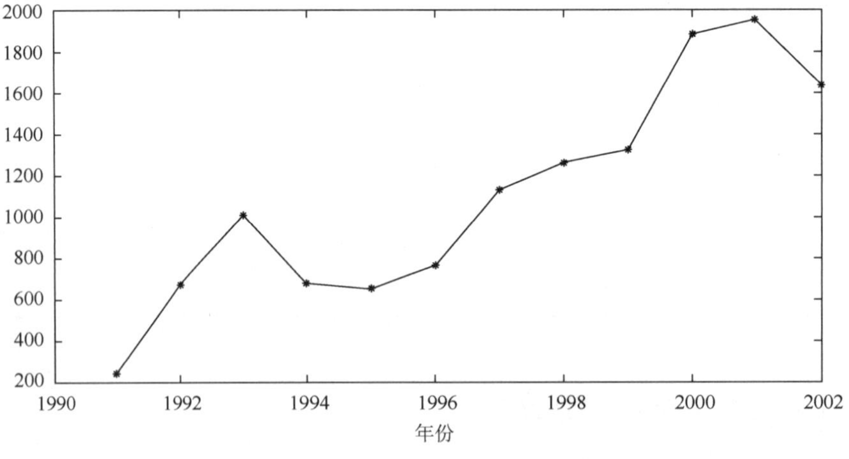

图 5.1　上证综合指数年平均值线

从原始数据表 5.2 中，可以得到相对上一年涨幅大于 30%的年份有 1992 年、1993 年、1997 年、2000 年，则令

$$x^0(t)=\{1992,1993,1997,2000\}$$

把它代入灰色系统模型 GM(1,1)计算公式，求出相应的参数，得到函数为

$\hat{x}^1(t) = -1.1362\times10^6 \times e^{-0.001753(t-1)} - 1.1342\times10^6 - 0.305201\times e^{-1.548662(t-1)} + 0.305201$。按该函数进行计算，得出有关结果见表 5.3。

表 5.3　相邻年出现涨幅大于 30%的预测结果

序号	原始值	预测值	残差	误差（%）
1	1992 年	1992 年	0	0
2	1993 年	1993 年 6 月	–0.6	–0.03
3	1997 年	1996 年 9 月	–0.1	–0.005
4	2000 年	2000 年 4 月	–0.4	–0.02
5		2003 年 9 月		
6		2007 年 4 月		
7		2010 年 9 月		

对该模型进行精度检验，其后验差比值 C=0.189＜0.35，平均误差为 0.014%，小误差概率 p＞0.95，模型预测精度等级为“好”，可以用于上涨幅度大于 30%的年份的预测。

3. 上证综合指数月均值的预测分析

根据上证综合指数的收盘价格，计算出从 1991 年 10 月到 2002 年 2 月的月平均收盘价，月平均收盘价的波动曲线如图 5.2 所示。

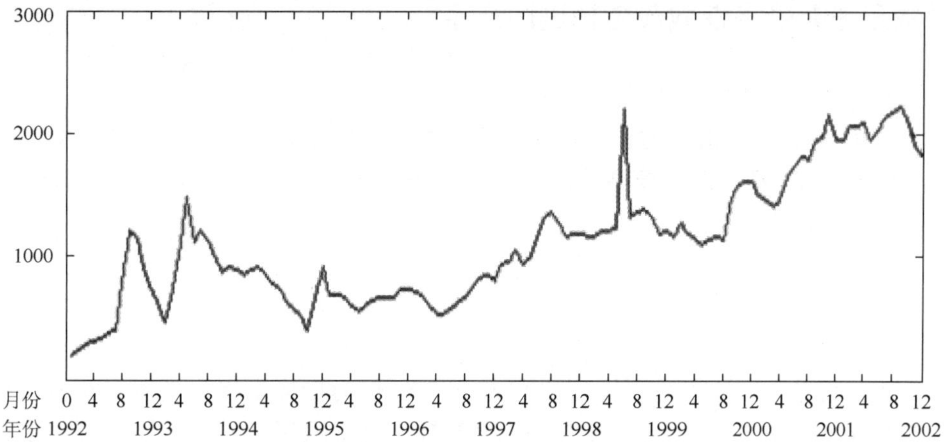

图 5.2　上证综合指数月平均值曲线

从图 5.2 可以看出，月平均收盘价非常离散。因此，只对指数上涨幅度大于或等于 10%的月份进行预测分析，并以 1997 年的数据为基础进行建模，可得

$$x^0(t) = \{66,67,78,93,101\}$$

把它代入灰色系统模型 GM（1，1）计算公式中，可以求出相应的参数，得到离散时间函数关系为

$\hat{x}^1(t)=465.5521e^{0.132967(t-1)}-399.552063+10.362753e^{0.198003(t-1)}-10.362753$ 。按求出的函数关系进行计算，结果见表 5.4。

表 5.4 1997 年相邻月份出现涨幅大于 10%的预测结果

序号	原始值	预测值	残差	误差（%）
1	66	66	0	0
2	67	68.4762	−1.4762	−0.022
3	78	78.3885	−0.3885	−0.005
4	93	89.7486	3.2541	0.035
5	101	102.7707	−1.7707	−0.0175
6		117.7014		
7		134.8245		
8		154.4669		

对该模型进行精度检验，其后验差比值 C=0.1325＜0.35，平均误差为 0.0199%，小误差频率 p＞0.95，模型预测精度等级为"好"，可以用表 5.4 的 1997 年相邻月份出现涨幅大于 10%的预测结果对该模型进行精度检验。

5.1.4 关于股票价格指数灰色预测的启示

从上述的预测计算结果可以得出如下启示。

（1）GM(1,1)模型按指数增长，对初始数据有较强的依赖性，因此对波动幅度较大的上证综合指数而言，灰色系统模型不能预测指数的未来值，只能预测超过某一规定值出现的时间，即作时间预测。

（2）以上证综合指数的年平均值涨幅大于 30%作为指标来构造模型，并预测上证综合指数均值涨幅大于 30%的年份，其预测结果的精度高，表明该模型可对指数进行长期预测。

（3）以上证综合指数的月平均值涨幅大于 10%作为指标来构造模型，对相邻月份出现涨幅大于 10%的月份作预测，其预测结果的精度也很理想，显示该模型可对指数进行中期预测。

5.2 中国股市波动性 GARCH 模型的建立和预测

由于金融资产的波动性是确定金融衍生工具（如证券期货等）价格的关键因子，同时，它也反映金融资产（如股票）价格的波动风险。因此，市场交易者、投资者、风险管理者以及寻求弄清楚市场动态的学者们都希望能准确预测市场的波动性。众所周知，一般将过去已经产生的波动性的数据构成时间序列模型来预测股票波动性。最近，国内外应用

ARCH（autoregressive conditional heteroskedasticity）和 GARCH（generalized ARCH）模型来预测股票波动性已成为热门的研究方向之一。

ARCH 模型用来刻画和预测条件方差。应变量（dependent variable）的方差表示成应变量的过去值以及独立变量或外生变量的函数。

ARCH 模型是由 Engle（1982）提出的，而 GARCH 模型是由 Bollerslev（1986）发明的。这些模型如今正广泛用于经济学的各个领域中，特别是用于金融时间序列分析中。

5.2.1　ARCH 模型的构造

为了构造 ARCH 模型，必须建立条件均值和条件方差方程。

1. GARCH(1,1)模型

对于 GARCH(1,1)模型，标准方程如下：

$$y_t = x_t'\gamma + \varepsilon_t \tag{5.8}$$

$$\sigma_t^2 = \omega + \alpha\varepsilon_{t-1}^2 + \beta\sigma_{t-1}^2 \tag{5.9}$$

均值方程（5.8）表示为一外生变量的函数和一个随机误差项。由于 σ_t^2 是基于过去信息的预测方差，因此又称作条件方差。条件方差方程是由如下三项所构成的函数。

（1）均值：ω；

（2）上一期的波动性的信息，从均值方程中观测上一期的残差平方项而得，即 ε_{t-1}^2（ARCH 项）；

（3）上一期的预测方差：σ_{t-1}^2（GARCH 项）。

GARCH（1，1）中的（1，1）是指包含一阶 GARCH 项和一阶 ARCH 项。一般 ARCH 模型是 GARCH 模型的一种特别形式，也就是在条件方差方程中没有滞后的预测方差项（σ_{t-1}^2）。

ARCH 模型可由极大似然方法来进行参数估计，并假设误差项满足条件正态分布。对于 GARCH（1，1）模型，在时刻 t 时，对数似然分布函数如下：

$$I_t = -\frac{1}{2}\log(2\pi) - \frac{1}{2}\log\sigma_t^2 - \frac{(y_t - x_t'\gamma)^2}{2\sigma_t^2} \tag{5.10}$$

式中，

$$\sigma_t^2 = \omega + \alpha(y_{t-1} - x_{t-1}'\gamma)^2 + \beta\sigma_{t-1}^2 \tag{5.11}$$

从式（5.11）可知，方差是由长期加权平均值（常数）、上一期的方差（GARCH 项）以及上一期所观测到的波动性的信息（ARCH）所构成的。如果股票收益率的绝对值变大，就提高下一期的方差估计。模型与收益率序列中的聚类性是一致的。

下面两个方差公式有助于解释以上模型：

将式（5.9）中右边项滞后方差作进一步迭代，则条件方差表示为所有滞后残差平方的加权平均：

$$\sigma_t^2 = \frac{\omega}{1-\beta} + \alpha \sum_{j=1}^{\infty} \beta^{j-1} \varepsilon_{t-j}^2 \tag{5.12}$$

从式（5.12）可以看出，GARCH（1，1）的方差构成类似于样本方差，但是随着 j 的增加，赋予过去观测值的权重衰减得越快。均方收益率的误差表示为 $v_t = \varepsilon_t^2 - \sigma_t^2$，将方差公式中的方差代入得如下误差项：

$$\varepsilon_t^2 = \omega + (\alpha + \beta)\varepsilon_{t-1}^2 + v_t - \beta v_{t-1} \tag{5.13}$$

因此，误差平方项满足 ARMA（1，1）过程，表示波动性响应（shock）的持续性的自回归根是（$\alpha + \beta$），在许多应用的实例中，（$\alpha + \beta$）约等于 1，因此，这种波动性响应衰减得相当缓慢。

2. ARCH-M 模型

方程（5.8）中 x 表示外生或预设变量，如果将条件方差引入到均值方程中，就可以得到均值 ARCH-M（ARCH-IN-MEAN）模型（Engle et al.，1987）：

$$y_t = x_r'\gamma + \sigma_t^2 + \varepsilon_t \tag{5.14}$$

ARCH-M 模型常用于相对预期风险下的收益率的预测。预期风险的估计系数就是风险-收益替代的测度。

3. GARCH(p,q)模型

高阶 GARCH 模型，表示为 GARCH(p,q)，p,q＞1。模型的方差表达式如下：

$$\sigma_t^2 = \omega + \sum_{j=1}^{p} \beta_j \sigma_{t-j}^2 + \sum_{i=1}^{q} \alpha_i \varepsilon_{t-i}^2 \tag{5.15}$$

式中，p 为 GARCH 项的阶数；而 q 为 ARCH 项的阶数。

4. 不对称 ARCH 模型

在股票市场上，股票价格的下跌而产生的波动性比同等幅度上涨产生的波动性大。为了解释这种现象，Engle 和 Ng（1993）描绘出了股票市场对好消息和坏消息做出不对称反应的波动性反应曲线。用来估计这种波动性的不对称反应的模型有：TARCH 模型和 EGARCH 模型。

5. TARCH 模型

TARCH（threshold ARCH）模型是分别由 Zakoian（1994）和 Glosten 等（1993）提出的。条件方差表达式如下：

$$\sigma_t^2 = \omega + \alpha\varepsilon_{t-1}^2 + \gamma\varepsilon_{t-1}^2 d_{t-1} + \beta\sigma_{t-1}^2 \tag{5.16}$$

其中，如果 $\varepsilon_t < 0$，$d_t = 1$；$\varepsilon_t \geqslant 0$，$d_t = 0$。

在这个模型中，好消息（$\varepsilon_t > 0$）和坏消息（$\varepsilon_t < 0$）对条件方差有不同的效应。好消息的影响因子为 α，而坏消息的影响效果是 $\alpha + \gamma$。如果 $\gamma > 0$，则坏消息增加了波动性而存在着杠杆效应；如果 $\gamma \neq 0$，消息的影响效果是不对称的。

高阶 TARCH 模型，方差的估计形式如下：

$$\sigma_t^2=\omega+\sum_{i=1}^{q}\alpha_i\varepsilon_{t-i}^2+\gamma\varepsilon_{t-1}^2 d_{t-1}+\sum_{j=1}^{p}\beta_j\sigma_{t-j}^2 \tag{5.17}$$

6. EGARCH 模型

EGARCH 模型是由尼尔森提出的。条件方差的表达式如下：

$$\log\sigma_t^2=\omega+\beta\log\sigma_{t-1}^2+\alpha\left|\frac{\varepsilon_{t-1}}{\sigma_{t-1}}\right|+\gamma\frac{\varepsilon_{t-1}}{\sigma_{t-1}} \tag{5.18}$$

注意式（5.18）左侧是条件方差的对数形式，这意味着杠杆效应是呈对数形式的，而不是二次的。杠杆效应的存在性是通过验证假设 $\gamma>0$，同时，如果 $\gamma\neq0$，这种效应是非对称的。

5.2.2　沪深股市波动性预测的实证分析

将沪深股市的综合指数的日收益率定义为股指对数的一阶差分，即

$$R_t=\ln\left(P_t/P_{t-1}\right) \tag{5.19}$$

式中，P_t 为 t 时刻的综合指数的日收盘价；P_{t-1} 为 $t-1$ 时刻的综合指数的日收盘价。下面以沪深股市综合指数 1991 年 10 月 3 日到 2002 年 9 月 2 日的日收盘价数据为处理对象，应用 Eviews 软件包来进行沪深股市波动性的模型估计、预测以及不对称波动性的实证分析。

1. 上证综合指数波动性 GARCH(1,1)模型估计

采用在均值和方差方程中无回归项来构建 GARCH(1,1)模型，即

$$R_t=c+\varepsilon_t \tag{5.20}$$

$$\sigma_t^2=\omega+\alpha\varepsilon_{t-1}^2+\beta\sigma_{t-1}^2 \tag{5.21}$$

应用 Eviews 软件将上证综指收益率序列作以上模型估计，模型估计结果由两部分组成，上面部分是均值方程的参数的输出结果，即 $R_t=0.000072+\varepsilon_t$；下面部分是方差方程的输出结果，$\omega=0.0000105$，$\alpha=0.4708$，$\beta=0.7149$，则方差方程为 $\sigma_t^2=0.0000105+0.4708\varepsilon_{t-1}^2+0.7149\sigma_{t-1}^2$（简称模型 1）。输出的最下面部分是应用均值方程的残差作统计回归的标准参数集，注意，其中的 $R^2=-0.000582$ 是没有意义的，因为均值方程中没有回归项。由于 $\alpha+\beta>1$，因而该模型显示波动性响应（volatility shocks）的持久性不强。

2. 深证综合指数波动性 GARCH(1,1)模型估计

采用与上证综合指数波动性相同的估计模型（5.20）和模型（5.21），即在均值和方差方程中无回归项来构建 GARCH（1，1）模型。采用从 1991 年 10 月 3 日到 2002 年 9 月 2 日共 2686 个日对数收益率数据，应用 EVIEWS 软件估计出如下波动性 GARCH（1，1）模型的参数，输出结果由两部分组成，其一是均值方程的参数的输出结果，即 $R_t=0.000466+\varepsilon_t$；其二是方差方程的输出结果，$\omega=0.0000114$，$\alpha=0.1583$，$\beta=0.8471$，则方差方程为 $\sigma_t^2=0.0000114+0.1583\varepsilon_{t-1}^2+0.8471\sigma_{t-1}^2$（简称模型 2）。从模型 2 和模型 1 的

波动性方程相比较，模型 2 的$\alpha = 0.1583$小于模型 2 的 0.4708，而模型 3 的$\beta = 0.8471$大于模型 2 的 0.7149，也就是说，深证综合指数受过去自身的波动性的影响大于上证综合指数。

从以上输出结果还可以看出，$\alpha = 0.1583$，$\beta = 0.8471$，$\alpha + \beta \approx 1$，这意味着波动性响应具有很强的持久性。图 5.3 为根据以上模型对收益率和方差范围的预测，即从 2687（2002 年 9 月 3 日）～3050 的 363 个交易日内的收益率和方差预测值。

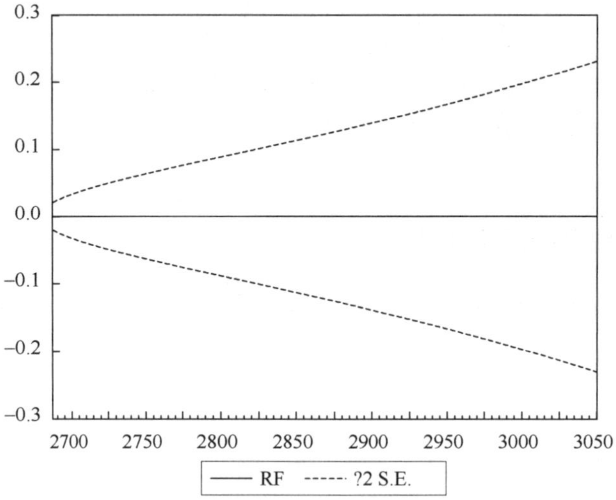

(a) GARCH(1,1)模型均值

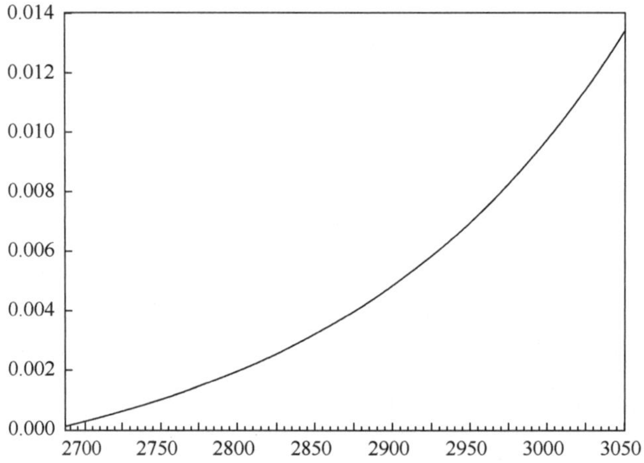

(b) GARH(1,1)模型波动性的预测

图 5.3　深证综合指数 GARCH(1,1)模型均值和波动性的预测

5.2.3　市场不对称波动性的 ARCH 模型检验

上证综合指数 TARCH 的模型估计采用的数据与模型 2 相同，其 TARCH 模型的估计方程如下：

$$\sigma_t^2 = 0.00015 + 0.2545\varepsilon_{t-1}^2 - 0.0155\varepsilon_{t-1}^2 d_{t-1} + 0.7474\sigma_{t-1}^2$$

从以上方程可知，$\gamma = -0.0155 < 0$，因此，没有明显的杠杆效应，因为$\alpha + \gamma < \alpha$，即坏消息没有增加波动性。但是，由于$\gamma \neq 0$，消息的反应还是不对称的。

为了测试出沪市对消息的反应，应用 Eviews 刻画出反应曲线图，即画出反应波动性的 σ^2 相对应于反应消息冲击 $z=\varepsilon/\sigma$ 的曲线图。图 5.4 是用 EGARCH 模型刻画出的上证综合指数日对数收益率的消息反应曲线，这里 $\log\sigma_t^2=\omega+\beta\log\sigma_{t-1}^2+\alpha\left|z_{t-1}\right|+\gamma z_{t-1}$。

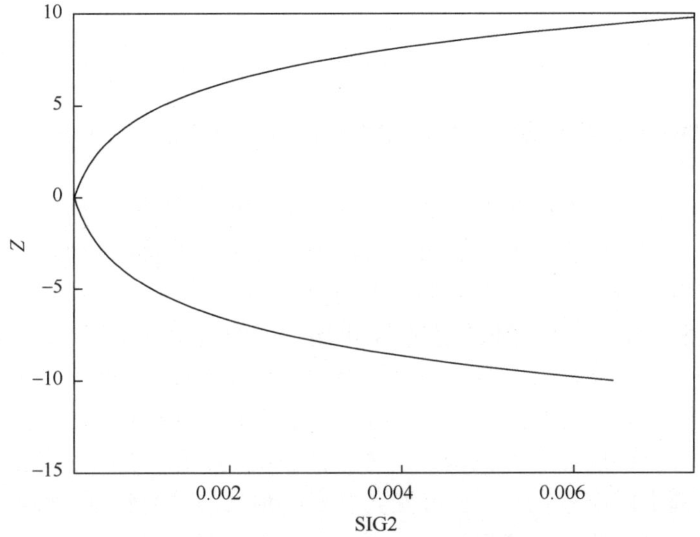

图 5.4　上证综合指数日对数收益率的消息反应曲线

图 5.4 中，SIG2 表示方差；Z 表示消息的影响。从图 5.4 可以看出，上证综合指数好消息会在市场引起比坏消息更大的波动性，显示出一定程度的波动性的不对称性。

5.2.4　关于波动性 GARCH 模型预测的启示

沪深股市波动性均呈现出明显的条件异方差特性，应用 GARCH 模型能够成功刻画出沪深股市收益率方差（波动性）的变化规律。深证综合指数的 $\alpha=0.1583$ 小于模型上证综合指数的 0.2416，而模型深证综合指数的 $\beta=0.8471$ 大于上证综合指数的 0.7529，也就是说，深证综合指数受过去自身的波动性的影响大于上证综合指数。

第 6 章　中国股市非线性行为成因及风险特征分析

6.1　中国股市价格和波动性的非线性行为的形成机理

6.1.1　中国股市价格的趋势性和非周期循环行为的成因分析

我国股票市场建立之始的主要目的是为国有企业改革创造条件，目前在沪深股市中的上市公司中绝大部分是国有企业，然而，国有企业上市后的普遍情形是“一年绩优，二年绩平，三年绩差”。正是由于上市公司普遍自身经营能力很弱，上市公司普遍不能分给高于银行利率的红利，投资者只能依靠在股票市场上的股价上涨赢利，这样就使包括证券投资基金，私募基金及在数量上占多数的大、中、小户投资者无一例外地依靠操作股价、内幕交易、短期投机交易来获得投资回报，这种为了获取短期投机利益的动机，就会使证券市场中普遍存在着个人投资者对机构投资者的羊群行为，这一些特殊现象，特别是这种羊群行为在股市过程中广泛存在时，股市就会显示出强烈的趋势特征，如我国股市出现的非周期循环就是这种趋势特征的表现形式，羊群行为的过度反应会导致股市的泡沫的加大，增加股市系统风险。

6.1.2　中国股市的结构性缺陷及不对称波动性

当前，我国股票市场中上市公司存在着股权部分流通的状况，按照 2000 年的统计，以总的股本结构来看，流通股在总股本中所占的比例为 35.7%，国家股和法人股在总股份中所占的比例分别为 38.9%和 23.8%。这种大量国有及法人股不能流通的状况，极大地限制了股票市场的供给，由于目前股票价格的高低主要取决于追逐股票资金量的多少，因此，由于不能全流通而造成的严重供给不足而加大了我国股市的泡沫化。有研究显示，上证综合指数和深证综合指数在 1991～2000 年的年均累积泡沫分别为 63.4%和 58%，而同期的道•琼斯指数的年均累积泡沫为 19.5%。目前，我国股市还处于较高的风险水平上，正是由于面对高风险水平的股市，而投资者又以追求短期资本利得为目标，因此，当股市遭遇如“法人股减持”这样的“坏消息”时，由于反应过度而出现更大的波动性，这种波动性常大于好消息对股市造成的波动性，这是因为当前股市的泡沫化程度较高，好消息对股市的影响力有限，这样就出现了波动性的不对称反应特征。

6.1.3　波动性溢出效应的成因分析

关于沪市对深市之间存在着明显的波动性溢出效应，而深市对沪市具有正的波动性溢出效应，但其溢出效应没有沪市对深市的大这样一种现象。这主要是因为沪市的上市公司较多，大的蓝筹股较多，股票交易量较大，因而其收益率水平和波动性有一定的示范作用，因此沪市对深市就显示出较大的波动性溢出效应。然而，由于上证综合指数与深证综合指数的协整性表明了沪深股市之间存在着长期稳定的联动关系，这使深市对沪市就存在着一定程度的正的波动性溢出效应。

6.1.4　沪深股市波动性突变行为的成因分析

沪深股市波动性突变行为反映了股市风险的变化特征。正如 4.3.5 节所示，沪深股市所产生的大量变点是国家有关部门出台的政策，如货币利率政策、股市扩容政策和法人股减持政策等以及国际重大经济事件的影响而产生的，因此，可以认为，政府的政策是我国股市波动性突变行为产生的主要原因。另外，国际上发生的重大政治经济事件也是诱发我国股市波动性变化的原因之一。

6.1.5　中国股市波动性的条件异方差特征

中国股市波动性的条件异方差特征显示了过去的波动性对当前的波动性有影响，也就是说，我国股市的风险状况一直受历史的风险特征影响着，这一证据表明，在一定程度上，过去的信息对股市的影响还存在。这种信息作用的机理揭示了我国股市存在着一定程度的弱式有效的特征，因此，我国股市一定程度的弱式有效是股市波动性的条件异方差性的原因。

6.2　证券风险度量模型及中国股市风险特征分析

6.2.1　引言

目前，度量和控制风险是证券投资者最为关心的事情。证券市场由于对经济和政治环境的高度敏感性，因此，证券市场的一项主要功能就是给定一个价格，允许不同参与者交易其风险。

对于证券市场的风险，传统的定义是根据投资组合理论将风险划分为系统风险和非系统风险，随着美国长期资本管理公司的破产，人们已越来越关注证券投资的极端风险的控制问题。本章的目的是介绍一些金融风险的经典理论，说明其缺陷，并介绍几个理论模型来更完善地处理“稀少事件”，而这正是金融风险的真正所在。然后，对中国证券市场的风险特征进行描述，最后对提出中国证券市场的风险价值模型。

6.2.2　证券风险的度量

1. 风险和波动性

一直以来，证券投资的风险一直与最终结果的不确定性联系在一起。其传统度量工具是标准差或波动性。用 $R(T)$ 表示时间间隔 T 的对数收益，定义如下：

$$R(T)=\log\left[\frac{x(T)}{x_0}\right] \tag{6.1}$$

式中，$x(T)$ 是在已知资产 X 今日价格（t=0）等于 x_0 时，资产 X 在 T 时刻的价格，如果 $P(x,T\big|_{x_0},0)\mathrm{d}x$ 是在 $\mathrm{d}x$ 内出现 $x(T)=x$ 的条件概率，则投资的波动性 σ 是 $R(T)$ 的标准差，其定义如下：

$$\sigma^2=\frac{1}{T}\left[\int P(x,T\big|_{x_0},0)R^2(T)\mathrm{d}x-\left(\int P(x,T\big|_{x_0},0)R(T)\mathrm{d}x\right)^2\right] \tag{6.2}$$

一般说来，波动性是与给定投资有关的一种合适的风险度量。然而，我们注意到该定义的对称形式，它既包括了异常收益，又包括了异常损失。大量的理论是建立在这个定义之上，对于方差的计算是相对简单的，而且很容易推广到多证券组合的情况。将 x_0 到 $x(T)$ 的运动分解为 $N=T/\tau$ 个增量，可以得到：

$$x(T)=x_0+\sum_{k=0}^{N-1}\delta x_k\text{，}\quad \delta x_k=x_k\eta_k \tag{6.3}$$

式中，$x_k=x(t=k\tau)$，而根据定义，η_k 是瞬态收益。因此有如下公式：

$$R(T)=\log\left[\frac{x(T)}{x_0}\right]=\sum_{k=0}^{N-1}\log(1+\eta_k) \tag{6.4}$$

传统的方法假设收益 η_k 是独立变量。从中心极限定理知道，在 $N\to\infty$ 的极限情况下，$R(T)$ 变换成中心为给定收益 $\overline{m}T$ 的高斯随机变量，这里 $\overline{m}=\log(1+\eta_k)/\tau$，其标准差由 $\sigma\sqrt{T}$ 给出。因此，在极限情况下，$R(T)$ 的全部概率分布仅仅由两个变量 $\overline{m}$ 和 σ 确定，任何合理的风险度量都必须基于 σ。

然而，在前面我们论述过，对于有限的 N，股票收益率呈现出非正态分布的特征，具有明显的“尖峰”和“胖尾”，而这个尾部则对应着证券投资风险。

可以这样解释 σ 的意义：经过足够长的时间 T 后，资产 X 的价格为

$$x(T)=x_0\exp\left[\overline{m}T+\sigma\sqrt{T}\xi\right] \tag{6.5}$$

式中，ξ 为均值为 0、方差为 1 的高斯随机变量；$\sigma\sqrt{T}$ 给出偏离预期收益的量级大小。

注意方程（6.5）给出的最可能值等于 $x_0\exp(\overline{m}T)$，这里 $x(T)$ 的均值比较高，假设 ξ 是高斯变量，可以得到 $x_0\exp[(\overline{m}T+\sigma T/2)]$。造成这种差异的事实是，收益率 η_k 而非其绝对增量 δx_k 是独立同分布随机变量。然而，如果 T 很短（比如几个月），这两种描述的差异就很难分辨 ξ。因此，可以将 $x(T)$ 写成

$$x(T)=x_0\exp[\overline{m}T+\sigma\sqrt{T}\xi]\approx x_0+mT+\sqrt{DT}\xi \tag{6.6}$$

式中，引入下述符号：$m\equiv\overline{m}x_0$，$D\equiv\sigma^2x_0^2$。随机变量 ξ 的非高斯本质是确定极端风险概率的最重要因子。

2. 风险价值

通常用波动性来描述金融风险，显然，风险是与损失相联系的，对于极端事件，从来

没有证明价格波动的高斯模型成立，这是因为中心极限定理仅能应用于分布的中心区。所以金融界最关心的是这些极端风险，首先控制的就是这种极端风险。

对于这种极端风险，所要研究的是极端事件的概率或是对于某个损失概率相对应的损失值，或者就称为风险价值（value at risk，VaR）。

在给定时间 τ 内，损失 $-\delta x$ 大于某个临界值 ∇ 的概率定义如下：

$$P[\delta x < -\nabla] = P < [-\nabla] = \int_{-\infty}^{-\nabla} P_{\tau}(\delta x)\mathrm{d}x \tag{6.7}$$

式中，$P_{\tau}(\delta x)$ 为在时间标度 τ 内价格变化的概率密度。

另一种定义方法是，把风险定义为在时间间隔 τ 内与某个损失概率 P_{VaR}（或置信水平，如 $P_{\mathrm{VaR}}=1\%$）相对应的损失值（风险价值）∇_{VaR}：

$$\int_{-\infty}^{-\nabla_{\mathrm{VaR}}} P_{\tau}(\delta x)\mathrm{d}\delta x = P_{\mathrm{VaR}} \tag{6.8}$$

该定义表明：对 $P_{\mathrm{VaR}}=1\%$，在时间间隔 τ 内大于 ∇_{VaR} 的损失平均来说每 100 天出现 1 次。

在高斯分布情况下，风险价值与波动性有直接联系。实际上，对于标准差等于 $\sigma_1 x_0 = \sigma x_0\sqrt{\tau}$、均值等于 m_1 的高斯分布，可以发现 ∇_{VaR} 由式（6.9）给出：

$$P_{G<}\left(-\frac{\nabla_{\mathrm{VaR}} + m_1}{\sigma_1 x_0}\right) = P_{\mathrm{VaR}\to}\nabla_{\mathrm{VaR}} = \sqrt{2}\sigma_1 x_0 \mathrm{erfc}^{-1}[2P_{\mathrm{VaR}}] - m_1 \tag{6.9}$$

当 m_1 比较小时，∇_{VaR} 的最小化相当于 σ 的最小化。

3. 最优投资组合和风险价值

正如我们所知道的，股票价格的收益率分布的尾部常常是非高斯的。在这种情况下，方差的最小化并不一定等同于对大的波动的最优控制。当这些分布的尾部是幂关系时，此时可以显示求解整个投资组合的风险价值最小化问题。假设在大的损失区，每一种资产的波动都可以按幂关系衰减的概率密度描述：

$$P_T(\delta x_i)\underset{\delta x_i \to -\infty}{\approx}\frac{\mu A_i^{\mu}}{|\delta x_i|^{1+\mu}} \tag{6.10}$$

式中，μ 为任意指数，但必须大于 1，以保证平均收益是明确定义的。

一般地说，最优投资组合依赖于风险度 ∇，也就是说，依赖于风险时变水平。对于所有的资产是幂关系分布，但是尾部指数 μ_i 依赖于资产 X_i。对大的 ∇ 值，投资组合 P 遭受大于 ∇ 的损失的概率为

$$P(\delta S < -\nabla) = \sum_{i=1}^{M} p_i^{\mu_i}\frac{A_i^{\mu_i}}{\nabla^{\mu_i}} \tag{6.11}$$

4. 风险价值计算的分析方法

分析方法是 VaR 计算中最为常用的方法。它利用证券组合的价值函数与市场因子间的近似关系、市场因子的统计分布（方差-协方差矩阵）简化 VaR 的计算。根据证券组合价值函数形式的不同，分析方法可分为两大类：Delta-类模型和 Gamma-类模型。在 Delta-类模型中，证券组合的价值函数均取一阶近似，但不同模型中市场因子的统计分布假定不

同。例如，Delta-正态模型假定市场因子服从多元正态分布；Delta-加权正态模型使用加权正态模型（WTN）估计市场因子回报的协方差矩阵；Delta-GARCH 模型使用 GARCH 模型描述市场因子。

在 Gamma-类模型中，证券组合的价值函数均取二阶近似，其中 Gamma-正态模型假定市场因子的变化服从多元正态分布，Gamma-GARCH 模型使用多元 GARCH 模型描述市场因子。

5. 风险价值的应用

当初 VaR 模型是用来度量金融风险的工具。主要目的是利益关系人用来评价自己面临的风险。后来，VaR 发展成为比较和控制风险的一般标准。最近，VaR 被用来确定维持一项交易所需要的资本量。

VaR 模型需要选择两个参数：置信区间和时间水平，参数的选择取决于所应用的领域。如果只是用 VaR 模型来解释和评价风险，其参数可以任意选择。如果用 VaR 模型来确定资本金的基准，参数的选择就应该特别小心。可以将置信区间的水平选定在很高的水平，以使损失超过 VaR 的概率非常小。至于可以选择的某一时间水平，它与资产的流动性有关系，也就是说，所选择的时间水平必须保证利益关系人有足够的时间来筹集资金或做出相应的决策。下面就有关银行确定有关资本覆盖的例子来说明 VaR 的应用。

假设在 99%水平上，VaR 值为 2000 万美元，也就是说 VaR 可以解释为在一个给定的时间内，银行可以遭受的最大的损失。银行为了承受这样的损失而不被关掉，银行必须维持足够的资本金。换句话说，VaR 就是一个企业（如银行）用于自我保险所配置的资本金。如图 6.1 所示，VaR 的解释有助于确定适当的置信水平，假设 VaR 可以度量其所有的风险，选取一年的时间水平，如果银行在一年内遭受的损失超过 VaR，其资本金被耗尽，该银行被关门。

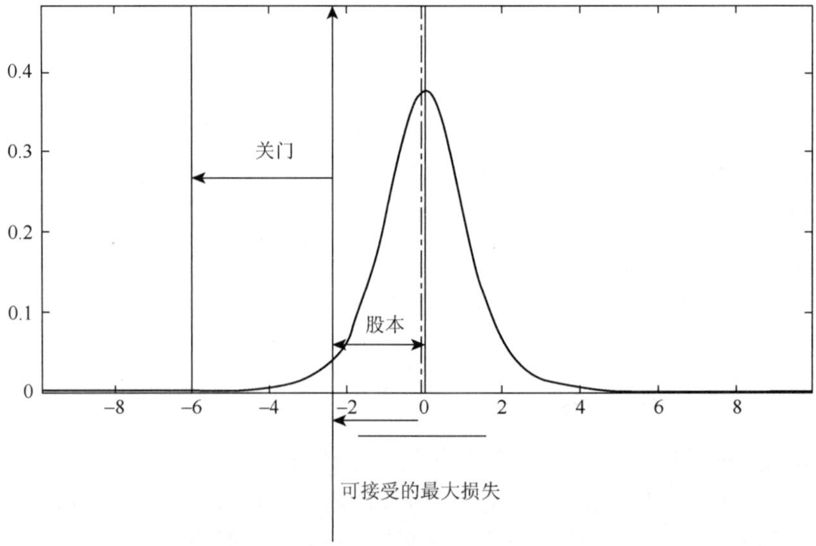

图 6.1　银行信用风险分布图

银行可以按期望的信用等级来设定 VaR 置信水平。表 6.1 表示了由穆迪（Moody's）评级机构提供的信用等级，表中根据银行在历史上一年的关门概率。最后一栏目表示为获得期望评级所需要的资本覆盖（equity coverage）。（定义为需要达到预期关门概率的年标准差的倍数。）

假设存在的市场风险为每日的利润或损失的标准差为 1 亿美元，一年为 252 个交易日，则一年的市场风险值为 16 亿美元，那么银行需要多少资本金来维持 Aa2 呢？如表 6.1 所示，假设损失额服从正态分布，则所需要的资本金额为 56（3.5×16）亿美元。如果银行估计损失的分布是具有胖尾的正态分布，就可以选择 t 分布的乘数，在这种情况下，所需要的资本金就会高达 125 亿美元。

表 6.1　对应信用评级的资本覆盖（标准差倍数）

希望评级（Moody's）	一年关门概率（%）	资本覆盖（标准差倍数）		
		正态分布	$t(6)$	$t(4)$
Aaa	0.009	3.75	9.26	15.96
Aa1	0.015	3.62	8.45	14.03
Aa2	0.022	3.51	7.89	12.72
Aa3	0.035	3.39	7.25	11.30
A1	0.05	3.29	6.79	10.31
A2	0.06	3.24	6.56	9.83
A3	0.07	3.19	6.37	9.45
Baa1	0.13	3.01	5.67	8.04
Baa2	0.16	2.95	5.44	7.61
Baa3	0.70	2.46	4.01	5.10
Ba1	1.25	2.24	3.52	4.31
Ba2	1.79	2.10	3.23	3.88
Ba3	3.96	1.76	2.62	3.01
B1	6.14	1.54	2.30	2.58
B2	8.31	1.38	2.08	2.30
B3	15.08	1.03	1.65	1.77

6. 证券投资组合的风险价值

VaR 的含义是"处于风险中的价值"，按前面的定义可知，它是指在一定的概率水平下（置信度），某一金融资产或投资组合在未来特定的一段时间内的最大损失。可以表示为

$$\text{Prob}(\Delta P > \text{VaR}) = 1 - \alpha \tag{6.12}$$

式中，VaR 在阶价值在一定概率水平下，在给定持有期间可能会发生的最大损失；α 是指置信水平（confidence level），$\alpha \in (0,1)$。

因此，只要知道投资组合的收益率的分布，就可以计算出组合的风险价值。目前，用来估计投资组合的风险价值的实证方法主要包括传统的方差-协方差法、历史模拟法、蒙特卡洛模拟法以及近几年发展起来的极值 VaR 方法。封建强（2002）应用极值方法来测

度沪深股市收益率的市场风险，同时也对极值方法、半参数方法以及传统 VaR 方法的测度结果进行比较，认为无论是从动态风险还是从静态风险的角度来看，极值法较其他两种方法为优，同时动态风险测度相对静态而言能够更灵敏地反映市场价格行为的变化。

7. 基于 CAPM 的证券投资风险度量

证券投资组合理论是建立在股票收益分布是正态分布的基础之上的，在这种情况下，一般认为证券投资的风险是由系统风险和非系统风险构成的。其定义如下：证券市场的风险内含于证券市场价格的波动性。在 n 个时期，持有证券 i 的投资收益为 R_i，持有证券的风险为 σ_i^2，见式（6.13）：

$$\sigma_i^2 = \sum_{i=1}^{n}\left[R_{i(t)} - \bar{R}_i\right]^2 \tag{6.13}$$

构成证券投资风险的包括系统性风险和非系统性风险。系统性风险是由投资代表整个市场所有交易品种的市场指数的风险，因此，投资于单个证券的收益和风险可以被市场指数收益率和风险进行解释，其收益和风险可以由式（6.14）和式（6.15）表示。

$$R_{i(t)} = \alpha_i + \beta_i R_{m(t)} + \varepsilon_{it} \tag{6.14}$$

$$\sigma_i^2 = \beta_i^2 \sigma_m^2 + \sigma_{\varepsilon_i}^2 \tag{6.15}$$

式中，$R_{i(t)}$ 为股票 i 的期望收益率；$R_{m(t)}$ 为市场组合的期望收益率；β_i 表示证券 i 的收益率中，整个市场对单个证券收益水平的影响程度；ε_{it} 为单个证券 i 的收益率中除去整个市场收益的影响，该证券本身决定的收益部分，即非系统性风险部分；α_i 为常数项。在式（6.15）中，单个证券总风险由系统性风险 $\beta_i^2\sigma_m^2$ 和非系统性风险 $\sigma_{\varepsilon_{it}}^2$ 构成。

6.2.3 中国证券市场的收益率分布函数

股票收益率服从正态分布是最早也是最经典的理论假设。该观点是由法国著名数学家巴切利亚 1900 年提出的。巴切利亚通过记录价格状态的转移概率（即 Chapman-Kolmogorov 方程），发现投机资产的价格满足所谓的扩散方程。肯得尔（Kendall）1953 年对英国股市价格数据进行了研究，认为股票的价格的变化近似服从正态分布。奥斯本（Osborne）1959 年对美国股市的收益率序列进行了研究，他认为用几何布朗运动来描述股价的变动是合适的。

在对巴切利亚·奥斯本模型进行了经验检验的过程中，肯得尔与摩尔都发现实际的股票价格数据与正态分布假说不完全一致。肯得尔通过观察英国股票价格的周变动数据发现，股价的变动只是近似的服从正态分布，事实上，大多数价格的变化存在很明显的尖锋现象，也就是说，相对正态分布而言，在均值附近的数据点特别多，同时取极值的数据点也特别多。曼得布雷特（Mandelbrot）1963 年对包含这些“尖锋、胖尾”的“异常值”进行研究，提出稳定 Paretian 分布，即股市收益率服从特征指数小于 2 的 Paretian 分布，正态分布只是该模型的一个特例。

混合模型通常由两个分布合并而成。其中一个为正态分布，描述收益率的分布形式，另一个分布则描述收益率的波动情况，控制正态分布方差的变动。研究者构造了大量的混合模型。例如，皮雷斯（Peress）1968 年构造的复合事件模型。克拉克（Clark）1974 年构造的对数正态-正态分布模型（用对数正态分布来刻画正态分布的方差）。影响最大的要数佩雷特兹（Praetz）与罗伯特·不拉特伯兹（Robert C. Blattberg）的模型。佩雷特兹研究正态分布方差服从伽马分布的情况，他证明在这种情况下收益率服从 t 分布。

拉普拉斯分布和高斯正态分布具有很多相似的特征，其主要的差异是拉普拉斯分布较高斯正态分布有较尖的峰值和肥胖的尾部。拉普拉斯和高斯正态分布，简称高斯分布。峰度常被认为是关于高斯分布的差异的一种测度。当 $K>0$ 时（尖细峰度分布），相应的密度分布具有一个明显的围绕均值的峰值和相当“厚”的尾部。

封建强（2003）研究了沪、深股市六类综合指数的对数收益率的分布函数。通过对收益率的尾部行为的考察，发现对于全样本数据，用稳定的 Paretian 分布来描述是合适的。但依收益率的方差变点对收益率序列做出区分后，发现方差变点后期的收益率更可能服从 t 分布。

本章对深市综合指数日对数收益率和周（5 日）收益率数据进行拉普拉斯（Laplas）分布的研究，发现其服从拉普拉斯分布，这个结论与以上有所不同。其验证过程如下：

对于 Laplas 分布：

$$f_{\xi}(x)=\frac{1}{2\beta}\exp\left\{-\frac{|x-\alpha|}{\beta}\right\},\quad \alpha\in R,\beta>0 \tag{6.16}$$

Laplas 分布的期望值和方差为

$$E(\xi)=\alpha,\quad D(\xi)=2\beta^2 \tag{6.17}$$

设 $(\xi_1,\xi_2,\cdots,\xi_n)$ 为容量为 n 的样本，考虑两参数 α，β 的极大似然估计：

$$L(\alpha,\beta)=\prod_{i=1}^{n}f(x_i)=\frac{1}{(2\beta)^n}\exp\left\{-\frac{\sum_{i=1}^{n}|\xi_i-\alpha|}{\beta}\right\}$$

$$\ln L(\alpha,\beta)=-n\ln(2\beta)-\frac{\sum_{i=1}^{n}|\xi_i-\alpha|}{\beta} \tag{6.18}$$

由 $\dfrac{\partial L(\alpha,\beta)}{\partial\beta}=0$，有

$$-\frac{n}{\beta}+\frac{\sum_{i=1}^{n}|\xi_i-\alpha|}{\beta^2}=0$$

$$\hat{\beta}=\frac{1}{n}\sum_{i=1}^{n}|\xi_i-\alpha|$$

对 α 来说，$\ln L(\alpha,\beta)$ 要极大，则 $\sum_{i=1}^{n}|\xi_i-\alpha|$ 要极小，α 应取样本中位数，即

$$\hat{\alpha}=\begin{cases}\xi_{(\frac{n+1}{2})} & \text{当}n\text{为奇数}\\ \frac{1}{2}(\xi_{(\frac{n}{2})}+\xi_{(\frac{n}{2}+1)}) & \text{当}n\text{为偶数}\end{cases}$$

于是

$$\hat{\beta}=\frac{1}{n}\sum_{i=1}^{n}\left|\xi_i-\hat{\alpha}\right|$$

由深股收益率数据得出 $n=2711$，$\begin{cases}\hat{\alpha}=0.0005\\ \hat{\beta}=0.0171\end{cases}$

检验：设参数为 $\hat{\alpha}$，$\hat{\beta}$ 的 Laplas 分布的分布函数为 $F_0(x)$，$(x_1,x_2,\cdots,x_n)$ 的经验分布为 $F^{\cdot}(x)$。

则由 Kolmogrov-Simignov 检验

$$H_0\text{：}F(x)=F_0(x)\quad H_1\text{：}F(x)\neq F_0(x) \tag{6.19}$$

统计量：$D_n=\max\left\{\left|F_0(x_i)-F^{\cdot}(x_i)\right|\right\}$，$i=1,2,\cdots,2711$

显著水平为 0.01，$d_{0.01}=\dfrac{1.63}{\sqrt{2711}}\approx 0.0313$

$$D_n=0.0289<d_{0.01}$$

因此不拒绝原假设，可以认为 H_0：$F(x)=F_0(x)$ 成立，即深市收益率服从 Laplas 成立。

对于深市 5 日（周）收益率，$(\xi_1',\xi_2',\cdots,\xi_n')$，$\xi_i'=\ln\dfrac{x_{i+5}}{x_i}$，同时截去了各年放长假所造成的空断数据，应用 Laplas 分布检验：

得出数据 $n=2340$，$\begin{cases}\hat{\alpha}=-0.000156\\ \hat{\beta}=0.0414\end{cases}$

统计量：$D_n=\max\left\{\left|F_0(x_i)-F^{\cdot}(x_i)\right|\right\}=0.024<d_{0.01}$

于是，可以认为 $(\xi_1',\xi_2',\cdots,\xi_n')$ 服从参数为 $\hat{\alpha}=-0.000156$，$\hat{\beta}=0.0414$ 的 Laplas 分布。

6.2.4　中国证券市场的风险特征

国内已有一些学者对我国证券市场的风险特征作很多实证研究，并取得了一些有价值的成果。施东晖（1996）运用双周收益率数据计算上海证券市场系统性风险占总风险比例后指出，在 1993 年 4 月到 1996 年 5 月的观察期内，上海证券市场系统性风险所占比例平均高达 81.37%，并得出结论：①上海股市中，单个股票的价格波动受市场大势的影响很大，市场“齐涨齐落”现象非常严重，个股个性没有反映出来。②由于系统性风险在总风险中占有较大的比重，从而导致证券投资组合策略风险规避效果不佳，多样化投资只能分散大约 20%的风险量，降低风险的效果不明显。张人骥等（2000）以 1993 年 1 月 1 日到 1998 年 12 月 31 日上海证券市场 50 家样本股的日收盘数据为基础，分析了上海证券市场系统性风险占总风险比例的年度变化趋势后指出：1993～1998 年上海证券市场系统性风险占总风险的比例平均为 53.9%，而且系统性风险占总风险的比重从 1993 年的 70.3%变化为 1998 年的 27.5%，呈现逐年下降趋势。宋逢明和朱世武（2002）以沪深两地上市公司样本股的日收盘数据为基础，而且采用了个股日收盘价复权方法计算了以日为考察时段的 1996～2000 年中国证券市场的风险结构，并得出这样的结论：中国证券市场系统性风险占总风险的比例年均为 39.8%，除了 1999 年系统性风险占总风险的比例比 1998 年回升了 5 个百分点外，1996～2000 年中国证券市场系统性风险占总风险的比例呈逐年下降趋势，并因此认为中国证券市场的个股个性得到了一定张扬，个股“齐涨齐落”现象已经得到了部分改观。

田素华和吴士君（2003）以周和月为考察时段，运用上海和深圳证券交易所有关 A 股的周收盘价和月收盘价及上海和深圳 A 股周末收盘指数和月末收盘指数测算中国证券市场总风险水平以及系统性风险占总风险比例，并结合以日收盘价为基础的中国证券市场系统性风险占总风险比例的数据，计算以月为考察时段、以周为考察时段和以日为考察时段的中国证券市场系统性风险占总风险比例的年度平均水平，得出以下结论：以月为考察时段时，中国证券市场系统性风险占总风险的比例年平均为 47.84%，2000 年系统性风险占总风险的比例最小，为 26.85%；1995 年系统性风险占总风险的比例最大，为 63.85%，随着时间推移系统性风险占总风险的比例并没有表现出明显的下降迹象。以周为考察时段时，1995～2001 年中国证券市场的系统性风险占总风险的比例年平均为 45.26%，1998 年系统性风险占总风险的比例最小，为 31.85%；1995 年系统性风险占总风险的比例最高，为 74.22%，随着时间推移，系统性风险占总风险的比例也没有表现出下降的迹象。

金晓斌等（2003）采用中国证券市场的交易数据进行统计分析得出的结论是：中国证券市场系统风险占整体风险比例较高。2000～2002 年，平均系统风险占总体风险的比例为 51.06%，并且从趋势上看，无论个股还是行业系统风险占整体风险的指标没有明显的下降趋势。

从以上中国证券市场的风险特征的实证结果来看，尽管由于采用不同的方法以及期间数据的差异而得出的结论不尽相同，然而，对于我国股市的系统风险占总体风险的比例较高这一点是没有多少争议的，这是由于我国股市的结构性缺陷所导致的。我国股市有近三分之二的国有及法人股不能流通是导致股市结构性缺陷的主要原因。由于我国证券市场的上市公司普遍不能派发高于银行利率的红利给投资者，使得投资者只能通过股价的上涨来获得资本回报，由于这种大量的未上市的股本抑制了股票市场的供给，以及股票市场的非周期性的单边上涨的走势，使得我国股市积累的较多的泡沫，因而形成了较大的系统性风险。

第7章　中国证券多因素及三因素定价模型实证研究

7.1　引　　言

资本资产定价模型（capital asset pricing model，CAPM）是现代金融学的核心。它是由夏普（Sharpe，1964）提出，后由 Mossin（1966）、Lintner（1965）进一步发展完善的。对资本资产定价模型的早期检验是由 Lintner（1965）给出的，以后默顿·米勒（Merton Miller）和麦伦·斯科尔斯（Myron Scholes）利用在纽约证券交易所上市的631种股票10年（1954～1963年）的年度数据重新作了检验，得出了与资本资产定价模型不一致的结论（Miller and Scholes，1972）。导致这一结论的原因，可能是其用来检验所使用的市场指数并不一定是资本资产定价模型的“市场资产组合”，关于这一点，理查德·罗尔（Richard Roll）提出了著名的罗尔批评，运用市场资产组合的一个替代物，如标准普尔500指数，有两个困难：第一，尽管不是真实的市场资产组合，而替代物本身却可能是均值方差有效的，反之，替代物也可能是无效的；第二，多数理性的市场替代物之间是高度相关的，与真实市场资产组合也是高度相关的，无论它们是否是均值方差有效的（Roll，1977）。

由于CAPM的可实证性受到怀疑，罗斯第一次提出了套利价格模型APT（arbitrage pricing theory）。其APT的倡导者指出，与CAPM相比，APT具有两个方面的优点：其一是关于投资者对风险与收益偏好的假设限制较少；其二是 APT 可以用实证来检验（Ross，1976）。

Roll和Ross（1980）采用1962～1972年的股票数据做了实证，发现至少有3或4个因子影响组合的收益率。Chen 等（1986）则假设了几个宏观经济变量作为股票市场收益的系统性影响因子，并检验了这些因子对股票价格的影响。

马克金雷进行实证，提出一个模型，发现对于因缺风险因子而导致的CAPM背离是很难通过实证来检验的，然而，因非风险因子导致的背离则很容易检验。同时，还发现多因素模型也不能解释CAPM的背离问题（Mackinlay，1995）。

在多因素模型的构建及实证方面，法玛和佛仑奇（Fama and French，1992）研究了美国股市1962～1989年股票收益与市场BETA、规模、财务杠杆、账面市值比、盈余价格比、现金流价格比、历史销售增长、历史长期回报及历史短期回报等因子之间的关系。他们发现市场BETA、财务杠杆及盈余价格比对股票收益的解释力较弱，而规模及账面市值比两个因子的联合基本可以对股票收益进行解释。

法玛和佛仑奇（Fama and French，1996）通过对美国股市1963～1993年的数据的实证检验，提出了著名的三因子模型。他们认为股票收益可以由市场风险溢价、规模因子溢价及B/M（账面市场比）因子溢价三因子来解释。

近年来，一些国外学者也对新兴的亚洲股票市场展开了相关研究。

Chui 和 Wei（1998）首次以亚洲股票市场为考察对象，验证 Fama-French 三因子模型的适用性。他们研究了中国香港、韩国、马来西亚、中国台湾和泰国股票市场的收益与市场 β 系数、B/M 和股票规模之间的关系。发现股票平均收益率与市场 β 系数关系微弱，但与 B/M 和股票规模之间相关程度较大。

在国内学者的研究中，陈浪南和屈文洲（2000）、陈信元等（2001）、吴世农和许年行（2004）等，主要集中在对 Fama-French 三因子模型在中国股市适用性及决定股票收益的微观因子的研究。对于考虑宏观因子的多因素模型的实证是一个空白。苏冬蔚和麦元勋（2004）则进行了我国股市换手率与预期收益的实证研究，发现流动性小的资产具有较高的预期收益率。

一些学者对沪深股市股票收益与我国宏观经济指标之间的关系进行了实证检验。

赵兴球（1999）研究了 1993 年 1 月～1998 年 3 月通货膨胀、工业总产值增长与沪市股票收益的关系，他发现通货膨胀和股票收益的关系显著为负相关，工业总产值增长与股票收益的关系并非简单的正相关关系，预期产出增长分量导致股票收益朝相反的方向波动，非预期产出增长分量导致股票价格朝相同的方向波动，这刻画了中国股市波动的统计特征。但在控制了产出增长的影响后，通货膨胀与股票收益的关系消失，说明通货膨胀对股票收益的影响来源于产出和股票收益以及产出和通货膨胀的关系，这一点恰与 Fama 的观点一致。尚鹏岳和李胜宏（2002）研究了上证综合指数与宏观经济指标变化之间的协整关系，并在多因子协整分析的基础上，利用误差修正模型建立了二者之间的预测模型。其结果表明 1995 年 1 月～2000 年 9 月这段时间内，上证综合指数对长期利率、短期利率以及货币供应量的变化是敏感的，但同国民生产总值、固定资产投资、全国物价指数的变化之间没有长期均衡的关系，这对于我国证券市场的分析具有一些指导意义。

晏艳阳等（2004）通过实证研究发现，沪深股票指数与部分宏观经济因子之间存在协整关系，股票指数可在一定程度上反映我国经济发展的整体趋势及水平，但由于其与 GDP 之间联系较弱，所以它们仍不能充当我国经济发展的“晴雨表”。这意味着我国沪深股市目前的发展还不够成熟，股市受到主力庄家操纵、行政干预、过度投机、信息不对称等不规范非经济因子的噪音干扰较大。

综上所述，从国内外学者对 CAPM、APT、Fama-French 三因子模型以及宏观因素模型（Chen-Roll-Ross 模型）的研究，可以看出：他们的研究是分别是考虑了市场均衡条件下的资产定价模型（CAPM、APT）、微观经济条件下的资产定价模型（Fama-French 三因子模型和多微观经济变量模型），以及宏观经济变量定价模型。本章则通过分析股票价格变化的动力出发，建立反映包括微观经济和宏观经济变量的证券定价计量经济学模型，并对中国股票市场作实证研究，得出具有创新性的结论。

本章的结构是这样安排的：首先，以 APT 模型为理论构架，建立反映宏观经济因素和微观经济因素以及市场因素的回归模型，并对该模型进行实证以检验宏观因素（如工业生产总通货膨胀，利率的期限结构，货币供应量等），微观因素［如账面市场比（B/M）、公司规模、股本结构、每股收益增长、每股净资产增长，每股销售收入增长］、技术面因素（如上证综合指数，深证综合指数）、流动性（如换手率）等因素对股票收益的影响。

其次，建立刻画技术因素、内在价值、流动性的实证回归模型，并进行实证。最后，分析并得出结论。

7.2 多因素定价模型与实证

7.2.1 多因素模型的构建

1. 微观变量

根据马克思有关《政治经济学》的理论：价值决定价格，价格反映价值。那么，股票的价格也应满足这一普遍规律。公司价值决定股票价格，股票价格反映公司价值。这样，一些可以导致公司价值改变的经济指标，必定会影响到股票的价格，从而影响到股票的收益率。这些指标包括：反映公司本身盈利能力变化的净利润增长；反映支持公司取得长期成长的公司净资产的增长；反映公司的成长状况的销售收入增长；反映公司流动性状况的经营现金流增长。

根据 Fama（1992）的观点，高账面市值比的公司具有较低的价值，他认为这样的公司可能本身处在财务困境。因此投资这样的公司将面临较高的风险，高风险要求高回报。

公司规模越大，公司的信息相对比较透明，股价被人为操纵的可能性较小。因此，公司的股价波动幅度相对较小。根据风险收益对等理论，小规模公司面临着经营业绩上的更大不确定性，购买小公司的股票面临着更高的风险，高风险需要高回报，因此，小规模公司将具有更大的收益。流通股股比例是公司规模的一个表征。

2. 流动性

从理论上说，股市存在流动性溢价现象：如果股票流动性低，其交易成本越大，投资者对持有该资产的预期收益就越高。阿米乎和门得尔森（简称 AM）认为，在均衡状态下，实行报价驱动交易制度的证券市场存在“消费群效应”（clientele effect），即投资者会主动挑选流动性小和交易成本大的资产于长期的投资组合中；流动性可由相对买卖价差（买卖价差除以买卖中间价）衡量；股票的预期收益率是其相对买卖价差的分段线性和整体凹性增函数。也就是说，流动性与股票收益率呈负相关。在这里，采用换手率作为股票流动性的衡量。

3. 宏观指标

Chen 等（1986）用市场指数、工业产值增长率、预期的通货膨胀、未预期的通货膨胀、长短期政府债券的收益率之差等与股票的月收益率做时间序列的回归，发现市场指数对股票收益的解释力很弱，工业产值增长与未预期的通货膨胀对股票收益率具有显著的解释力。工业产值增长代表着公司总体价值的增加，股票价格应该做出相应的反应。而通货膨胀反映了货币的供给和需求的非均衡变化。通货膨胀实际上使得实际无风险利率低于名义无风险利率，利率的下降将会增加对货币的投机动机的需求，因而会导致股价的上涨。

在理性人假设的条件下，人们进行投资时具有规避风险的特性。在我国，可以投资的有价证券包括政府债券和股票，人们决定投资于哪一种有价证券取决于人们对该种有价证券回报和风险的预期，以及人们对风险的承受能力。长期政府债券的收益率较前一期无风险利率的差额被认为是对长期政府债券未预期回报的衡量。这里沿用 Chen 等（1986）的研究，采用长期政府债券的收益率较前一期无风险利率的差额指标来衡量人们对风险规避的状况的改变。当人们更惧怕风险时，人们会放弃高风险的股票投资，转而投资于政府长期债券，这样会导致政府长期债券的收益率上升。预测该指标与股票收益率呈负相关。

依据 APT 理论模型构造如下实证检验模型：

$$R_{it}=\alpha+\beta_1\Delta \text{EPS}_{it}+\beta_2\Delta \text{BVPS}_{it}+\beta_3\Delta \text{SPS}_{it}+\beta_4 \text{BDM}_{it}+\beta_5 \text{SIZE}_{it}+\beta_6 \text{TURNOVER}_{it} +\beta_7 \text{OUTSHARE}_{it}+\beta_8 \text{ROINDEX}_t+\beta_9\Delta \text{GDP}_t+\beta_{10}\Delta \text{FI}_t+\beta_{11}\Delta \text{IP}_t+\beta_{12} \text{GB}_t+\beta_{13} I_t+\varepsilon_{it} \tag{7.1}$$

4. 变量定义及说明

变量定义及说明见表 7.1。

表 7.1　变量定义及说明

变量名	变量说明	计算方法
R_{it}	个股回报率	（1）年个股累积回报率（年内各月回报率累加） （2）考虑送股、配股、分发现金股利的可比价格年初年末之差除以年初可比股价 $\dfrac{P_{it}(1+F_{it}+S_{it})C_{it}+D_{it}-P_{i,t-1}-S_{it}K_{it}C_{it}}{P_{i,t-1}+S_{it}K_{it}C_{it}}$
ΔEPS_{it}	每股盈余增长	$\dfrac{\text{EPS}_{it}-\text{EPS}_{i,t-1}}{\text{EPS}_{i,t-1}}$
ΔBVPS_{it}	每股净资产增长	$\dfrac{\text{BVPS}_{it}-\text{BVPS}_{i,t-1}}{\text{BVPS}_{i,t-1}}$
ΔSPS_{it}	每股销售收入增长	$\dfrac{\text{SPS}_{it}-\text{SPS}_{i,t-1}}{\text{SPS}_{i,t-1}}$
BDM_{it}	账面市值比	$\dfrac{\text{BV}_{i,t-1}}{\text{MV}_{i,t-1}}$
SIZE_{it}	公司规模	IN（总市值）或者 IN（流通市值）
TURNOVER_{it}	换手率	年个股交易股数/流通股股数（均值）
OUTSHARE_{it}	流通股比例	年初年末流通股比例均值
ROINDEX_t	指数回报率	$\dfrac{\text{INDEX}_t-\text{INDEX}_{t-1}}{\text{INDEX}_{t-1}}$
ΔGDP_t	GDP 增长	$\dfrac{\text{GDP}_t-\text{GDP}_{t-1}}{\text{GDP}_{t-1}}$
ΔFI_t	固定资产投资增长	$\dfrac{\text{FI}_t-\text{FI}_{t-1}}{\text{FI}_{t-1}}$
ΔIP_t	工业产值增长	$\dfrac{\text{IP}_t-\text{IP}_{t-1}}{\text{IP}_{t-1}}$
GB_t	利率的期限结构	$\text{LGB}_t-\text{TB}_{t-1}$
I_t	通货膨胀	$\text{CPI}_t-\text{CPI}_{t-1}$

7.2.2 实证结果

选取 1991～2003 年所有上市公司相应财务指标及宏观变量指标所构成的一个面板数据。模型中的股票收益率是以年收益率来表示的，解释变量也是以年的时间间隔来表示的。

表 7.2 提供了本章实证分析变量的描述性统计。从中可以看出，我国股市在 1991 年 12 月至 2003 年 12 月的市场指数平均回报率为 8.81%，而标准差为 36.68%；年换手率为 400%，大大高于成熟市场的水平（约 60%）。

表 7.2 实证分析变量的描述性统计

变量	均值	中值	最大值	最小值	标准差
每股盈余增长（Δeps）	–0.0033	–0.0020	1.1984	–0.6555	0.0497
每股净资产增长（ΔE）	–0.0062	0.0038	1.5673	–1.2729	0.0744
账面市值比（B/M）	0.2800	0.2540	1.4818	–1.4401	0.1659
换手率（turnover）	4.0026	3.2421	31.8510	0.1242	2.9345
市场指数回报率（R_m）	0.0881	–0.0261	1.8905	–0.4098	0.3668
货币供应量增长（ΔM1）	0.1715	0.1767	0.3878	0.1185	0.0380
存款利率增长（Δr）	–0.1457	–0.1000	0.2242	–0.4000	0.1502
房价增长（ΔH）	0.0283	0.0365	0.2013	–0.1501	0.0383
通货膨胀率（I）	0.0194	0.0039	0.2409	–0.0141	0.0531
GDP 增长（ΔGDP）	0.0847	0.0830	0.1424	0.0714	0.0120
存款增长（ΔD）	0.1896	0.1901	0.3671	0.1367	0.0542
贷款增长（ΔL）	0.1564	0.1690	0.2644	0.0601	0.0593

本章将 1991～2003 年所有上市公司相应财务指标及宏观变量指标所构成的一个面板数据，依据回归方程（7.1）的回归模型进行回归，得出如表 7.3 的回归结果。为了消除宏观经济变量之间的多重贡献性，回归模型中采取财务指标加上单一宏观经济变量作为自变量的回归方程，共有 7 个估计方程。表 7.3 提供了股票收益率与上市公司的微观经济变量、换手率、市场回报率及宏观变量多因素线性回归方程（7.1）的系数 β 估计值及 t 检验值。由表 7.3 中可知：①无论回归方程含有多少解释变量，市场指数回报率的系数显著为正，而且其系数变化的区间为 0.41～0.53，说明市场指数对股票的收益率的解释力达到 41%～53%，平均为 50%。即年市场指数每上升 1 个百分点，股票年收益平均上升约 0.50 个百分点。②无论回归方程含有多少解释变量，每股盈余增长系数估计值显著为正，接近于 1，表明每股盈余增长对股票收益呈现出正的影响，即每股盈余增长 1 个百分点，年预期收益平均增加一个百分点。③每股净资产增长也对预期股票收益率具有解释能力，然而，无论回归方程含有多少解释变量，其估计系数均接近于 0.2，表明每股净资产增长对收益率的解释能力较每股盈余增长弱，也就是表明股票价格对上市公司预期的每股盈余增长的反应强于对公司预期资产增长的反应。④对于解释变量换手率来看，无论估计模型如何变换，其估计的参数系数接近于 0.07，显著为正，表明换手率越高股票预期收益率越高，因此，以换手率为代表的流动性因素影响资产定价，我国股市存在显著的正的流动性溢价。这一

结果与苏冬蔚和麦元勋（2004）的发现不一致。⑤账面市值比也呈现出较强的解释能力，其系数显著为正，即我国股市的价值高的公司，股票价格也相应较高，这与国内外的研究成果一致。⑥房价增长对股票收益率呈现出较强的解释能力，并且房价增长的系数显著为负，表明我国股市的价格变化与房地产的价格变化呈现出相背离的态势，这一结果表明我国投资者在股市和房地产市场上进行投机性套利的证据。⑦对于宏观经济变量：GDP 增长、货币供应量增长、存款利率增长、通货膨胀率、存款增长、贷款增长等，其系数估计值显著为负，表明股票收益率为我国宏观经济变量的减函数，这与 Chen 等（1986）的研究不一致，这说明我国股市不能成为宏观经济的晴雨表的作用。然而，这一研究结论与孙华好和马跃（2003）的发现，即股市对于 GDP 有显著的副作用是相一致的。

表 7.3　多因素线性回归方程的模型估计

项目	模型 1	模型 2	模型 3	模型 4	模型 5	模型 6	模型 7
常数项	−0.14***	−0.31***	−0.20***	−0.25***	0.04	−0.05***	−0.05***
	(−8.07)	(−31.51)	(−19.95)	(−26.16)	(1.49)	(−3.87)	(−4.30)
每股盈余增长	1.01***	0.97***	0.98***	0.97***	1.00***	1.01***	1.06***
(Δeps)	(11.84)	(11.73)	(11.55)	(11.42)	(11.88)	(12.19)	(13.02)
每股净资产增长	0.18***	0.23***	0.19***	0.19***	0.20***	0.19***	0.18***
(ΔE)	(3.23)	(4.23)	(3.34)	(3.45)	(3.52)	(3.38)	(3.27)
账面市值比	0.17***	0.21***	0.14***	0.19***	0.22***	0.30***	0.35***
(B/M)	(7.05)	(8.96)	(6.05)	(7.85)	(8.93)	(12.12)	(14.41)
换手率	0.07***	0.06***	0.06***	0.07***	0.07***	0.07***	0.07***
(turnover)	(42.20)	(43.54)	(39.30)	(40.12)	(43.64)	(46.34)	(48.08)
市场指数回报率	0.53***	0.44***	0.55***	0.50***	0.50***	0.46***	0.41***
(R_m)	(42.96)	(34.12)	(42.26)	(39.12)	(40.28)	(36.34)	(32.79)
货币供应量增长	−0.57***						
(ΔM1)	(−5.58)						
存款利率增长		−0.48***					
(Δr)		(−18.44)					
房价增长			−0.59***				
(ΔH)			(−5.76)				
通货膨胀率				−0.48***			
(I)				(−6.04)			
GDP 增长					−3.60***		
(ΔGDP)					(−10.91)		
存款增长						−1.31***	
(ΔD)						(−17.57)	
贷款增长							−1.63***
(ΔL)							(−24.86)
Adj_R^2	0.55	0.57	0.55	0.55	0.56	0.57	0.59
D_W	1.94	1.95	1.95	1.94	1.94	1.93	1.94

***表示 1%水平显著

7.3　三因素定价模型与实证

7.3.1　证券价格三因素计量模型及构造方法

在前述的多因素模型的研究中，我们可以发现反映内在价值的公司微观经济变量、反映市场情绪的市场指数收益率以及反应流动性的换手率指标对股票收益率均具有显著的影响力，为了定量刻画技术因素、内在价值、流动性对股票定价的影响，本节以 APT 多因素模型为理论依据，建立反映技术因素、内在价值、流动性的计量经济学回归模型：

$$R_{it}=\alpha+\beta_{\mathrm{IV}}\mathrm{IV}_{it}+\underset{r\to0}{\beta_{\mathrm{TF}}}\mathrm{TF}_{it}+\beta_{\mathrm{TO}}\underset{t}{\mathrm{TO}_{it}}+\varepsilon_{it} \tag{7.2}$$

式中，R_{it} 为股票 i 在 t 的收益率，$i=1，2，3，\cdots，n$；IV_{it} 为反映股票的内在价值的因素；β_{IV} 为内在价值的因素的敏感性系数；TF_{it} 为影响股票的技术因素；β_{TF} 为股票收益对技术因素敏感性系数；TO_{it} 为股票的流动性因素；β_{TO} 为股票收益流动性因素的敏感性系数。由于内在价值的因素主要由每股盈余增长、每股净资产增长、每股主营业务增长、账面市值比、每股主营业务利润增长等指标的综合反映，然而，技术因素主要由市场指数回报率及宏观经济变量等指标的综合反映。因此，IV_{it} 和 TF_{it} 则是分别应用主成分分析法来确定的。然而，流动性可以由反映流动性的股票交易换手率来替代，因而，不需要主成分分析法来确定。

主成分分析是把原来多个变量化为少数几个综合指标的一种统计分析方法，从数学角度来看，这是一种降维处理技术。假定有 n 个样本，每个样本共有 k 个变量描述，这样就构成了一个 $n\times k$ 阶的数据矩阵：

$$\boldsymbol{X}=\begin{bmatrix} X_{11} & X_{12} & \cdots & X_{1k} \\ X_{21} & X_{22} & \cdots & X_{2k} \\ \vdots & \vdots & & \vdots \\ X_{n1} & X_{n2} & \cdots & X_{nk} \end{bmatrix} \tag{7.3}$$

如何从这么多变量的数据中抓住事物的内在规律性呢？要解决这一问题，自然要在 k 维空间中加以考察，这是比较麻烦的。为了克服这一困难，就需要进行降维处理，即用较少的几个综合指标来代替原来较多的变量指标，而且使这些较少的综合指标既能尽量多地反映原来较多指标所反映的信息，同时它们之间又是彼此独立的。那么，这些综合指标即新变量应如何选取呢？显然，其最简单的形式就是取原来变量指标的线性组合，适当调整组合系数，使新的变量指标之间相互独立且代表性最好。

如果原来的变量指标记为 x_1，x_2，…，x_p，它们的综合指标——新变量指标为 z_1，z_2，…，z_m（$m\leqslant p$）。则

$$\begin{cases} z_1=l_{11}x_1+l_{12}x_2+\cdots+l_{1k}x_k \\ z_2=l_{21}x_1+l_{22}x_2+\cdots+l_{2k}x_k \\ \cdots \\ z_m=l_{m1}x_1+l_{m2}x_2+\cdots+l_{mk}x_k \end{cases} \tag{7.4}$$

在式（7.4）中，系数 l_{ij} 由下列原则来决定：

（1）z_i 与 z_j（$i \neq j$；i，$j=1$，2，…，m）相互无关；

（2）z_1 是 x_1，x_2，…，x_p 的一切线性组合中方差最大者；z_2 是与 z_1 不相关的 x_1，x_2，…，x_p 的所有线性组合中方差最大者；……；z_m 是与 z_1，z_2，…，z_{m-1} 都不相关的 x_1，x_2，…，x_p 的所有线性组合中方差最大者。

这样决定的新变量指标 z_1，z_2，…，z_m 分别称为原变量指标 x_1，x_2，…，x_k 的第一，第二，…，第 m 主成分。其中，z_1 在总方差中占的比例最大，z_2，z_3，…，z_m 的方差依次递减。在实际问题的分析中，常挑选前几个最大的主成分，这样既减少了变量的数目，又抓住了主要矛盾，简化了变量之间的关系。

从以上分析可以看出，找主成分就是确定原来变量 x_j($j=1$，2，…，k)在诸主成分 z_i（$i=1$，2，…，m）上的载荷 l_{ij}($i=1$，2，…，m；$j=1$，2，…，k)，从数学上容易知道，它们分别是 x_1，x_2，…，x_p 的相关矩阵的 m 个较大的特征值所对应的特征向量。

通过上述主成分分析的基本原理的介绍，可以把主成分分析计算步骤归纳如下。

1. 计算相关系数矩阵

$$\boldsymbol{R}=\begin{bmatrix} r_{11} & r_{12} & \cdots & r_{1k} \\ r_{21} & r_{22} & \cdots & r_{2k} \\ \vdots & \vdots & & \vdots \\ r_{n1} & r_{n2} & \cdots & r_{nk} \end{bmatrix} \tag{7.5}$$

在式（7.5）中，r_{ij}(i，$j=1$，2，…，k)为原来变量 x_i 与 x_j 的相关系数。

2. 计算特征值与特征向量

首先解特征方程 $|\lambda I-R|=0$ 求出特征值 λ_i($i=1$，2，…，k)，并使其按大小顺序排列，即 $\lambda_1 \geqslant \lambda_2,\cdots,\geqslant \lambda_k \geqslant 0$；然后分别求出对应于特征值 λ_i 的特征向量 e_i($i=1$，2，…，k)。

3. 计算主成分贡献率及累计贡献率

主成分 z_i 的贡献率：$\lambda_i\Big/\sum\limits_{d=1}^{k}\lambda_d$，累计贡献率：$\sum\limits_{d=1}^{l}\lambda_d\Big/\sum\limits_{d=1}^{k}\lambda_d$。

一般取累计贡献率达85%～95%的特征值 λ_1，λ_2，…，λ_m 所对应的第一，第二，…，第 m（$m \leqslant k$）个主成分。

4. 计算主成分载荷

主成分载荷是主成分 z_1 与原始指标 x_i 的相关系数 $\rho(z_l,x_i)$。

由此可以进一步计算主成分得分：

$$\boldsymbol{Z}=\begin{bmatrix} z_{11} & z_{12} & \cdots & z_{1m} \\ z_{21} & z_{22} & \cdots & z_{2m} \\ \vdots & \vdots & & \vdots \\ z_{n1} & z_{n2} & \cdots & z_{nm} \end{bmatrix} \tag{7.6}$$

7.3.2 实证分析

1. 样本及来源

本节选取了 1991～2003 年全部上市公司的年度财务数据及交易数据 8414 个，计算在增长指标时，公司上市第一年的数据无法获得增长指标，所以剔除数据不全样本 1347 个，得到参与主成分分析和回归分析的样本 7067 个。年度宏观指标与每一个上市公司相应会计年度的财务及交易指标相对应，这样形成混合的面板数据。财务及交易数据来自于 CCER 数据库，宏观数据来自中国宏观经济信息网（http：//www.macrochina.com.cn）。

2. 主成分分析

本节选择反映内在价值信息的 5 个变量分别是每股主营业务利润增长（Z_1）、每股盈余增长（Z_2）、每股净资产增长（Z_3）、每股主营业务收入增长（Z_4）、账面市值比（Z_5）。使用 SPSS 统计软件对影响股票收益的 5 个内在价值变量进行主成分分析得到主成分特征值与贡献率，见表 7.4。

表 7.4 主成分特征值与贡献率

主成分	特征值	贡献率（%）	累计贡献率（%）
Z_1	2.04	40.81	40.81
Z_2	1.10	21.90	62.71
Z_3	0.88	17.59	80.30
Z_4	0.58	11.62	91.92
Z_5	0.40	8.08	100.00

由于本书对主成分累计贡献率没有要求，所以仅仅选取了特征值大于 1 的主成分做进一步分析，得到主成分载荷矩阵和主成分得分系数矩阵，见表 7.5。

表 7.5 主成分载荷矩阵和主成分得分系数矩阵

项目	主成分载荷矩阵		主成分得分系数矩阵	
	Z_1	Z_2	Z_1	Z_2
每股主营业务利润增长（X_1）	0.798	0.19	0.464	−0.011
每股盈余增长（X_2）	0.382	0.713	0.099	0.476
每股净资产增长（X_3）	0.425	0.577	0.153	0.362
每股主营业务收入增长（X_4）	0.831	−0.028	0.528	−0.187
账面市值比（X_5）	0.277	−0.727	0.319	−0.618
KMO	0.599			

首先，表 7.5 给出了 KMO 抽样适度测定值为 0.599 大于 0.5，故认为本数据可以用于做主成分分析。由主成分载荷矩阵知 Z_1 的 5 个载荷的正负符号符合本节的理论预期，并且变量 X_1 和 X_4 的载荷最大，这两个变量正是公司的内在价值所在。因此，作者认为主成分 Z_1 可以解释为影响股票收益的内在价值因素。

因此，影响股票收益的内在价值因素 Z_2 可以写成如下线形组合：

$$Z_2=0.798X_1+0.382X_2+0.425X_3+0.831X_4+0.277X_5 \tag{7.7}$$

同样，作者使用 SPSS 统计软件对影响股票收益的 8 个技术变量进行主成分分析，得到主成分特征值与贡献率，见表 7.6。

表 7.6　主成分特征值与贡献率

主成分	特征值	贡献率（%）	累计贡献率（%）
Z_1	4.35	54.41	54.41
Z_2	1.57	19.57	73.98
Z_3	1.04	12.95	86.93
Z_4	0.51	6.32	93.26
Z_5	0.38	4.74	97.99
Z_6	0.10	1.20	99.19
Z_7	0.05	0.60	99.79
Z_8	0.02	0.21	100.00

作者选取了特征值大于 1 的主成分做进一步分析，得到主成分载荷矩阵和主成分得分系数矩阵，见表 7.7。

表 7.7　主成分载荷矩阵和主成分得分系数矩阵

项目	主成分载荷矩阵			主成分得分系数矩阵		
	Z_1	Z_2	Z_3	Z_1	Z_2	Z_3
GDP 增长（X_1）	0.97	−0.08	0.08	0.233	0.007	0.093
通货膨胀率（X_2）	0.83	−0.51	0.08	0.163	−0.336	0.163
房价增长（X_3）	−0.01	0.97	0.16	0.078	0.713	−0.026
市场指数回报率（X_4）	0.07	0.12	0.93	0.044	−0.056	0.751
存款增长（X_5）	0.92	−0.30	−0.02	0.201	−0.152	0.05
贷款增长（X_6）	0.83	0.20	−0.25	0.214	0.262	−0.223
货币供应量增长（X_7）	0.78	0.25	0.23	0.217	0.212	0.164
存款利率增长（X_8）	0.70	−0.11	−0.50	0.152	0.054	−0.38
KMO	0.599					

表 7.7 给出了 KMO 抽样适度测定值为 0.599 大于 0.5，故认为本数据可以用于做主成分分析。由主成分载荷矩阵知 Z_3 的各载荷正负符号基本符合本章的理论预期，并且变量 X_4 的载荷为 0.93，变量 X_8 的载荷−0.50 为第二大载荷，最大的两个载荷均符合本章的理论

预期，且其他变量的载荷均小于 0.5。因此，作者认为主成分 Z_3 可以解释为影响股票收益的技术因素。

因此，影响股票收益的技术因素 Z_3 可以写成如下线形组合：

$$Z_3=0.08X_1+0.08X_2+0.16X_3+0.93X_4-0.02X_5-0.25X_6+0.23X_7-0.50X_8 \quad (7.8)$$

3. 三因素回归分析

通过式（7.7）和式（7.8）计算可得到相应的内在价值因素序列 IV_{it} 及技术因素序列 TF_{it}。这样与流动因素序列 TO_{it} 共同构成三因素来解释股票收益率。相关的线性回归结果见表 7.8。

表 7.8　三因素模型回归系数及检验

项目	未标准化系数	标准化系数	T 检验值
常数项	-0.09^{***}	—	−12.76
内在价值因素 IV_{it}	0.057^{***}	0.123	16.013
技术因素 TF_{it}	0.247^{***}	0.504	53.573
流动因素 TO_{it}	0.054^{***}	0.344	36.602
Adj_R^2	0.582	D-W	1.961

***表示系数 T 检验的显著性水平为 1%

由回归系数的 T 检验值可以看出，本节提出的三个因素，内在价值因素、技术因素和流动因素对股票收益率均具有显著的解释力。从标准化系数的大小可以看出，在中国股市上，对股票收益率的影响最大的因素是技术因素，其次是流动因素，最后才是内在价值因素。

7.4　多因素与三因素模型的比较分析

由于多因素模型包括了微观经济变量、换手率、市场指数回报率及宏观经济变量，因而，回归模型揭示了各变量对股票收益率的解释能力，并且，通过变量的 β 系数的估计值，可知不同变量对收益率贡献的敏感程度。如通过多因素模型实证结果可知，每股盈余增长系数接近于 1，表明该变量对收益率贡献的敏感性为最高；相对于多因素模型，三因素模型主要由反映技术因素、内在价值因素、流动性因素的股票收益率定价模型。该模型的主要优点是将股票收益的定价高度概括为反映技术因素、内在价值因素、流动性因素对股票收益定价，通过实证，可以知道这三个因素对股票收益定价的贡献度，本章的实证研究成果有助于进一步认识中国股市的股票定价机理。

第 8 章　中国资本市场价值溢价与 CAPM 实证研究

8.1　引　　言

最近，关于价值溢价的研究已成为金融经济学研究的热点问题。所谓价值溢价是指高账面市值比的股票（价值股）比低账面市值比的股票（成长股）具有更高的平均回报率。Fama 和 French（1992）以及其他学者指出：1963 年后的美国股市存在价值溢价。戴维斯等于 2000 年检验了早期的美国股市，使用从 1926 年开始的时间样本，发现在早期的股票平均收益率中也存在价值溢价现象。其中更为重要的是，Fama 和 French（1993）发现 CAPM 不能解释 1963 年后的价值溢价。然而，Ang 和 Chen（2005）却发现，CAPM 能够解释美国股市在 1926～1963 年的价值溢价。他们认为，即使在使用时变贝塔时也没有证据显示 CAPM 不能解释价值溢价。劳安认为 1963～1995 年，小公司股票存在价值溢价，而对于大公司股票就不存在价值溢价现象（Loughran，1997）。在价值溢价与公司规模的关系的研究中，Fama 和 French（1992）发现当以规模（Size）和贝塔（β）来构造组合时，与规模相关贝塔的变化与平均收益是相补偿的，然而，与规模不相关的贝塔的变化与平均收益不存在补偿关系。这个现象揭示的规律是与规模相关的风险来解释平均收益而不是贝塔，这与 CAPM 是相矛盾的。Fama 和 French（2005）发现：当以规模、账面市值比（B/M）及贝塔来构造组合时，从 1928～1963 年可以发现，与规模和 B/M 有关的贝塔的变化值与平均收益是相补偿的，而与规模和账面市值比无关的贝塔则没有得到相应的补偿。他们得出结论：对于 1928～1963 年和 1963～2004 年这两个区间，均拒绝 CAPM 对以不同规模、B/M，以及贝塔所构造的组合收益的解释能力。然而，规模和 B/M，或与它们相关的风险而不是贝塔本身能与股票的平均收益相补偿。Zhang（2005）提出了一个新的经济模型来解释价值溢价以及价值股和成长股之间平均收益率的差异。其所突出的关键问题是资本的不对称调节成本。他认为，在经济较坏时期价值股比成长股更具风险。本章应用 Fama 和 French（2005）所用的方法，收集 1994 年 12 月～2005 年 12 月深沪两市的有关数据，来研究中国股市的价值溢价的规律、CAPM 对价值溢价解释的有效性以及股市的贝塔规律。

本章的结构如下：第一部分是研究中国资本市场价值溢价与公司规模的关系；第二部分是检验 CAPM 是否可以解释我国资本市场的价值溢价；第三部分是通过对我国资本市场与规模以及价值-成长特征无关的贝塔来探索 CAPM 的一般问题。

8.2　研 究 设 计

我们采用 Fama-French 三因子模型中 VMG（HML）来表示价值-成长股组合的月收益，并通过公司规模，或市场价值（价格×发行的股票的数量），以及 B/M 所构造的 6 个组合来建立 VMG。本章样本数据来自 CCER（北京大学中国经济研究中心）中国证券市场数据库，包括 1994～2005 年在深沪两市上市的股票，但剔除了在构造组合时 B/M 为负或停牌的股票。

8.2.1　构造组合中相关变量的定义和计算

1. 规模和账面市值比（B/M）的定义

本章采用 t 年度 6 月底的流通股总市值来度量 t 年度公司规模的大小。此外，虽然目前国内外对 B/M 的度量存在几种方法，但鉴于中国独特的股权结构，为了能客观反映中国上市公司 B/M 的特殊含义，本章采用（t–1）年末每股权益与（t–1）年末每股的收盘价的比值来度量 t 年度 B/M 的高低。

2. 6 个组合超常收益的计算

1995～2005 年每年 6 月底，我们将样本股票按照公司规模的大小和权益 B/M 的高低构建 6 个组合收益，其中，按规模的大小把样本均分为大规模（B）、小规模（S）两组，并按照 B/M 的高低将 B/M 值得分属于 30%以下、中间 40%、上面 30%的样本股票分别归属于成长股（G）、中性股（N）和价值股（V）三组，两者交叉分组形成 6 个组合，即小规模成长股和大规模成长股（SG 和 BG），小规模中性股和大规模中性股（SN 和 BN），以及小规模价值股和大规模价值股（SV 和 BV）。再计算每个组合从 t 年 7 月到（t+1）年 6 月的价值加权（以每只股票的流通市值占所在组合股票总流通市值的比例为个股权重）的月收益（R_p），最后用（R_p–R_f）代表组合的超常收益，其中，R_f 为三个月期定期储蓄利率所折算的月收益率。

3. 25 个组合超常收益的计算

1995～2005 年每年 6 月月底，我们将样本股票分别按照规模的大小和 B/M 的高低进行 5 等分，两两交叉分组形成 25 个组合收益，同样计算每个组合从 t 年 7 月到（t+1）年 6 月的价值加权（以每只股票的流通市值占所在组合股票总流通市值的比例为个股权重）的月收益（R_p），最后用（R_p-R_f）代表组合的超常收益，其中，R_f 为三个月期定期储蓄利率所折算的月收益率。

8.2.2　组合中规模因子和价值成长因子的定义

6 个价值权重的规模——B/M 组合是 Fama-French 三因子的月收益以及价值成长因子的回报率的组成部分，其中规模因子 SMB（small minus big），是三个小规模股票组合减三个大规模股票组合的月收益率的平均值，即

$$\mathrm{SMB} = (\mathrm{SG} + \mathrm{SN} + \mathrm{SV}) / 3 - (\mathrm{BG} + \mathrm{BN} + \mathrm{BV}) / 3 \tag{8.1}$$

价值成长因子组合 VMG（value minus growth），是两个价值股组合的月收益率均值和两个成长股组合收益均值之差，即

$$\mathrm{VMG} = (\mathrm{SV} + \mathrm{BV}) / 2 - (\mathrm{SG} + \mathrm{BG}) / 2 \tag{8.2}$$

为了检验小公司股票的平均收益的价值溢价，我们将 VMG 分拆成小公司和大公司的价值成长因子组合，即

$$\mathrm{VMGS} = \mathrm{SV} - \mathrm{SG}$$

以及

$$\mathrm{VMGB} = \mathrm{BV} - \mathrm{BG} \tag{8.3}$$

8.3　我国资本市场存在价值溢价吗

8.3.1　小规模公司和大规模公司股票的价值溢价

表 8.1 所示：我国资本市场从 1995 年 7 月至 2005 年 12 月的市场超额收益 $R_M - R_f$（市场指数的月收益与三个月期定期储蓄利率所折算的月收益率之差），以及 SMB、VMG、VMGS、VMGB 和 VMGS-B 月收益率的统计结果。我们将构造 SMB 和 VMG 的 6 个规模-B/M 组合的收益的统计结果也列于其中。

表 8.1　6 个组合的平均超常收益（R_p–R_f）

A 栏：因子组合						
	R_M–R_f	SMB	VMG	VMGS	VMGB	VMGS-B
均值	0.006	0.01	0.01	0.028	–0.009	0.037
标准差	0.083	0.136	0.212	0.184	0.36	0.384
T 值	0.795	0.813	0.515	1.714	–0.271	1.077
B 栏：规模-B/M 组合						
	SG	SN	SV	BG	BN	BV
均值	–0.015	0.017	0.014	–0.007	0.009	–0.015
标准差	0.156	0.108	0.181	0.12	0.093	0.362
T 值	–1.045	1.811	0.842	–0.631	1.112	–0.479

整个区间中存在一定的规模溢价，即小公司与大公司相比具有一定程度的平均收益溢价，SMB 收益均值是 1%，标准差是 0.136（t=0.813），特别是小的中性股和小的价值股存在着平均收益溢价，小的中性股（SN）的月平均收益溢价是 1.7%，其标准差是 0.108（t=1.811），小的价值股（SV）的月平均收益溢价是 1.4%，其标准差是 0.181（t=0.842）。特别地，小的成长公司的月平均收益溢价为–1.5%，其标准差是 0.156（t=–1.045）。

关于价值溢价，价值股比成长股存在一定程度的价值溢价，价值成长因子组合 VMG 的月平均收益溢价是 1%，其标准差是 0.212（t=0.515）。尤其是小公司价值股存在着明显的平均收益的价值溢价，VMGS 的月平均收益溢价是 2.8%，其标准差是 0.184（t=1.714）。然而，大公司价值股则不存在价值溢价现象，VMGB 的月平均收益溢价是–0.9%，其标准差是 0.36（t=–0.271）。而 VMGS-B 组合的月平均收益溢价为 3.7%，标准差是 0.384（t=1.077）则是小公司价值股存在价值溢价的进一步的证据。

8.3.2　规模组合

本节采用了 Fama 和 French（1993）中使用的 25 个组合，将每年 6 月的股票独立相交叉分成规模及 B/M 组合。表 8.2 表示了 1995 年 7 月至 2005 年 12 月的 25 个规模——B/M

组合的特征。此表报告了月平均值，包括：公司数量、平均规模（market cap），以及总市值百分比。表中一个重要的结果是通过包括规模及 B/M 分段的市场规模百分比的峰值。平均最小规模和最大规模的分组的股票数量均为 170 家上市公司，而最小规模的 170 家上市公司的总市值之和占总市值的比例不到 3%。相对而言，在最大规模（5 分位）的 170 家上市公司的总市值占总市值的百分比为 78.3%，总市值下降的比例也非常的快，即从最大规模组的 78.3%，到第二大规模组的 8.7%，到第三大规模组的 6%。中国股市的公司规模的分布特征与美国股市的规模分布特征相类似。

表 8.2　25 个组合的统计特征描述

A 栏：组合公司数量

组别		按 B/M 高低分组					
		低	2	3	4	高	合计
按规模大小分组	小	53	41	37	26	13	170
	2	30	33	37	40	28	168
	3	28	31	36	35	39	169
	4	25	31	30	36	46	168
	大	34	32	28	32	44	170
	合计	170	168	168	169	170	845

B 栏：平均规模

组别		按 B/M 高低分组				
		低	2	3	4	高
按规模大小分组	小	300	335	347	358	357
	2	491	496	494	496	510
	3	683	686	675	685	683
	4	993	994	1001	982	1003
	大	6111	10939	18314	7518	4430

C 栏：总市值百分比

组别		按 B/M 高低分组					
		低	2	3	4	高	合计
按规模大小分组	小	0.8	0.7	0.7	0.5	0.2	2.9
	2	0.7	0.8	0.9	1.0	0.7	4.1
	3	1.0	1.1	1.3	1.2	1.4	6.0
	4	1.3	1.6	1.6	1.8	2.4	8.7
	大	10.8	18.2	26.7	12.5	10.1	78.3
	合计	14.6	22.4	31.2	17.0	14.8	100.0

D 栏：分组的总账面值/总市场价值

组别		按 B/M 高低分组				
		低	2	3	4	高
按规模大小分组	小	0.148	0.246	0.321	0.405	0.537
	2	0.155	0.247	0.319	0.407	0.554
	3	0.158	0.248	0.324	0.411	0.552
	4	0.151	0.243	0.320	0.411	0.569
	大	0.146	0.245	0.319	0.408	0.582

然而，以 25 个分组的总账面市值与市场价值的百分比来看，组合的公司账面市值比则没有明显的下降趋势。最低的 B/M 分位的公司市值占总市值的百分比为 14.6%，最高的 B/M 分位的公司市值占总市值的百分比为 14.8%。在最低的公司规模组合中，成长股的数量比价值股的数量更多。此外，在其他的规模组合中，价值股和成长股的数量分布是均衡分布的。

由以上分析可以得出结论：只有少量的公司既是大规模公司又是价值型公司。其中既是最大规模分位又是最高 B/M 分位的 44 家公司占总市值的 10.1%，而同样在最高的 B/M 分位的公司组中但规模处于第二大分位的 46 家公司仅占总市值的 2.4%。这是因为若按市场价值来划分，大规模的公司则可能是高价格的公司，而不一定是极端价值型（高 B/M）公司。

表 8.3 列示了 1995 年 7 月至 2005 年 12 月的 25 个规模-B/M 组合的平均收益、规模分位数排序内的价值溢价以及价值成长 B/M 分位排序的规模溢价。对于规模分位的价值溢价是两个最高的 B/M 组合的平均收益与两个最低的 B/M 组合的平均收益之差；与之类似，对于 B/M 分位排序的规模溢价则是 B/M 分位排序内的两个最小规模组合的平均收益与两个最大规模组合的平均收益之差。当价值股和成长股由 B/M 定义时，平均收益的价值溢价只是明显存在于最小规模分位数、2 分位数以及最大规模分位数上，而且，其 t 值在统计上是显著的。这说明，投资者持有最小公司和最大规模公司的价值股组合具有超额回报。然而，对于 B/M 分位排序的规模溢价，却没有明显的存在证据。只有在 B/M 分位排序位中的中间分位 2、3、4 上表现出较弱的规模溢价，其中 2 分位上的 t 值在统计上是显著的，3、4 分位上的 t 值则显著性不强。在最低 B/M 分位和最高 B/M 分位则不存在规模溢价。

表 8.3　25 个组合的月平均超常收益

组别		按 B/M 高低分组						
		低	2	3	4	高	H-L	t（H-L）
按规模大小分组	小	0.011	0.018	0.025	0.027	0.029	0.014	2.112
	2	0.009	0.016	0.023	0.027	0.024	0.013	2.164
	3	0.006	0.014	0.016	0.016	0.024	0.010	1.814
	4	0.012	0.014	0.018	0.019	0.023	0.008	1.999
	大	0.006	0.003	0.013	0.017	0.023	0.015	3.734
	S-B	0.001	0.008	0.008	0.009	0.004		
	t（S-B）	0.177	2.256	1.429	1.711	0.720		

8.4　价值溢价与 CAPM 的实证检验

我们使用如下回归模型来检验 CAPM 是否能够解释价值溢价：

$$\text{Prem}_t = a + b(R_{M_t} - R_{f_t}) + \varepsilon_t \tag{8.4}$$

8.4.1　时间序列检验

表 8.4 列示了 1995 年 7 月至 2005 年 12 月所构造的 SMB、VMG、VMGS、VMGB 和 6 个规模-B/M 组合的 CAPM 检验结果。在 CAPM 里，其回归模型的截距应为零。我们从表 8.1 中得出结论：即价值股比成长股存在一定程度的价值溢价，尤其是小公司价值股存在着明显的平均收益的价值溢价。表 8.4 中对 VMG 进行回归的截距项为 0.7%，因此，这里 CAPM 模型能够解释我国股市的价值溢价。而对于 VMGS 的回归，其截距项为 2.6%，t 值为 1.588，统计上较为显著。此外，对 6 个规模-B/M 组合的回归结果可以看出，所有回归结果的截距项的值均接近于零，因此，这些回归结论显示 CAPM 成立。究其原因是我国股市规模小，股市表现出强烈的齐涨齐跌的趋势特征，股票组合的收益率特征与市场指数的收益特征极为相似，因此，市场组合的收益就能够解释组合的收益。

表 8.4　CAPM 回归检验（1995～2005 年）

A 栏：因子组合

分组检验	SMB	VMG	VMGS	VMGB
a	0.01	0.007	0.026	−0.011
b	0.023	0.417	0.391	0.444
$t(a)$	0.796	0.387	1.588	−0.353
$t(b)$	0.155	1.856	2.004	1.152
R^2	0	0.027	0.031	0.011

B 栏：规模-B/M 组合

分组检验	SG	SN	SV	BG	BN	BV
a	−0.021	0.011	0.005	−0.013	0.003	−0.024
b	1.01	1.414	1.4	1.018	1.004	1.462
$t(a)$	−1.736	2.319	0.427	−1.671	0.9	−0.788
$t(b)$	7.111	20.575	9.428	11.082	22.791	3.98
R^2	0.29	0.733	0.418	0.498	0.807	0.113

8.4.2　时变贝塔（β）的检验

在这里，我们检验当贝塔时变情况下，CAPM 对价值溢价的解释能力的影响。Fama 和 French 发现对于美国股市贝塔时变情况下会加强 CAPM 对价值溢价的解释能力，这和 Ang 和 Chen（2005）的结论是一致的。本节中我们将贝塔设置为常数、每年一变以及根据中国股市自身的波动规律设置在 1996 年、1999 年和 2001 年进行变化，来回归检验 CAPM 对我国股市价值溢价的解释能力的变化规律。

1. 模型构造

1）β 为常数

$$\text{Prem}_t = a + b(R_{M_t} - R_{f_t}) + \varepsilon_t \tag{8.5}$$

2）β 每年一变

$$\begin{aligned}\text{Prem}_t = a + bx_t + b_1(D_1x_t) + b_2(D_2x_t) + b_3(D_3x_t) + b_4(D_4x_t) + b_5(D_5x_t) \\ + b_6(D_6x_t) + b_7(D_7x_t) + b_8(D_8x_t) + b_9(D_9x_t) + b_{10}(D_{10}x_t) + \varepsilon_t\end{aligned} \tag{8.6}$$

其中，$x_t = R_{M_t} - R_{f_t}$，$D_i = \begin{cases}1, i = t - 1995 \\ 0, 其他\end{cases}$，$t$ 为 1995～2005

3）β 在 1996 年、1999 年和 2001 年变化

$$\text{Prem}_t = a + bx_t + b_1(D_1x_t) + b_2(D_2x_t) + b_3(D_3x_t) + \varepsilon_t \tag{8.7}$$

其中，$x_t = R_{M_t} - R_{f_t}$，$D_1 = \begin{cases}1, t = 1996 \\ 0, 其他\end{cases}$，$D_2 = \begin{cases}1, t = 1999 \\ 0, 其他\end{cases}$，$D_3 = \begin{cases}1, t = 2001 \\ 0, 其他\end{cases}$

2. 价值溢价的贝塔时变规律

Ang 和 Chen（2005）认为当贝塔允许随时间而变化，甚至在美国股市 1963 年后的区间里也没有可靠的证据显示 CAPM 不能解释价值溢价。Fama 和 French（2005）发现，从 1926 年 7 月开始每年的 VMG、VMGS，以及 VMGB 的市场贝塔显示出：价值溢价的贝塔存在巨大的时间变化值。而且，贝塔的变化具有向下降的趋势。图 8.1 显示我国股市从 1995 年 7 月以来的价值溢价贝塔的变化规律。从图中可以看出：价值溢价（VMG）的贝塔从 1995 年 7 月的–0.3 到 1996 年的正值（其值在 0.3 之内），然后，从 1998 年后又变

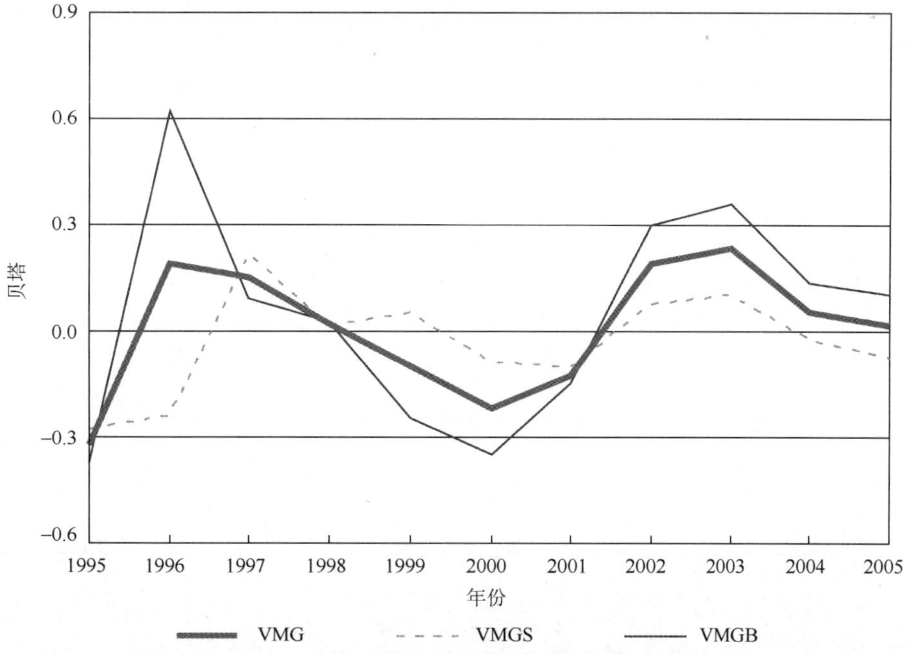

图 8.1　我国股市的价值溢价贝塔的变化规律

为负值（其值在–0.3 之内），在 2001 年后，贝塔值又恢复为正值，但其取值范围还是在 0.3 之内。而大公司股票的价值溢价的贝塔值的波动幅度为最大。相比较而言，小公司股票的价值溢价的贝塔值的波动幅度为最小。图 8.2 则显示小的成长股和小的价值股贝塔年时变的规律。从 1995 年到 1999 年小公司价值股和成长股贝塔呈下降趋势，然后，从 2000 年以后均呈上升趋势。其取值范围也保持在 0.7 以上。其中，多数时间范围内，小公司成长股的贝塔要大于价值股的贝塔。

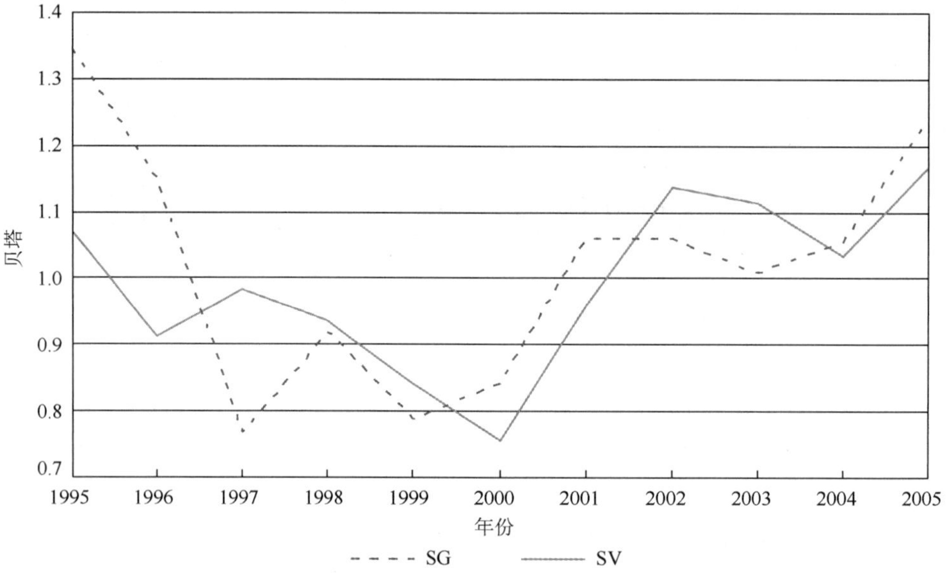

图 8.2　小成长股和小价值股贝塔年时变的规律

图 8.3 揭示了大公司成长股和价值股贝塔年时变的规律。大公司价值股的贝塔从 1995

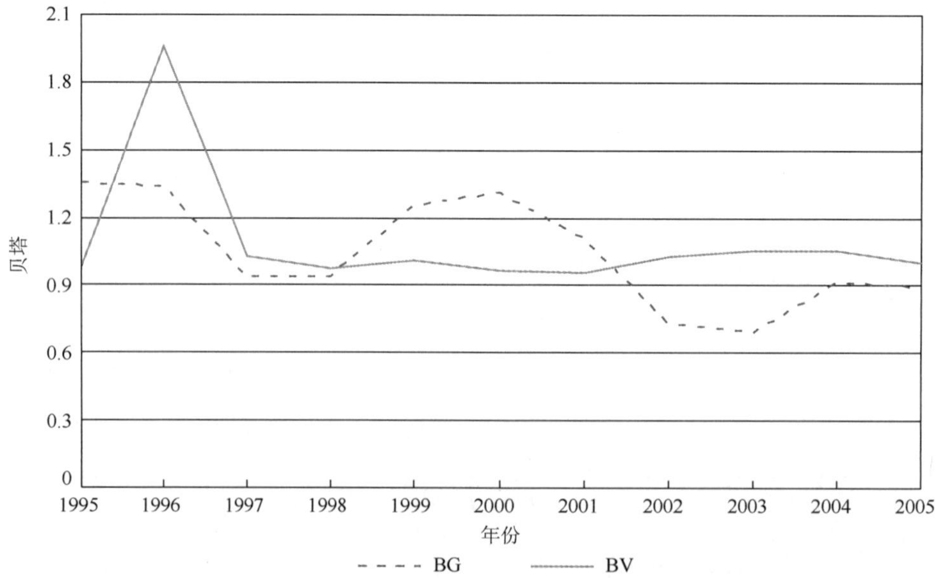

图 8.3　大公司成长股和价值股贝塔年时变的规律

年到 1996 年存在一个大的峰值后，急剧下降然后收敛于 0.9 的水平，而大的成长股的贝塔则围绕 0.9 的水平上下波动。总之，价值溢价的贝塔年时变的规律是沿着 0 贝塔上下波动。小公司价值股和成长股的贝塔年时变的规律是呈向上加大的趋势。大公司价值股和成长股的贝塔年时变的趋势是收敛于 0.9 的水平上。

3. 检验结论分析

表 8.5 显示 3 个价值溢价以及由规模和 B/M 构造的 6 个组合的不变贝塔、贝塔年时变以及贝塔在 1996 年、1999 年和 2001 年变化的 CAPM 回归结果。Ang 和 Chen（2005）将价值溢价的贝塔是放在一个高参数滞后变量模型里，作为均值回复一阶自回归来估计的。这里还包含一个假设：即超额市场收益的预期均值及其波动性是随时间变化的。在这里，我们使用与 Fama 和 French 相同的非参数方法，对从 1995 年 7 月至 2005 年 12 月的 CAPM 回归估计时使用哑变量来允许贝塔的变化。我们检验 3 种情况：①贝塔作为常数；②贝塔每年变化；③贝塔在 1996 年、1999 年和 2001 年进行变化。为了判断那个结构为最佳，我们检验回归 R^2，如果贝塔为常数的区间缩短而增加了 R^2，就可以推测：增加贝塔的变化会对自由度的损失有补偿。Fama 和 French 发现允许贝塔的每年变化会增加 CAPM 对价值溢价的解释能力。那么从表 8.5 可以看出：在 CAPM 对 VMG 的回归中，允许贝塔变化与不变的回归结果差异不大，R^2 也没有明显增加，t 值也不显著。对于 CAPM 对 VMGS 的回归中，允许贝塔的每年变化的回归结果较好，R^2 也有较大幅度增加，t 值也较为显著。截距项则没有明显变化。CAPM 对 VMGB 的回归中允许贝塔的变化与保持不变则没有明显的变化。在 CAPM 对由规模和 B/M 构造的 6 个组合回归的结果看来，相对于贝塔为常数情况下，允许贝塔的每年变化会略微增加 CAPM 对平均收益的解释能力，而允许贝塔在 1996 年、1999 年和 2001 年的变化则没有多大的改进。究其原因可能是我国股市成立的时间较晚，数据的序列长度较短。

表 8.5　价值溢价的 β 时变规律检验

	VMG	VMGS	VMGB	SG	SN	SV	BG	BN	BV
A 栏：β 为常数									
a	0.007	0.026	−0.01	−0.021	0.011	0.005	−0.01	0.003	−0.024
$t(a)$	0.387	1.588	−0.35	−1.736	2.319	0.427	−1.67	0.9	−0.788
R^2	0.027	0.031	0.011	0.29	0.733	0.418	0.498	0.807	0.113
B 栏：β 每年一变									
a	0.005	0.03	−0.02	−0.019	0.009	0.011	−0.01	0.004	−0.031
$t(a)$	0.27	1.88	−0.57	−1.546	1.916	0.984	−1.4	1.183	−0.943
R^2	−0.01	0.123	−0.04	0.262	0.772	0.574	0.482	0.818	0.064
C 栏：β 在 1996 年、1999 年和 2001 年变化									
a	0.007	0.031	−0.02	−0.019	0.011	0.011	−0.01	0.004	−0.03
$t(a)$	0.346	1.823	−0.53	−1.599	2.217	0.879	−1.62	0.954	−0.962
R^2	0.017	0.015	0.014	0.277	0.769	0.426	0.484	0.803	0.115

8.5　贝塔（β）组合与 CAPM 的实证检验

按照 Fama 和 French 的假设：预期收益随着 B/M（或与 B/M 相关的风险），而不是随贝塔而变化。价值股（高 B/M）股票具有高预期收益，而不管它们的贝塔。只有仅当贝塔与 B/M（或规模）正相关时，贝塔与平均收益才会得到补偿。Fama 和 French 通过贝塔构造组合，其实证的结论证实以上的假设。即 CAPM 不能解释与 B/M（或规模）无关的贝塔(β)组合的收益。我国股市从 1995 年 7 月至 2005 年 12 月的价值溢价的很小的 CAPM 截距是否意味着 CAPM 能够解释这个区间的股票预期收益呢？

表 8.6 列示了我国股市以贝塔构造的组合月收益的统计特征和 CAPM 回归结果。回归结果显示以贝塔构造的组合月收益的 CAPM 回归结果，同时也拒绝了 CAPM。从表 8.6 可以看出将 B/M（或规模）组合册分成贝塔组合的平均收益都很小。HBmLB（6 个高贝塔组合的收益减低贝塔组合收益的平均值）的平均收益仅为每月−0.003%（t=−1.262）。而 7 个贝塔组合的 CAPM 回归的截距均很小，而且为负值。它们的贝塔除 SV 为负值外，其余都为正值，但都很小。t 值除 SN、SV、BG 为显著外，其余都不显著。回归 R^2 除 BG 为 0.136 外，其余组合都很小。这些回归结果同样验证了，在我国股市上，与 B/M（或规模）无关的贝塔也不能解释股票收益的结论。这一结论与 Fama 和 French 的结论是一致的。

表 8.6　β 构造组合月收益的统计特征和 CAPM 回归结果

	HBmLB	SG	SN	SV	BG	BN	BV
A 栏：统计特征							
1995 年 7 月～2005 年 12 月							
Mean	−0.003	−0.003	−0.001	−0.008	0.0002	−0.002	−0.003
t（Mean）	−1.262	−1.154	−0.336	−1.791	0.062	−0.55	−0.633
B 栏：CAPM 回归检验							
a	−0.003	−0.004	−0.002	−0.007	−0.001	−0.002	−0.003
b	0.025	0.029	0.104	−0.197	0.167	0.022	0.027
$t(a)$	−1.323	−1.206	−0.498	−1.611	−0.256	−0.587	−0.666
$t(b)$	0.919	0.804	2.225	−3.765	4.548	0.555	0.503
R^2	−0.001	−0.003	0.031	0.095	0.136	−0.006	−0.006

第 9 章　股票非预期收益定价的三因素模型研究——基于中国股票市场的检验

9.1　引　　言

本章通过建立包括反映股票分析家收益预测预期信息、财务收益以及风险变量的模型来解释股票非预期收益。在对股票收益定价的研究中，有大量文献针对股票预期收益定价进行研究。

在对股票预期收益的研究中，按照 CAPM，股票的预期风险溢价与它们的系统风险（市场贝塔）是线性关系，不同股票的预期收益不同的原因是由于它们的贝塔不一样。早期的一些实证研究（Black，1972；Fama and MacBeth，1973）支持 CAPM。然而，在 20 世纪 80 年代和 90 年代的实证研究中，一些 CAPM 不能解释的异象（anomalies）的发现对 CAPM 形成了挑战。这些异常包括：收益价格比率、规模以及账面市值比等。Fama 和 French（1992）认为，尽管规模和账面市值比不是状态变量，小规模公司和高账面市值比公司的高平均收益反映了未定的用来对收益中未分散化风险定价的状态变量。后来，Fama 和 French（1993，1996）提出了对股票预期收益定价的三因子模型。这些因子包括市场组合超额收益、小公司股票组合与大公司组合收益之差以及高账面市值比公司组合与低账面市值比组合收益之差。通过对中国股票预期收益的研究，宿成建（2006）提出了包括内在价值、市场因素、流动性的三因素定价模型，并在中国股票市场得到了实证证据。

对股票非预期收益的研究最早起始于 Bau 和 Braon（1968），其将股票非预期收益与公司非预期会计收益进行回归，用来检验会计收益的价值相关性。后来大量的文献则着重于股票收益与非预期会计收益关系的研究，来检验会计收益的信息含量，对信息含量的推断是基于如下简单回归模型中的估计系数 b（Collins and Kothari，1989）：

$$\mathrm{CAR}_{jt} = a + b\mathrm{UE}_{jt} + \varepsilon_{jt} \tag{9.1}$$

式中，CAR 为风险调整的异常收益；UE 为非预期会计收益变量。在这方面的研究中，大量文献证明非预期会计收益可以解释非预期股票收益。比较有代表性的文献包括：科林斯和卡莎雷（Collins and Kothari，1989）、伊斯腾和哈瑞斯（Easton and Harris，1991）、克门迪和莱普（Kormendi and Lipe，1987）、佛雷曼和谢（Freeman and Tse，1992）。最近的一些文献中则改进模型的设置，增加模型（9.1）中的解释变量，来提高模型对非预期收益的解释。例如，这些模型增加的变量是：反映当期会计收益质量变量；反映未来收益增长变化的变量（Collins et al.，1994）；反映分析家未来会计收益预测的当期修正变量（Cornell and Landsman，1989）；反映分析家未来会计收益预测修正多变量（Liu and Tomas，2000）；反映与非预期会计收益相关的风险变量（Chamber et al.，2005）。相对单变量模型

（9.1），这些多变量模型虽然可以提高对股票非预期收益的解释能力，但还有较多的部分不能够被解释。模型的截距项显著存在，模型调整 R_2 值很小。存在显著不能被解释的截距项说明以上多变量回归模型还存在某些忽略的变量来解释股票非预期收益。

近来，金融经济学家们也越来越把关注的目光投向股票非预期收益的研究。Campbell 和 Shiller（1988）的开创性工作提出，未来预期股票收益和预期未来现金流量影响股票价格（Campbell，1991），换句话说，就是股票非预期收益可以被分解为两个部分：与贴现率有关的部分和与现金流量有关的部分。金融经济学家们对这两个部分感兴趣，是因为与资产估价相关的贴现率和现金流量两部分的有关信息决定了股票收益的时间序列和横截面的变化规律。简单地说，与现金流量有关的信息反映了公司的生产和盈利有关的信息；与贴现率有关的信息反映的是投资者风险厌恶的时变情况或投资者情绪（Chen and Zhao，2009）。与 Campbell 和 Shiller（1988）的方法不同，同期有关研究涉及股票非预期收益的研究的文献，主要从以下两个角度来研究股票非预期收益。

Chen 和 Zhao（2009）对 Campbell 和 Shiller（1988）的方法提出了批评。这种依赖于残差是否表示未来现金流量信息或未来贴现率信息的方法，可能得出相反的结论，基于残差的方法推导出的结论可能是危险的。Chen 和 Zhao（2009）在论文中将这种基于残余的方法用于在对同一基准股票的研究，发现价值股具有同样低的“现金流量贝塔”和“贴现率贝塔”，但是具有较高的“残余贝塔”。也就是说，非预期收益还是由残余贝塔驱动的。

本章的研究思路是，将股票实际收益分解成预期收益和非预期收益，预期收益由 CAPM 来确定，也就是说股票预期收益是由反映公司系统风险有关的贝塔来进行定价的[这里的“预期收益”“风险溢价”“贴现率”是相同的概念（Calvet，2011）]；股票非预期收益的定价的思路是，将非预期收益进行再进行分解，也就是将股票非预期收益分解成 3 个部分：①当期公司非预期会计收益引起的股票价格的变化。②与公司会计收益的理性预期的变化相联系的，这个部分反映了分析家预期现金流变化而引起的公司会计收益的理性预期修正。③反映与市场组合相关的非预期收益的相关部分，这部分反映的是市场情绪。

将股票非预期收益分解成以上 3 个部分的原因是，为了回答金融的中心问题：股票价格为什么会变化（Calvet，2011）？我们认为，股票价格的变化除了与预期（系统风险贝塔）有关的信息引起的变化外，反映公司内在价值的信息的变化会引起股票价格的变化。公司非预期会计收益是反映公司内在价值的指示器，因而，当期公司非预期会计收益的年度报告数值会是股票价格变化的主要动力，投资者会根据公司的当期会计收益与期初股票价格之比来估计股票价格是高估还是低估来做投资决策。然而，在期初，由于信息不对称和未来的不确定性，投资者对未来当期年度公司的会计收益信息的获取路径主要是通过过去以及上一期的会计报表进行预测，另一个渠道就是通过分析家们对公司当期以及未来有关公司会计收益的预测。因此，这两个方面的信息均会导致股票价格的变化。此外，引起股票价格变化的一个动力则来自于股票市场情绪，如股票市场是处于牛市或熊市对于股票价格的波动幅度就具有相当大的影响。因此，反映市场情绪的非预期的市场指数的价格波动会引起股票价格的波动。我们认为，股票价格的非预期波动的动力来自于这

3 个方面的因子。

基于以上股票非预期收益的分解，本章就以上的问题展开理论和实证方面的研究，并建立相应的多因素实证定价模型来检验股票非预期收益，并检验 Chambers 等（2005）提出有关“与非预期收益有关的总风险与系统风险解释股票非预期收益”的假设，本章用 2002～2008 年中国股票市场数据进行了股票非预期收益定价检验并发现，非预期股票收益可以由以下 3 个变量来解释：①非预期会计收益期初价格比 $\mathrm{eps}_{jt}/P_{t-1}$；②表示股票会计收益增长的理性预期的变量 $\delta E\mathrm{eps}_t/P_t$；③反映市场情绪变量的市场非预期收益 URM。模型的检验结果显示，模型截距项 α 接近 0.0004，T 值均接近为–0.044，模型的 R^2 显著地提高到了 58.2%。与 Chambers 等（2005）的假设相反，与非预期收益有关的总风险与系统风险不能解释股票非预期收益。

本章以下的结构按如下安排：首先，推导出分析家会计收益预测的预期修正与股票非预期收益的关系模型；然后，根据股票非预期分解的假设，建立非预期收益的多因素定价模型，并提出模型假设；最后，使用中国股票市场数据进行检验，并得出结论。

9.2　股票收益分解与股票非预期收益定价理论分析

为了导出股票非预期收益的因素定价模型，提出如下关于当期及未来股利支付的预期事件描述图（Chambers et al.，2005），如图 9.1 所示。

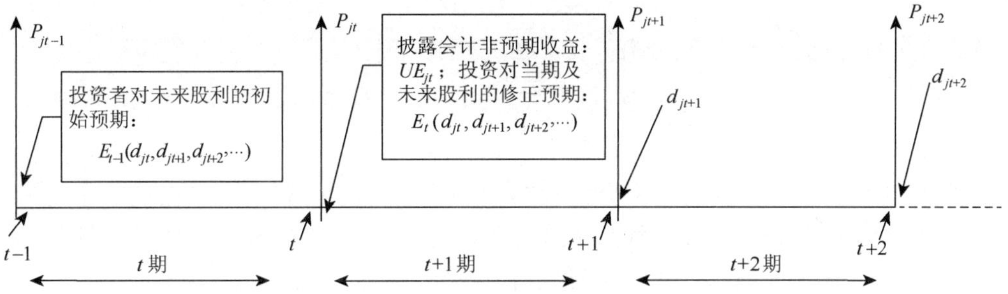

图 9.1　事件的时间线

根据 Williams（1938）的估值模型，公司 j 在时间 t 的价格等于预期股利的现值：

$$P_{jt} = \sum_{\tau=t+1}^{\infty} \frac{E_t d_{j\tau}}{(1+R_j)^{\tau-t}} \tag{9.2}$$

式中，P_{jt} 为公司 j 在时间 t 的价格；$E_t d_{j\tau}$ 为公司未来股利在 t 时刻的预期；R_j 为公司 j 的贴现率。

如果 a 是股利支付率，则 $d_{j\tau} = a \times \mathrm{eps}_{j\tau}$，那么有以下公式：

$$P_{jt} = \sum_{\tau=t+1}^{\infty} \frac{a_{j\tau} E_t \mathrm{eps}_{j\tau}}{(1+R_j)^{\tau-t}} \tag{9.3}$$

式中，$E_t \mathrm{eps}_{j\tau}$ 为公司未来每股收益在 t 时刻的预期；在 t–1 时刻，对式（9.3）两边取预期值，可得如下股票价格的预期值：

$$E_{jt-1}(P_{jt})=\sum_{\tau=t+1}^{\infty}\frac{a_{j\tau}E_{t-1}\text{eps}_{j\tau}}{(1+R_j)^{\tau-t}} \tag{9.4}$$

如果不考虑 t 期间的股利支付，那么在持公司 j 的股票在 t 期间的总回报率是

$$r_{jt}=\frac{P_{jt}-P_{jt-1}}{P_{jt-1}} \tag{9.5}$$

引入 $E_{t-1}P_{jt}$ 到式（9.5）中，得到

$$r_{jt}=\frac{P_{jt}-E_{t-1}P_{jt}}{P_{jt-1}}+\frac{E_{t-1}P_{jt}-P_{jt-1}}{P_{jt-1}} \tag{9.6}$$

式中，右侧的第一项是非预期股票收益率 UR_{jt}；后一项是预期股票收益率 ER_{jt}，是与 CAPM 相关的部分（Cochrane，2011），得到表达式如下：

$$E(r_{jt})=R_f+\beta_j[E(R_{Mt})-R_f] \tag{9.7}$$

将式（9.3）和式（9.6）代入式（9.5）中的第一项，得出如下公式：

$$\begin{aligned}r_{jt}-E_{t-1}(r_{jt})&=K_0+\frac{\sum\limits_{\tau=t+1}^{\infty}\frac{a_{j\tau}E_t\text{eps}_{j\tau}}{(1+R_j)^{\tau-t}}}{P_{jt-1}}-\frac{\sum\limits_{\tau=t+1}^{\infty}\frac{a_{j\tau}E_{t-1}\text{eps}_{j\tau}}{(1+R_j)^{\tau-t}}}{P_{jt-1}}\\&=K_0+\sum_{\tau=t+1}^{\infty}\frac{a_{j\tau}(E_t-E_{t-1})\text{eps}_{j\tau}}{P_{jt-1}(1+R_j)^{\tau-t}}\end{aligned} \tag{9.8}$$

如果将式（9.8）右侧展开为多期 $\delta E=E_t-E_{t-1}$，有如下：

$$\text{UR}_{jt}=K_0+\frac{a_{jt+1}\delta E_t\text{eps}_{jt+1}}{(1+R_j)P_{jt-1}}+\frac{a_{jt+2}\delta E_t\text{eps}_{jt+2}}{(1+R_j)^2P_{jt-1}}+\cdots \tag{9.9}$$

方程（9.9）表示投资者对未来会计收益预期差分贴现公式，其中 K_0 反映了与未来股利预期贴现信息不相关的信息。为了导出会计收益反应系数（ERC），假设会计收益与未来股利是相关的。因此，未预期的会计收益使投资者修正对未来的股利的预期，这样的预期修正促使投资者买卖股票，从而引起股票价格的变化。假设对未来一期（t+1）股利的会计收益预期差分与当期会计收益相关，表达式如下：

$$\frac{a_{t+2}\delta E_t\text{eps}_{jt+1}}{(1+R_j)^1P_{jt-1}}=\lambda_{jt}\frac{\text{eps}_{jt}}{P_{jt-1}} \tag{9.10}$$

此外，假设未来 t+2 期以后的会计收益预期差分与当期会计收益预期差分相关，有如下公式：

$$\frac{a_{t+2}\delta E_t\text{eps}_{jt+2}}{(1+R_j)^2P_{jt-1}}+\cdots=\eta_{jt}\frac{\delta E_t\text{eps}_{jt}}{P_{jt-1}} \tag{9.11}$$

可以将式（9.8）重新写成如下：

$$\text{UR}_{jt}=K_0+\lambda_{jt}\frac{\text{eps}_{jt}}{P_{jt-1}}+\eta_{jt}\frac{\delta E_t\text{eps}_{jt}}{P_{jt-1}} \tag{9.12}$$

其中，

$$\lambda_{jt}=\left(\frac{a_{jt+1}\delta E_t \text{eps}_{jt+1}}{(1+R_j)P_{jt-1}}\right)\frac{P_{jt-1}}{\text{eps}_{jt}}$$

$$\eta_{jt}=\left(\text{UR}_{jt}-K_0-\lambda_{jt}\frac{\text{eps}_{jt}}{P_{jt-1}}\right)\frac{P_{jt-1}}{\delta E_t \text{eps}_{jt}}$$

式（9.12）中，λ_{jt}表示会计收益反应系数（ERC）与贴现率（预期收益）R_j 成反比关系；R_j 随系统风险增加而增加，系统风险与会计收益反应系数具有“分母效应”。根据 Collins 和 Kothari（1989）的研究，会计收益反应系数与系统风险的相关系数为负。η_{jt} 为当期会计收益预期修正反应系数（revisions of earnings expectation response coefficients，REERC）。

通过以上的模型推导，扩展了非预期收益与非预期会计收益的简单关系。我们可以将起始于 Ball 和 Brown（1968）常用于检验会计收益的价值相关性检验，扩展到多元回归，用来检验股票收益中所包含的会计收益、投资者未来收益预期变化以及风险有关的信息含量。

式（9.12）只是单个证券的非预期收益定价公式，实际上在多证券市场上，单个证券的价格波动与市场价格波动息息相关。CAPM（Sharpe，1964；Linter，2002）和 APT（Ross，1976）以及 ANREE（Admati，1985）等现有的理论模型证明单一资产的预期价格波动与市场指数的预期价格波动存在线性关系。假设单一资产的非预期价格波动与市场指数的非预期价格波动也存在线性关系，因而，可以将市场的非预期收益变量（unexpected market return，URM）加入到式（9.12）中就可以刻画市场非预期的波动对单个证券的影响，于是，提出如下三因素非预期收益定价模型：

$$\text{UR}_{jt}=\alpha_0+\lambda_{jt}\frac{\text{eps}_{jt}}{P_{jt-1}}+\eta_{jt}\frac{\delta E_t \text{eps}_{jt}}{P_{jt-1}}+\gamma_{jt}\text{URM}_t+\varepsilon \tag{9.13}$$

式（9.13）中右侧第一个变量 eps_{jt}/P_{jt-1} 就是会计学界的当期非预期会计收益的度量变量 UE（Collins and Kothari，1989；Easton and Harris，1991）；δE_t（eps_{jt}）/P_{jt-1} 是投资者对当期非预期会计收益的预期修正变量，在下面的实证分析中使用证券分析师对当期非预期会计收益的预测的修正变量（ERUE），该变量反映了当期会计收益增长的预期；URM 是市场非预期收益。式（9.13）的核心思想是股票的非预期波动是由反映了未来股利贴现信息及未来股票预期收益信息的当期非预期会计收益、投资者对当期非预期会计收益的预期修正变量以及市场非预期收益三因素变量信息所驱动。与现有的模型（Collins and Kothari，1989；Easton and Harris，1991；Campbell and Shiller，1988；Fama and French，1993，1996）不同，式（9.13）对股票非预期收益提供了全新的定价视角，显然，如果模型定价正确，必须满足截距项须为零或接近于零的条件。如果定价正确，模型将具有重要的理论和实践价值。

9.3 实 证 检 验

9.3.1 变量定义

变量定义见表 9.1。

表 9.1　变量定义

变量类型	变量名称	变量符号	变量度量方式及说明
被解释变量	股票非预期收益	UR	$UR_{jt}=R_{jt}-\{R_f+\beta_j[E(R_M)-R_f]\}$ 股票年实际收益率是从当期（t 期）4 月至下一年（t+1）的 3 月期间的股票回报率；市场风险溢价取值分别为 3%和 5%；无风险收益取长期国债年收益率，取近似值 4%
解释变量	当期非预期会计收益	UE	当期会计每股收益与当期（t 期）3 月股票收盘价格之比表示，也可以由当期会计收益与上一期会计之差与期初股票价格之比来表示
	分析师盈余预测修正变量	ERUE	证券分析师对股票 j 在 t 年的每股会计收益预测均值与 t–1 年的每股会计收益之差除以 t 年 3 月股票收盘价
	市场非预期收益	URM	在市场风险溢价分别为 3%条件下的市场在 t 年的非预期市场收益，以上证综合指数收益代表市场收益，指数实际收益为上证综合指数在 t+1 年 3 月的月收盘价与 t 年 3 月收盘价之差除以 t 年 3 月月指数收盘价
其他变量	股票实际收益	RET	股票 j 在 t+1 年 3 月的月收盘价与 t 年 3 月收盘价之差除以 t 年 3 月收盘价
	公司规模	SIZE	当期（t 期）3 月股票收盘时总资产的自然对数
	账面市值比	B/M	为股票 j 在 t–1 年的年末每股净资产与其在 t 年 3 月股票收盘价之比
	系统风险	BETA	采用 CAPM 估计，估计数据是采用当期前 24 个月股票月收益数据估计
	总风险	TR	采用当期前 24 个月股票月收益数据估计
	会计收益增长	$\delta E\text{eps}_t/P_t$	股票 j 在 t 年的每股会计收益与 t–1 年的每股会计收益之差除以 t 年 3 月股票收盘价，即为实际会计收益变化（或增长）
	非预期会计收益相关的总风险变量	TRUE	总风险与当期非预期会计收益的乘积
	非预期会计收益相关的系统风险变量	SRUE	系统风险与当期非预期会计收益的乘积
	年度	YEAR	哑变量

9.3.2　样本与方法

数据来源于万得数据库，选取中国股票市场 2002 年 1 月至 2011 年 3 月的相关数据进行分析。由于本章选取的关键变量，即分析家们预测公司会计收益数据的起始时间为 2004 年，因此，本章进行模型回归的时间选取为 2004～2011 年。考虑公司贝塔值估计需要样本回归前 24 个月的股票月收益率数据，所以，样本数据选取从 2002 年 1 月起。本章检验非预期年股票收益率的定价问题，当期会计年度是从当期（t 期）4 月至下一年（t+1）的 3 月。

与 Liu 和 Thomas（2000）相同，股票年非预期收益率是实际年收益率与按照 CAPM 估计的预期年收益率之差。市场预期风险溢价按照 3%和 5%计算，估计贝塔值的方法如下：对于实际的估计贝塔，采用 CAPM 估计，估计数据是采用当期前 24 个月股票月收益数据估计，然后计算出两个股票的非预期收益。

9.3.3 股票非预期收益的多变量横截面回归检验

表 9.2 展示了使用标准 Fama 和 French（1973）方法得出的时间序列横截面回归模型估计系数。PanelA 和 PanelB 分别报告了市场风险溢价在 3%和 5%条件下的股票非预期收益的回归模型估计结果。被解释变量的样本区间是从 2004 年 4 月至 2011 年 3 月，作为解释变量的贝塔则起始于 2002 年 1 月。

由回归方程模型（9.8）可以看出，当贴现率增加时，与现金流量相关的股票非预期收益会降低。可以预测随着贴现率增加，非预期收益减少，回归模型就可能会出现负的不能被解释的截距项。对于一定的市场风险溢价，高贝塔值意味着高股票预期收益，也就等价于高的贴现率，因此，模型（9.8）预测将贝塔用来解释股票非预期收益时，会出现不能被解释的负的截距项 α。表 9.2 模型 1 中 Model 所报告的结果证实了模型的预测。模型 1 中，贝塔的估计系数为 0.470，显著为正，然而，截距项 α 也显著为负，为–0.258，T 值为–10.843，这样的结果证实了理论模型预测一致，贝塔反映了有关贴现率的信息。

Fama 和 French（1992，1993，1996）提出了至今在学术具有广泛影响的三因子模型。他们提出并给出了实证的证据说明，公司规模与账面市值比（book-to-market）可以解释股票收益平均（预期）收益，也就是著名的规模效应和账面市值比效应。根据 Cochrane（2011）以及本章定义，股票预期收益是与 CAPM 相关的部分，非预期收益是股票实际收益与预期收益之差。按照这样的定义进行股票收益的分解，Fama-French 三因子模型中的公司规模与账面市值比就应该可以稳健性地解释股票非预期收益。

为了检验 Fama-French 三因子模型的解释能力。采用与 Fama 和 French（1992）相同的回归方法和模型。表 9.2 的模型 2 报告了回归的结果。贝塔的估计系数为 0.349，T 值是 16.080，说明系统风险与股票非预期收益正相关，根据模型 1 的结果，即用贝塔来解释股票非预期收益时会导致较大的负的截距项 α 问题，结合模型 1 和模型 2 的结果综合分析，正的且显著的贝塔的估计系数说明，贝塔对股票非预期收益具有正的影响，也就是呈现出模型（9.7）的贴现率的分母效应。同时，也证实了 Cochrane（2011）的理论的部分预测，贴现率因子效应对股票非预期收益定价的影响。进一步分析模型 2 的另外两个解释变量可以看出，公司规模的系数估计值显著为负，为–0.141（T 值是–17.142），账面市值比的系数估计值显著为正，为 0.212（T 值是 14.300），模型 2 的规模与账面市值比两个自变量的系数估计与 Fama 和 French（1992）的结果显示出一致性。将包含规模与账面市值比两个自变量作为解释变量的模型重新进行回归，结果见表 9.2 模型 3，规模与账面市值比的系数估计依然显示出与模型 2 相同的预测。那么，这样的结果是否证明规模与账面市值比两个自变量可以解释股票非预期收益呢？要回答这样的问题，除了考察模型的解释变量的系数估计，更重要的是看模型的截距项 α（Cambell et al.，1997）是否接近于零以及模型的调整 R_2 的大小。从表 9.2 模型 2 和模型 3 所报告的截距项 α 可以看出，模型 2 和模型 3 均出现了显著不能被解释的正的大的截距项 α，分别是 3.213（T 值是 17.813）和 3.873（T 值是 21.610），并且，他们的模型的调整 R^2 值也不高，分别是 0.163 和 0.129。

表 9.2　股票非预期收益的年时间序列横截面回归

Panel A：被解释变量为 UR1

Model	BETA	lnME	ln(BE / ME)	eps_{jt}/P_{t-1}	$\delta eps_{jt}/P_{jt}$	$ERUE_{jt}$	URM	TR	TRUE	SRUE	α	AdjR^2
1	0.470 （20.966）										−0.258 （−10.843）	0.066
2	0.349 （16.080）	−0.141 （−17.142）	0.212 （14.300）								3.213 （17.813）	0.163
3		−0.153 （−18.368）	0.248 （16.577）								3.873 （21.610）	0.129
4		−0.054 （−8.349）	−0.055 （−4.498）				0.931 （68.339）				1.227 （8.708）	0.502
5				3.564 （17.077）							0.107 （9.789）	0.045
6				2.042 （8.534）	2.505 （12.400）						0.134 （12.133）	0.068
7				3.446 （16.856）		2.816 （16.628）					0.073 （6.737）	0.085
8				1.984 （13.283）		1.526 （12.320）	0.899 （74.753）				0.031 （3.934）	0.520
9				1.986 （13.296）		1.527 （12.326）	0.900 （74.753）	0.079 （1.385）			0.028 （3.507）	0.520
10				−1.203 （−2.985）		1.534 （12.450）	0.895 （74.683）		0.077 （0.049）	2.700 （8.358）	0.046 （5.747）	0.526

Panel B：被解释变量为 UR2

Model	BETA	lnME	ln(BE / ME)	eps_{jt}/P_{t-1}	$\delta eps_{jt}/P_{jt}$	$ERUE_{jt}$	URM	TR	TRUE	SRUE	α	AdjR^2
1	0.450 （20.074）										−0.258 （−10.843）	0.061
2	0.329 （15.160）	−0.141 （−17.142）	0.212（14.300）								3.213 （17.813）	0.159
3		−0.153 （−18.324）	0.246（16.476）								3.835 （21.447）	0.128
4		−0.054 （−8.296）	−0.056 （−4.605）				0.929 （68.266）				1.197 （8.508）	0.501

续表

Panel B：被解释变量为 UR2												
Model	BETA	lnME	ln(BE / ME)	eps_{jt}/P_{t-1}	$\delta eps_{jt}/P_{jt}$	$ERUE_{jt}$	URM	TR	TRUE	SRUE	α	$AdjR^2$
5				3.566 （17.131）							0.087 （8.007）	0.045
6				2.053 （8.603）	2.488 （12.352）						0.114 （10.361）	0.068
7				3.448 （16.910）		2.803 （16.598）					0.053 （4.952）	0.085
8				1.991 （13.354）		1.518 （12.279）	0.896 （74.601）				0.012 （1.480）	0.519
9				1.993 （13.364）		1.519 （12.283）	0.896 （74.586）	0.063 （1.112）			0.010 （1.182）	0.519
10				−0.985 （−2.447）		1.525 （12.398）	0.892 （74.490）		−0.200 （−0.129）	2.527 （7.829）	0.026 （3.234）	0.524

注：表 9.2 展示了使用标准 Fama 和 French（1973）方法得出的年时间序列横截面回归模型估计系数。模型变量除了 SRUE 和 TRUE 外，均为表 2 中定义变量。SRUE 和 TRUE 是按照 Chambers（2005）等的定义，分别是系统风险和总风险与非预期会计收益变量 eps_{jt}/P_{t-1} 的乘积。UR1 和 UR2 分别以市场风险溢价 3%和 5%计算

模型 2 和模型 3 的结果说明采用 Fama 和 French（1992）提出的规模与账面市值比两个自变量解释股票非预期收益不能获得令人满意的解释能力。为了进一步检验规模与账面市值比两个自变量解释能力，将式（9.13）中的非预期市场收益变量加入到模型 3，表 9.2 中模型 4 报告了模型的估计结果，发现除了规模的估计系数依然与模型 2 和模型 3 一致显著为负，而账面市值的估计系数却出现了符号的改变，其估计系数为–0.055（T 值为–4.498），非预期市场收益（URM）的系数为 0.931（T 值是 68.339），截距项 α 为 1.227（T 值是 8.708），该截距项 α 明显分别比模型 2 和模型 3 降低了 1.986 和 2.646，模型的调整 R^2 值也比模型 2 和模型 3 分别增加了 0.339 和 0.373。模型的报告结果清楚地说明是非预期市场收益（URM）吸收了账面市值比对股票非预期收益的解释能力。这个新证据首次为 Cochrane（2011）的预测提出了实证证据，即账面市值比应该在回归模型的左边，作为被解释变量，而不是作为解释变量。如果 Fama 和 French（1992）提出的规模与账面市值不能解释股票非预期收益，那么，是否存在其他的因素可以解释股票非预期收益呢？接下来，我们将检验本章提出的回归方程（9.13）的解释能力。

在检验回归方程（9.13）的解释能力之前，检验因子变量独立解释能力是必要的。模型 5 是基于 Ball 和 Brown（1968）的关于检验价值相关性的经典单变量模型，即用非预期会计收益来解释股票非预期收益的简单回归模型。模型的估计结果显示，非预期会计收益具有显著的独立的解释能力，其估计系数从经济意义和统计意义均显著，估计系数值为 3.564（T 值是 17.077），模型截距项 α 是 0.107（T 值是 9.789），模型的调整 R^2 值是 0.045。较低的截距项 α 是 0.107 与模型 2 和模型 3 出现的显著不能被解释的正的大的截距项 α（分别是 3.213 和 3.873）形成了鲜明的对比，这样的实证证据表明，股票价格的变化的原因是来自于公司所获得的盈余（价值相关性定价），而不是规模和账面市值比。

为了进一步检验非预期会计收益，Easton 和 Harris（1991）则考虑将当期会计收益变化或称为当期会计收益增长，他们指出 eps_{jt}/P_{t-1} 和 $\delta\text{eps}_{jt}/P_{t-1}$ 这两个变量与非预期股票收益是相关的，不能相互替代，而且，是对独立用这两个变量的其中之一来解释非预期股票收益的有益补充。表 9.2 中模型 6 报告了 Easton 和 Harris（1991）模型的结果，当期非预期会计收益变量 eps_{jt}/P_{t-1} 的估计系数是 2.042，其 T 值是 8.534；$\delta\text{eps}_{jt}/P_{t-1}$ 的估计系数是 2.505，其 T 值是 12.400。模型的截距项 α 是 0.073（T 值是 6.737），模型的调整 R^2 值是 0.085。本章中模型 6 的未被解释的截距项 α 是 0.073 以及较低的模型的调整 R^2 值［与 Easton 和 Harris（1991）一致］说明，模型存在解释能力的不足，尽管 $\delta\text{eps}_{jt}/P_{t-1}$ 是 eps_{jt}/P_{t-1} 有益补充，但由于 $\delta\text{eps}_{jt}/P_{t-1}$ 与 eps_{jt}/P_{t-1} 存在显著的正相关性，因而，不能排除 $\delta\text{eps}_{jt}/P_{t-1}$ 与 eps_{jt}/P_{t-1} 多重共线性问题，正是这样的问题导致了模型的解释能力弱。那么，什么变量可能会是当期会计收益增长变量 $\delta\text{eps}_{jt}/P_{t-1}$ 的更好的代理变量呢？根据式（9.13）的预测，证券分析师的当期会计收益预测的预期修正变量 ERUE 能够反映当期会计收益增长信息。为了验证式（9.13）的预测，进行表 9.2 模型 7 和模型 8 的实证检验。

表 9.2 中模型 7 报告了式（9.12）的检验结果，该模型的两个解释变量分别是非预期会计收益 eps_{jt}/P_{t-1} 和证券分析师的当期会计收益预测的预期修正变量 ERUE，它们的估计系数

分别是3.446（T值是16.856）和2.816（T值是16.628），因而，其两个变量的估计系数从经济意义和统计上都是显著的。模型的截距项α是0.073，调整R^2值为0.085，相对模型6（Easton和Harris，1991）截距项α（0.134），模型7的截距项α下降了0.061，调整R^2值却增加了0.017。此外，eps_{jt}/P_{t-1}和ERUE检验的相关系数仅为0.029（表3），因此，证券分析师的当期会计收益预测的预期修正变量ERUE是比$\delta eps_{jt}/P_{t-1}$更好的独立变量来解释股票非预期收益，同Hilary和Hsu（2012）的发现一致，证券分析师持续的有关会计收益增长的正的预测偏误影响股票价格的非预期收益。eps_{jt}/P_{t-1}的高度相关（相关系数为0.506），因而，不能排除将$\delta eps_{jt}/P_{t-1}$与eps_{jt}/P_{t-1}同时用来解释股票非预期收益可能存在的多重共线性问题。由此可以得出，表9.2中模型8显示了本章提出的新三因素模型［回归方程（9.13）］的系数估计结果。模型的会计收益反应系数（ERC）是1.984，T值是13.283；当期会计收益预期修正反应系数(REERC)是1.526，T值是12.320；市场非预期收益的估计系数是0.899，T值是74.75。这3个变量的系数估计显示，它们从经济意义上和统计上显著地解释了股票非预期收益。会计收益反应系数（ERC）反映了股票价格的价值相关性；当期会计收益预期修正反应系数（REERC）是反映证券分析师持续的有关会计收益增长的正的预测偏误效应；市场非预期收益的估计系数则反映了股票市场的非预期波动对个股的影响，反映了市场情绪。

此外，模型8的截距项α是0.031，已经接近于零，与模型1～模型7相比，模型8的截距项α最小。进一步考察模型8的调整R^2值为52%，与模型1～模型7相比，模型8的调整R^2值最高。实证结果验证了方程（9.13）对股票非预期收益的定价能力。模型8和模型2的对比结果，在解释股票非预期收益时，说明本章提出的新三因素模型是一个比Fama-French三因子模型更好的模型，解释能力更强，稳健性更高。如表9.2所示，非预期市场收益URM吸收了账面市值比的解释作用，同模型2相比，模型3的账面市值比变量的估计系数符号变成了负号，说明账面市值比的解释能力存在稳健性不足的问题。

据作者所知，这是首次发现账面市值比的解释能力存在稳健性不足的证据。这个证据证实了Cochrane（2011）的预测，即账面市值比应该在回归模型的左边，作为被解释变量，而不是作为解释变量。然而，模型8（PanelA）还留下了未被解释的截距项α（0.031），可能的原因是什么呢？余下未被解释的截距项α可能是贴现率（股票预期收益）所导致的。根据Cochrane（2011）指出变化的贴现率（贴现因子）是当今资产定价研究的核心。由于股票实际收益被分解为预期收益和非预期收益两个部分，随着贴现率增加，非预期收益减少，回归模型（9.13）就可能会出现负的不能被解释的截距项。与之相反的是，随着贴现率减少，非预期收益增加，回归模型（9.13）就可能会出现正的不能被解释的截距项。接下来，解释表9.2中模型8（PanelA）还留下了未被解释的截距项α（0.031）的原因。对比表9.2中模型8（PanelA）和表9.2中模型8（PanelB）。它们的被解释变量，股票非预期收益，其取值分别按市场风险溢价为3%和5%条件下计算。

因而，在相同贝塔条件下，表9.2中模型8（PanelA）的非预期股票收益就大于表9.2中模型8（PanelB）非预期股票收益，因此，特殊情况下，如果贝塔取值为1时，表

9.2 中模型 8（PanelA）的截距项与表 9.2 中模型 8（PanelB）的截距项之差为 2%。表 9.2 中模型 8（PanelB）的截距项的估计结果证实了以上推测，其截距项 α 是 0.012，与表 9.2 中模型 8（PanelA）截距项 0.031 相比，减少了 2.1%，T 值为 1.480，统计上也显著拒绝不为零。上述分析和实证结果进一步证实，方程（9.13）三因素模型可以对股票非预期收益进行精确定价。

此外，贴现因子信息是另一个影响股票非预期收益的重要变量。在完成了模型 8 的实证检验结果分析后，下面将要实证检验总风险与系统风险对会计收益反应系数的影响。

第 10 章　现金流信息、现金流风险与股票收益定价

10.1　引　　言

资产定价的核心问题是什么决定了股票收益，解决这个问题的关键是回答什么是价格变化的原因。在股票预期收益的研究中，按照 CAPM，股票的预期风险溢价与它们的系统风险（市场贝塔）是线性关系，不同股票的预期收益不同的原因是由于它们的贝塔不一样。早期的一些实证研究支持 CAPM。然而，在 20 世纪 80 年代和 90 年代的实证研究中，发现一些 CAPM 不能解释的异像（anomalies）对 CAPM 形成了挑战。这些异像包括：收益价格比率、规模及账面市值比等。Fama 和 French 认为，尽管规模和账面市值比不是状态变量，但小规模公司和高账面市值比公司的高平均收益反映了未定的用来对收益中未分散化风险定价的状态变量。后来，Fama 和 French 提出了对股票预期收益定价的三因子模型（简称 FF3）。这些因子包括市场组合超额收益，小公司股票组合与大公司组合收益之差以及高账面市值比公司组合与低账面市值比组合收益之差。然而，股票市场的更多异像不能被 CAPM 以及 FF3 模型解释（如应计利润、盈利能力、收益动量等）。

为了探索那些不能被 CAPM 解释的股票平均收益异像，金融经济学家们把目光投向了对股票非预期收益的研究。Campbell 和 Shiller 的开创性研究将股票非预期收益所反映的信息构成分解为两个部分，即与现金流相关的信息和未来预期收益信息。大量文献分析了有关市场组合的现金流相关的信息和未来预期收益信息中哪一种信息的相对重要性的问题。Vuolteenaho 使用基于会计现值模型并采用 Campbell 提出的 VAR 方法研究了公司水平的现金流相关的信息和未来预期收益信息的相对重要性问题。然而，最近一篇具有广泛影响的论文，对 Campbell 和 Shiller 的方法提出了批评。这种依赖于残差来表示未来现金流量信息或未来贴现率信息的方法，可能得出相反的结论，基于残差的方法推导出的结论可能是危险的。

会计学学者对股票非预期收益的研究，最早起始于 Ball 和 Brown 的研究，将股票非预期收益与公司非预期会计收益进行回归，用来检验会计收益的价值相关性。后来大量的文献则着重于股票非预期收益与非预期会计收益的关系的研究，来检验非预期会计收益的信息含量。大量文献证明非预期会计收益可以解释非预期股票收益。比较有代表性的文献包括：Collins 和 Kothari（1989）、Easton 和 Harris（1991）、Kormendi 和 Lipe（1987）、Freeman 和 Tse（1992）。较近的一些文献则改进模型的设置，增加模型的解释变量，来提高模型对非预期收益的解释。例如，这些模型增加的变量是，反映当期会计收益质量的变量，反映未来收益增长变化的变量，反映分析师未来会计收益预测的当期修正变量，反映证券分析师未来会计收益预测修正多变量，反映与非预期会计收益相关的风险变量。相对单变量模型，这些多变量模型虽然可以提高对股票非预期收益的解释能力，但还有较多的部分不能被解释，模型的截距项显著存在，模型调整 R^2 值很小。存在显著不能被解释的

截距项说明以上多变量回归模型还存在某些被忽略的变量可用来解释股票非预期收益。

本章的研究思路是，将股票收益分解为预期收益和非预期收益，重点是研究股票非预期收益。对股票非预期收益的研究，是将股票非预期收益三因素定价模型的股票非预期收益模型扩展，加入未来现金流信息变量，为了避免 VAR 模型估计可能遇到的输入变量的敏感性，借鉴 Da 和 Warachka 提出的方法，采用三阶段收益增长结构来估计未来现金流信息。对股票预期收益的定价，主要考察现金流风险对股票预期收益的定价作用，现金流风险的估计则使用个股现金流信息与市场组合现金流信息的回归来估计。最后，将本章提出的多因素模型与 Fama-French 三因子模型构成的多因子模型对股票超额收益的解释能力进行对比检验。

本章研究发现：①由证券分析师盈余预测修正来估计出的正现金流信息对股票非预期收益、股票实际收益、股票超额收益均具有稳健的解释能力。②由证券分析师盈余预测估计出的现金流风险反映了股票的系统风险，可以对股票预期收益定价。③在解释股票超额收益方面，由现金流信息、现金流风险、分析师跟踪人数与股票非预期收益三因素定价模型构成的多变量模型优越于 Fama-French 三因子模型变量与现金流信息、现金流风险构成的多因素模型。④市场情绪变量的市场非预期收益（URM）可以解释账面市值比因子组合溢价 SML 的 81.2%，这一发现支持了 Danel 和 Titman 的观点，即基于特征组合溢价变量的定价模型虽然能够解释股票平均收益，但不能排除伪回归的谬误，同时，也支持了 Cochrane 的论点，即账面市值比应该在回归模型的左边，作为被解释变量，而不是作为解释变量。

本章的贡献体现在：①在股票非预期收益三因素定价模型基础上加入了反映证券分析师未来收益预期修正的现金流信息，首次将股票非预期定价分解为反映当期信息和未来信息，模型提高了中国股票非预期收益的解释能力，调整 R^2 值为 59.2%。②以证券分析师盈余预测修正来估计现金流信息，可以有效避免 Campbell 及 Vuolteenaho 提出的 VAR 方法来估计现金流信息的残余误差问题，本章提出的现金流信息估计方法是现有方法的发展和补充。③现金流风险对股票预期收益具有显著的解释能力，意味着个股现金流信息与市场组合现金流信息的协方差反映了股票的系统风险，本章的发现为中国股票系统风险的度量提供了新的视角。

10.2 现金流信息、现金流风险与股票非预期收益定价理论分析

为了导出现金流信息与股票非预期收益的因子定价模型，宿成建提出关于当期及未来股利支付的预期事件描述图（图 9-1）。

根据 Williams 的估值模型，公司 j 在时间 t 的价格等于预期股利的现值：

$$P_{jt} = \sum_{\tau=t+1}^{\infty} \frac{E_t(d_{j\tau})}{(1+R_j)^{\tau-t}} \qquad (10.1)$$

式中，P_{jt} 为公司 j 在时间 t 的价格；$E_t(d_{j\tau})$ 为公司未来股利在 t 时刻的预期；R_j 为公司 j 的贴现率。

如果 a 是股利支付率，则 $d_{j\tau} = a_{j\tau} \times \text{eps}_{j\tau}$，那么有以下公式：

$$P_{jt}=\sum_{\tau=t+1}^{\infty}\frac{a_{j\tau}E_t\text{eps}_{j\tau}}{(1+R_j)^{\tau-t}} \tag{10.2}$$

式中，$E_t(\text{eps}_{j\tau})$ 为公司未来每股收益在 t 时刻的预期；在 t–1 时刻，对式（10.2）两边取预期值，可得

$$E_{jt-1}(P_{jt})=\sum_{\tau=t+1}^{\infty}\frac{a_{j\tau}E_{t-1}\text{eps}_{j\tau}}{(1+R_j)^{\tau-t}} \tag{10.3}$$

如果不考虑 t 期间的股利支付，那么公司 j 的股票在持有 t 期间的总回报率是

$$r_{jt}=\frac{P_{jt}-P_{jt-1}}{P_{jt-1}} \tag{10.4}$$

引入 $E_{t-1}(P_{jt})$ 到式（10.4）中，得到

$$r_{jt}=\frac{P_{jt}-E_{t-1}P_{jt}}{P_{jt-1}}+\frac{E_{t-1}P_{jt}-P_{jt-1}}{P_{jt-1}} \tag{10.5}$$

式（10.5）右侧的第一项是非预期股票收益率 UR_{jt}；后一项是预期股票收益率 ER_{jt}，是与 CAPM 相关的部分，有如下表达式：

$$E(r_{jt})=R_f+\beta_j[E(R_{Mt})-R_f] \tag{10.6}$$

将式（10.2）和式（10.6）代入式（10.5）中的第一项，得出如下公式：

$$\begin{aligned} r_{jt}-E_{t-1}(r_{jt}) &= \frac{\sum_{\tau=t+1}^{\infty}\frac{a_{j\tau}E_t\text{eps}_{j\tau}}{(1+R_j)^{\tau-t}}}{P_{jt-1}}-\frac{\sum_{\tau=t+1}^{\infty}\frac{a_{j\tau}E_{t-1}\text{eps}_{j\tau}}{(1+R_j)^{\tau-t}}}{P_{jt-1}} \\ &= \sum_{\tau=t+1}^{\infty}\frac{a_{j\tau}\delta E_t\text{eps}_{j\tau}}{P_{jt-1}(1+R_j)^{\tau-t}} \end{aligned} \tag{10.7}$$

式（10.7）中右端表示了未来现金流信息的贴现值。Campbell 和 Shiller 将这部分信息分解为两个部分，即未来现金流信息和未来预期收益（贴现率）信息。因此，式（10.7）可以重新写成如下公式：

$$\text{UR}_{jt}=N_{\text{CF},t+1}-N_{\text{DR},t+1} \tag{10.8}$$

如前言所述，Chen 和 Zhao 对 Campbell 和 Shiller 的方法提出了批评。这种依赖于残差来表示未来现金流量信息或未来贴现率信息的方法，可能得出相反的结论。本章认为导致这一问题的原因可能是式（10.8）忽略了重要模型变量信息。宿成建为了解决 Campbell 和 Shiller 模型可能存在的问题，通过提出 3 个假设对式（10.7）进行变量替换并引入当期信息，提出了反映当期会计收益信息及反映证券分析师盈余预测修正表示的当期会计收益增长预期信息以及市场非预期收益的三因素模型，如下：

$$\text{UR}_{jt}=\alpha_0+\lambda_{jt}\frac{\text{eps}_{jt}}{P_{jt-1}}+\eta_{jt}\frac{\delta E_t\text{eps}_{jt}}{P_{jt-1}}+\gamma_{jt}\text{URM}_t+\varepsilon \tag{10.9}$$

宿成建根据模型（10.9）进行中国股票非预期收益定价检验发现，该模型具有很强的解释能力，模型的调整 R^2 值大于 50%。这个证据支持了关于 Campbell 和 Shiller 的模型［式（10.8）］忽略了重要模型变量信息的预测。然而，股票非预期收益三因素定价模型中，还有近 50%的股票非预期收益不能被解释，就应该是模型未包括的未来现金流贴现信息（即包括未来现金流信息及贴现率信息），也就是 Campbell 和 Shiller 的模型方程（10.8）所度量的信息。因此，完整的股票非预期收益的定价方程应包括式（10.8）和式（10.9）的变量信息，也就是包括当期信息和未来信息两个部分，完整表达式如下：

$$\mathrm{UR}_{jt}=\lambda_{jt}\frac{\mathrm{eps}_{jt}}{P_{jt-1}}+\eta_{jt}\frac{\delta E_t\mathrm{eps}_{jt}}{P_{jt-1}}+\gamma_{jt}\mathrm{URM}_t+N_{\mathrm{CF},t+1}-N_{\mathrm{DR},t+1} \tag{10.10}$$

股票未来预期收益如下：

$$N_{\mathrm{DR},t+1}=(E_{t+1}-E_t)\sum_{j=1}^{\infty}\rho^j r_{t+j+1} \tag{10.11}$$

未来现金流信息定义为

$$N_{\mathrm{CF},t+1}=(E_{t+1}-E_t)\sum_{j=1}^{\infty}\rho^j \delta d_{t+j+1} \tag{10.12}$$

式（10.12）中 δd_{t+j+1} 和 r_{t+j+1} 分别表示个股的现金流增长的对数和股票收益的对数；ρ 表示未来时间 $(t+j,t+j+1)$ 之间的贴现率，年贴现率通常设定为0.95。现金流的变化不完全等价于预期收益的变化。Da 和 Warachka 提出了一个基于证券分析师会计收益预测的三阶段会计收益增长模型来度量 $N_{\mathrm{CF},t+1}$。现金流与会计收益的关系可以由如下净盈余会计公式表示：

$$B_{t+1}=B_t+X_{t+1}-D_{t+1} \tag{10.13}$$

式中，B_{t+1}、X_{t+1} 和 D_{t+1} 和分别表示公司账面价值、会计收益和现金流（或支付股利）；式（10.12）中的 d_{t+j+1} 是 D_{t+j+1} 的对数。Vuolteenaho 使用对数净资产收益率（ROE）来替代式（10.12）中股利增长率，因而，式（10.12）重写为

$$N_{\mathrm{CF},t+1}=(E_{t+1}-E_t)\sum_{j=1}^{\infty}\rho^j e_{t+j+1} \tag{10.14}$$

式中，对数净资产收益率（ROE）定义如下：

$$\mathrm{e}_{t+j+1}=\log\left(1+\frac{X_{t+j+1}}{B_{t+j}}\right) \tag{10.15}$$

对数净资产收益率 e_{t+j+1} 成涉及 $[t+j,t+j+1]$ 期间的会计收益 X_{t+j+1} 以及期初的净资产 B_{t+j}，式（10.13）表示当时间趋向无限时，由于公司最终所支付的股利将必然来自于公司的会计收益，因此，现金流（股利）变化与会计收益预期变化所包含的信息是等同的。

10.3　研究设计

10.3.1　样本数据

本章选择 2002 年 1 月至 2011 年 4 月之间沪、深两市所有上市公司的 A 股股票为研究样本。由于金融企业会计制度的特殊性，本章剔除了金融、保险行业的股票样本；此外，样本还剔除了特殊处理（ST 和 PT）以及净资产为负值的股票样本。本章进行模型回归的时间选取为 2004～2011 年。考虑公司贝塔值估计需要样本回归前 24 个月的股票月收益率数据，所以，选取样本数据从 2002 年 1 月起。本章使用 Matlab 和 spss 软件进行数据处理，全部数据均来自于万得数据。

本章检验股票非预期收益率的定价问题，考虑到中国股票市场上市公司披露年报的截止日期为每年的 4 月，因此当期会计年度是从当期（t 期）5 月至下一年（t+1）的 4 月。与 Liu 和 Thomas 相同，股票年非预期收益率是实际年收益率与按照 CAPM 估计的预期年收益率之差。市场预期风险溢价按照 3%计算，估计贝塔值方法是对于实际的估计贝塔，采用 CAPM 估计，估计数据是采用当期前 24 个月股票月收益数据估计，然后计算出两个股票非预期收益。

非预期会计收益由当期会计收益与期初股票价格之比表示。我们假设会计每股收益为具有零漂移的随机过程，那么 $E_{t-1}(\text{eps}_t)=\text{eps}_{t-1}$，分析家们的当期会计收益预测的预期修正变量为当期会计每股收益的均值和上期会计每股收益之差与期初股票价格之比。在万得数据库中，尽管证券分析师对公司会计收益的预测是针对当年和未来一年的会计收益预测，但是，一年中连续 12 个月的修正预测为本章的现金流信息及现金流风险估计提供了数据保证。变量定义与度量见表 10.1。

表 10.1　变量定义与度量标准

变量类型	变量名称	变量符号	变量度量方式及说明
被解释变量	股票非预期收益	UR	$\text{UR}_{jt}=R_{jt}-\{R_f+\beta_j[E(R_M)-R_f]\}$ 股票年实际收益率是从当期（t 期）5 月至下一年（t+1）的 4 月期间的股票回报率；市场风险溢价取值为 3%；无风险收益取长期国债年收益率，取近似值 4%
	股票预期收益	ER	市场风险溢价取值为 3%条件下，由 CAPM 计算：$ER_{jt}=R_f+\beta_j[E(R_M)-R_f]$
	股票实际收益	RET	股票 j 在 t+1 年 4 月的月收盘价与 t 年 4 月开盘价之差除以 t 年 4 月收盘价
	股票超额收益	$R_t–R_f$	股票年实际收益与无风险收益之差
解释变量	现金流信息	$N_{\text{CF},t+05}$	现金流信息计算是 t 年 5 月的基于证券分析家预测收益预期的三阶段模型估计的修正贴现值
	现金流风险	β^i_{CF}	现金流风险是用 t 期 12 个月的现金流信息数据，采用 GMM 方法估计式（10.20）得出现金流风险贝塔值

续表

变量类型	变量名称	变量符号	变量度量方式及说明
控制变量	当期非预期会计收益	UE	当期会计每股收益与当期（t 期）4 月股票收盘价格之比表示，也可以由当期会计收益与上一期会计之差与期初股票价格之比来表示
	分析师盈余预测修正变量	ERUE	证券分析师对股票 j 在 t 年的每股会计收益预测均值与 t–1 年的每股会计收益之差除以 t 年 4 月股票收盘价
	市场非预期收益	URM	在市场风险溢价分别为 3%条件下的市场组合在 t 年的非预期市场收益，即实际收益为市场组合在 t+1 年 4 月与 t 年 5 月期间的价值权重收益率与市场预期收益（7%）之差
	公司规模	$\text{LNSize}_{i,t-1}$	当期（t 期）4 月股票收盘时总资产的自然对数
	账面市值比	$\text{MB}_{i,t-1}$	为股票 j 在 t–1 年的年末每股净资产与其在 t 年 4 月股票收盘价之比
	系统风险	BETA	采用 CAPM 估计，估计数据是采用当期前 24 个月股票月收益数据估计
	特质风险	$\text{IVOL}_{i,t-1}$	采用当期前 24 个月股票月收益数据估计：$\sigma_i^2=\beta_i\sigma_M^2+\sigma^2(e_i)$
	机构投资者持有比例	ROIN	机构投资者持有比例
	分析家跟踪人数	Analyst Coverage	发布公司收益预测的证券分析师人数
	年度	YEAR	哑变量

10.3.2 变量的选择和度量

1. 现金流信息

借鉴 Da 和 Warachka（2009）的方法，本章用以下方法来度量现金流信息。度量方法如下：由于所用证券分析师盈余预测数据来自万得数据库，证券分析师只提供了当期和未来一期共两年的每股收益的预测数据，而式（10.13）则包含了未来无限期的收益信息。为了估计式（10.13），本章采用了 Da 和 Warachka（2009）提出的方法，采用三阶段收益增长结构来估计未来现金流信息。在第一阶段包含未来 5 年内的每股收益预测值，预测每股收益值直接由证券分析师预测每股收益计算如下：

$$
\begin{aligned}
&X_{t,t+1}=A1_{t+1}\\
&X_{t,t+2}=A1_{t+2}=A1_{t+1}(1+\text{STG}_t)=A1_{t+1}[1+\frac{1}{2}(\frac{A1_{t+1}-A1_t}{A1_t}+\frac{A1_t-A1_{t-1}}{A1_{t-1}})]\\
&X_{t,t+3}=X_{t,t+2}(1+\text{STG}_t)\\
&X_{t,t+4}=X_{t,t+3}(1+\text{STG}_t)\\
&X_{t,t+5}=X_{t,t+4}(1+\text{STG}_t)
\end{aligned}
\tag{10.16}
$$

式（10.16）中，由于万得数据库中缺乏关于收益的长期增长率预测，因此本章采用证券分析师对当期及未来一期每股收益预测值来计算预测两年内的平均年收益增长率，该增长率为收益短期增长率（STG_t），用来计算未来 2～5 年的预测每股收益；第二阶段，未来 6～10 年为稳定期，可以预期，个别公司超过 30%的高收益增长率将不可能长期保持，在稳定期内使用稳定期收益增长率，即采用横切面收益增长率平均值，采用如下方程计算预期收益：

$$X_{t,t+j+1} = X_{t,t+j}[1 + \text{STG}_t + \frac{j-4}{5}(g_t - \text{STG}_t)] \tag{10.17}$$

式中，j 的取值为 5，6，7，8，9。

为了计算公司未来预测每股会计账面价值，假设股利支付率为期末账面价值的固定比例 ψ，因此方程（10.12）可以重新写为

$$B_{t,t+j+1} = (B_{t,t+j} + X_{t,t+j+1})(1-\psi) \tag{10.18}$$

在第三阶段，未来 10 年以后，预期会计每股收益增长率收敛于会计收益 g_t，预期会计收益收敛于 $g_t/1-\psi$，因此，三阶段增长模型就可以估计出如下方程，如式（10.19）：

$$E_t\sum_{j=0}^{\infty}\rho^j \text{e}_{t+j+1} = \sum_{j=0}^{9}\rho^j \text{e}_{t,t+j+1} + \frac{\rho^{10}}{1-\rho}\log(1+\frac{g_t}{1-\psi}) \tag{10.19}$$

尽管会计收益预测值是年每股收益，但是预测值是以每月进行修正预测，δ 表示现金流预期修正计算的月度，于是现金流信息的估计式（10.13）可以由式（10.20）表示：

$$N_{\text{CF},t+\delta} = E_{t+\delta}\sum_{j=0}^{\infty}\rho^j \text{e}_{t,t+j+1} - E_t\sum_{j=0}^{\infty}\rho^j \text{e}_{t+j+1} \tag{10.20}$$

由于本章检验股票的年收益率的定价问题，当期会计年度计算期是从当期（t 期）5 月至下一年（t+1）的 4 月。因此，本章的现金流信息度量以 $N_{\text{CF},t+05}$ 表示。

2. 现金流风险

根据 Da 和 Warachka（2009）的定义，现金流风险由以下回归方程估计：

$$N^i_{\text{CF},t+\delta} = \alpha^i_{\text{CF}} + \beta^i_{\text{CF}} N^M_{\text{CF},t+\delta} + \varepsilon^i_{t+\delta} \tag{10.21}$$

式中，i 和 M 分别代表股票 i 和市场组合。现金流贝塔 β^i_{CF} 度量了个别公司的现金流量的预期变化与市场组合的现金流量预期变化的协方差。高现金流贝塔 β^i_{CF} 值意味着具有较高的系统风险。在万得数据中，机构对公司收益月度预测数据从 2005 年以后才开始披露，因此，本章的现金流贝塔估计是以当年期 12 个月数据进行回归来估计的。

3. 当期非预期会计收益

借鉴 Easton 和 Harris（1991）定义，当期非预期会计收益定义为当期会计收益与期初股票价格之比，本章使用当期会计每股收益与当期（t 期）4 月股票收盘价格之比表示。

4. 分析师盈余预测修正变量

借鉴宿成建对分析师盈余预测修正变量的定义，即证券分析师对股票 j 在 t 年的每股会计收益预测均值与 t–1 年的每股会计收益之差除以 t 年 4 月股票收盘价。该度量变量反映了当期会计收益增长的预期。

5. 市场非预期收益

本章采用价值权重市场组合来计算市场组合收益率，市场非预期收益是市场组合收益率与市场预期收益之差。借鉴 Liu 和 Thomas（2000），本章在考虑市场风险溢价为 3%条件下来计算市场预期收益。

6. 分析师跟踪人数

分析师跟踪人数 Analyst coverage 定义为发布公司收益预测的证券分析师人数。

7. 机构投资者变量

Kumar 提出机构持有比例较低的股票被更多的不知情交易者持有。这些股票被较少的证券分析师跟踪。这些股票对新消息的反映较为缓慢，因此，导致这些股票具有更高的平均收益。本章以机构投资者持有比例来度量机构投资者变量。

8. 其他控制变量

根据以往文献，控制以下变量：公司特质风险 $\mathrm{IVOL}_{i,t-1}$；公司规模 $\mathrm{LNSize}_{i,t-1}$；市账比 $\mathrm{MB}_{i,t-1}$。

10.3.3　实证模型

采用模型（10.21）来检验现金流信息以及现金流风险对股票非预期收益的解释能力：

$$\mathrm{UR}_{jt}=\alpha_0+\gamma_1 N_{\mathrm{CF},t}+\gamma_2\beta_{\mathrm{CF}}^{i}+\lambda_{jt}\frac{\mathrm{eps}_{jt}}{P_{jt-1}}+\eta_{jt}\frac{\delta E_t\mathrm{eps}_{jt}}{P_{jt-1}}+\gamma_{jt}\mathrm{URM}_t+\gamma\times\mathrm{ControlVariables}_{t-1}+\varepsilon_{i,t} \tag{10.22}$$

式中，系数 λ_{jt}、η_{jt} 以及 γ_{jt} 是宿成建提出的基于会计收益的股票非预期收益定价三因素模型变量的估计系数；$\mathrm{ControlVariables}_{t-1}$ 为一组控制变量，由滞后一期 $t-1$ 年的数值来度量，具体定义见表 10.1。如果现金流信息与现金流风险对股票非预期收益定价，则 γ_1、γ_2 显著为正。

采用模型（10.23）来检验现金流信息以及现金流风险对股票实际收益的解释能力：

$$\mathrm{RET}_{jt}=\alpha_0+\gamma_1 N_{\mathrm{CF},t}+\gamma_2\beta_{\mathrm{CF}}^{i}+\lambda_{jt}\frac{\mathrm{eps}_{jt}}{P_{jt-1}}+\eta_{jt}\frac{\delta E_t\mathrm{eps}_{jt}}{P_{jt-1}}+\gamma_{jt}\mathrm{URM}_t+\gamma\times\mathrm{ControlVariables}_{t-1}+\varepsilon_{i,t} \tag{10.23}$$

式中，如果现金流信息以及现金流风险对股票实际收益的解释能力显著，则 γ_1、γ_2 显著为正。

采用模型（10.24）来检验现金流风险对股票预期收益的解释能力：

$$\mathrm{ER}_{jt}=\alpha_0+\gamma_1\beta_{\mathrm{CF}}^{i}+\varepsilon_{i,t} \tag{10.24}$$

式中，如果现金流风险对股票预期收益的解释能力显著，则 γ_1 显著为正。

采用模型（10.25）来检验现金流风险对股票超额收益的解释能力：

$$R_{jt} - R_f = \alpha_0 + \gamma_1 \beta_{\mathrm{CF}}^i + \varepsilon_{i,t} \tag{10.25}$$

本章借鉴 Da 和 Warachka（2009）的方法，若现金流风险对股票超额收益的解释能力显著，则 γ_1 显著为正。

10.4　实 证 检 验

10.4.1　描述性统计分析

由表 10.2 所示的描述性统计可知：①股票非预期收益（UR）及股票实际收益（RET）的中位数分别为–0.080、–0.007，分别小于其均值，即 0.137、0.205，这样的结果说明对于大多数公司，其股票收益小于市场预期收益，正是由于少数公司获得的异常超额收益使得股票的实际收益和非预期收益的均值大于其样本的中位数的股票收益值。②现金流信息的中位数为 0.026，其值小于均值 0.041，说明对于大多数公司，其现金流信息小于其期望值，少数公司所获得的超高现金流信息值使得股票的现金流信息具有较高的均值。③现金流贝塔的均值与中位数值分别为 0.041、1.085，均分别高于股票贝塔值的均值 0.951 和中位数 0.969，说明股票的现金流风险平均高于股票的市场风险。

表 10.2　描述性统计

变量名	平均值	标准差	25%分位数	中位数	75%分位数
UR	0.137	0.786	–0.262	–0.080	0.237
ER	0.068	0.012	0.058	0.069	0.078
RET	0.205	0.787	–0.193	–0.007	0.310
$N_{\mathrm{CF},t+05}$	0.041	0.048	0.011	0.026	0.052
β_{CF}^i	1.197	0.782	0.659	1.085	1.594
UE	0.031	0.041	0.014	0.027	0.047
ERUE	0.002	0.033	–0.009	0.002	0.012
URM	0.118	0.598	–0.007	–0.007	0.126
$\mathrm{LNSize}_{i,t-1}$	20.808	1.895	19.126	21.041	22.253
$\mathrm{MB}_{i,t-1}$	3.743	2.717	2.092	3.175	4.491
BETA	0.951	0.408	0.599	0.969	1.254
$\mathrm{IVOL}_{i,t-1}$	0.020	4.814	0.010	0.017	0.025
ROIN	0.283	0.231	0.076	0.230	0.457
Analyst Coverage	6.00	5.850	2.00	4.00	8.00

10.4.2　现金流信息、现金流风险与股票收益

1. 现金流信息、分析师跟踪人数与股票非预期收益

由表 10.3 中模型（4）可知：①现金流信息作为独立变量可以解释股票非预期收益，现金流信息的系数为 3.286，t 值为 8.155，调整 R^2 值为 0.039，说明现金流信息与股票非

预期收益显著正相关。②具有较少分析师跟踪的股票价格可能较慢地对新信息做出反应，Hou 和 Moskowitz（2005）提出假设，即股票被较少分析师跟踪的股票将比较多分析师跟踪的股票具有更高的收益。此外，宿成建提出当期非预期会计收益（UE）、当期证券分析师盈余预测修正（ERUE）以及市场非预期收益（URM）构成的多变量模型可以解释股票非预期收益。本章在模型（10.5）、模型（10.6）中进一步控制了以上变量及公司规模、账面市值比等变量。研究发现，现金流信息的系数为正且统计上显著。

表 10.3　现金流信息、现金流风险与股票收益

变量	RET			UR			ER
	(1)	(2)	(3)	(4)	(5)	(6)	(7)
$N_{CF,t+05}$	3.548 (8.316)	1.431 (4.909)	1.370 (4.563)	3.286 (8.155)	1.323 (4.655)	1.348 (4.698)	
β_{CF}^{i}	−0.046 (−1.781)	0.001 (0.058)	−0.006 (−0.323)				0.004 (10.741)
UE		0.706 (2.209)	0.885 (2.604)		0.895 (2.666)	0.904 (2.666)	
ERUE		2.840 (7.529)	2.869 (7.458)		2.785 (7.400)	2.848 (7.438)	
URM		0.961 (43.212)	0.968 (40.287)		0.963 (41.835)	0.965 (41.276)	
$LNSize_{i,t-1}$			0.003 (0.413)			0.007 (0.942)	
$MB_{i,t-1}$			−0.006 (−1.195)		−0.005 (−0.904)	−0.005 (−0.957)	
BETA			−0.004 (−0.101)				
$IVOL_{i,t-1}$			0.068 (0.257)			0.036 (0.139)	
ROIN			0.045 (0.750)			0.043 (0.721)	
Analyst Coverage			−0.006 (−2.289)		−0.005 (−2.175)	−0.006 (−2.370)	
α	0.117 (3.252)	0.007 (0.250)	−0.013 (−0.068)	0.003 (0.134)	−0.015 (−0.488)	−0.169 (−1.065)	0.064 (118.143)
$Adj-R^2$	0.041	0.592	0.592	0.039	0.591	0.591	0.066

在控制变量方面，分析师跟踪人数与股票非预期收益负相关，结果与 Hou 和 Moskowiz（2005）的预测一致，即股票被较少分析师跟踪的股票将比较多分析师跟踪的股票具有更高的收益。此外，当期非预期会计收益（UE）、当期证券分析师盈余预测修正（ERUE）以及市场非预期收益（URM）三个变量的系数均显著为正，该结果与宿成建的发现一致，这个结果说明，在控制了其他变量条件下，宿成建提出的股票非预期收益三因素定价模型对股票非预期收益具有稳健的解释能力。除了以上控制变量与股票非预期收益存在显著相关外，其他控制变量，Size、MB、IVOL、ROIN 与股票非预期收益则不存在统计上显著的关系。

2. 现金流信息、现金流风险与股票实际收益

由表 10.3 模型（1）可知：①现金流信息对股票实际收益具有显著的解释能力，现金流信息的系数为 3.548，t 值为 8.316，调整 R^2 值为 0.041；然而，现金流风险对股票实际收益则不具有显著的解释能力，现金流风险系数为–0.046，t 值为–1.781，统计上不显著。②在控制了分析师跟踪人数及宿成建提出的股票非预期收益三因素定价模型的三个变量和规模等其他变量后，现金流信息仍然具有稳健的解释能力，而现金流风险则不具有对股票实际收益的解释能力。此外，控制变量 Size、MB、IVOL、ROIN 与股票实际收益不存在统计上显著的关系。规模不能解释股票实际收益的可能是回归样本中缺少小公司样本的原因导致的，因为规模较小的公司常常被证券分析师忽略。

3. 现金流风险与股票预期收益

由表 10.3 模型（7）可知：现金流风险贝塔对股票预期收益具有显著的解释能力，现金流风险系数为 0.004，t 值为 10.741，调整 R^2 值为 0.066；本章的发现与 Da 和 Warachka（2011）一致，股票的现金流风险越高，说明股票的现金流预期变化与市场组合现金流预期变化的协方差越高，也就是股票具有更高的系统风险，因而，这样的股票具有高的预期收益。本章与 Da 和 Warachka（2011）所不同的是有两点：①在估计现金流风险贝塔时，Da 和 Warachka（2011）是将股票按规模和账面市值比来分组，从而估计出规模和账面市值比贝塔，组合所属股票按组合贝塔赋值。②Da 和 Warachka（2011）是采用现金流贝塔来解释股票超额收益。

10.4.3　稳健性检验及 Fama-French 三因子模型比较分析

为了检验现金流信息与现金流风险对股票收益的解释能力的稳健性，本章进一步实证在控制 Fama-French 三因子模型变量后检验现金流信息与现金流风险对股票超额收益的解释能力。传统的对多变量模型的解释能力的检验依赖于检验模型的截距项 α 是否为零。

由表 10.4 模型（1）可知：现金流信息对股票超额收益具有显著的解释能力，现金流信息的系数为 3.548，t 值为 8.316，调整 R^2 值为 0.041；然而，现金流风险对股票实际收益则不具有显著的解释能力，现金流风险系数为–0.046，t 值为–1.781，统计上不显著。由表 10.4 模型（2）和模型（3）可知：在控制了股票非预期收益三因素定价模型的三个变量及其他如规模、BM 等变量后，现金流信息对股票超额收益具有显著的解释能力；现金流风险对股票实际收益不具有显著的解释能力。由表 10.4 模型（6）可知：在控制了 Fama-French 三因子模型变量后，现金流信息对股票超额收益具有显著的解释能力；现金流风险对股票实际收益不具有显著的解释能力。以上结果说明，现金流信息对股票超额收益具有稳健的解释能力，而现金流风险则对股票超额收益不具备显著的解释能力，这一结论与 Da 和 Warachka（2011）的发现不一致。

此外，对比模型（3）和模型（6）可知：在解释股票超额收益方面，由现金流信息、现金流风险、分析师跟踪人数与股票非预期收益三因素定价模型的三个变量后构成的多因

素变量模型优越于 Fama-French 三因子模型变量与现金流信息、现金流风险构成的多变量模型。前一多变量模型的截距项 α 为–0.002（t 值为–0.070），模型的调整 R^2 值为 0.593；后一多变量模型截距项 α 为–0.111（t 值为–3.766），模型的调整 R^2 值为 0.586。为了检验股票非预期收益三因素定价模型中三个变量对股票超额收益的解释能力的稳健性，将反映系统风险变量的市场非预期收益（URM）的一阶矩作为控制变量加入到股票非预期收益三因素定价模型中，并且，在不考虑未来现金流信息的情况，回归结果见表 10.4 模型（7），模型（7）完全解释了股票超额收益，截距项 α 为–0.001（t 值为–0.029），模型的调整 R^2 值为 0.596。M_1（URM）的系数估计值为 0.262（t 值为 5.986），这一结果说明，市场非预期收益所导致的系统风险对股票超额收益存在明显的定价作用。

表 10.4　现金流信息、现金流风险与股票超额收益

变量	R_i–R_f			R_i–R_f			R_i–R_f	R_i–R_f	hml
	（1）	（2）	（3）	（4）	（5）	（6）	（7）	（8）	（9）
$N_{CF,t+05}$	3.548 （8.316）	1.431 （4.909）	1.421 （4.882）			0.979 （3.423）		1.467 （5.080）	
β_{CF}^{i}	–0.046 （–1.781）	0.001 （0.058）	–0.004 （–0.253）			0.018 （1.062）			
UE		0.706 （2.209）	0.936 （2.801）				0.992 （2.979）	1.190 （3.565）	
ERUE		2.840 （7.529）	2.801 （7.427）				2.673 （7.189）	2.958 （7.876）	
R_M–R_f						0.773 （15.793）			
URM		0.961 （43.212）	0.970 （42.940）				0.801 （20.431）	0.737 （8.267）	0.249 （83.404）
smb				3.130 （29.169）		0.210 （1.419）		0.468 （1.099）	
hml					3.414 （41.357）	0.700 （3.352）		0.694 （0.583）	
Analyst Coverage			–0.005 （–2.337）				–0.007 （–3.085）	–0.006 （–2.666）	
M_1（URM）							0.262 （5.986）	–0.033 （–0.085）	
α	0.077 （2.139）	–0.033 （–1.277）	–0.002 （–0.070）	–0.286 （–12.903）	–0.172 （–10.833）	–0.111 （–3.766）	–0.001 （–0.029）	–0.111 （–1.865）	0.069 （38.090）
Adj – R^2	0.041	0.592	0.593	0.346	0.515	0.586	0.596	0.602	0.812

上述有关 Fama-French 三因子模型变量为基础的多变量模型在解释股票超额收益时出现的较大的不能被解释的截距项 α 支持了 Danel 和 Titman 的观点，即并不存在与企业账面市值相关的可识别的独立风险因子，也不存在三因子模型识别的收益升水。Danel 和 Titman 指出，使用规模和账面市值比来构造组合因子来检验定价模型可能是危险的，特征组合可能会显示出风险贝塔的差值，由于这种特征组合溢价（SMB 和 HML）并没有理论基础，因此，基于特征组合溢价变量的定价模型虽然能够解释股票平均收益，但不能排

除伪回归的谬误。针对 Fama-French 三因子模型可能存在的问题，Cochrane 指出，即账面市值比应该在回归模型的左边，作为被解释变量，而不是作为解释变量。为了检验 Cochrane 提出的论点以及 Danel 和 Titman 对 Fama-French 三因子模型提出的批评，首先建立包括股票非预期收益三因素定价模型中的三个变量、Fama-French 三因子模型中的 smb、hml 以及系统风险变量 M_1（URM）的多变量模型回归方程，模型估计结果见表 10.4 模型（8），smb、hml 的系数估计值均不显著异于零，smb、hml 对股票超额收益的解释能力均被 URM 和系统风险变量 M_1（URM）所吸收，然而，股票非预期收益三因素定价模型中的三个变量的系数估计均显著异于零，表现出对股票超额收益的稳健的解释能力。为了进一步检验 URM 变量对 sml 变量的解释能力，本章将 hml 作为被解释变量，采用市场非预期收益 URM 作为解释变量建立回归，结果见表 10.4 模型（9）：市场非预期收益 URM 可以解释账面市值比因子组合溢价 hml 的 81.2%，这一结果为 Cochrane 的论点及 Danel 和 Titman 的批评给出了证据。

第 11 章　非预期股票收益理论与实证研究——基于中国股票市场的检验

11.1　引　言

本章通过建立包括反映股票分析家收益预测预期信息、财务收益以及风险变量的模型来解释股票非预期收益。在对股票收益定价的研究中，大量文献针对股票预期收益定价进行了研究。

在对股票预期收益的研究中，按照 CAPM，股票的预期风险溢价与它们的系统风险（市场贝塔）是线性关系，不同股票的预期收益不同是由于它们的贝塔不一样。早期的一些实证研究（Black，1972）中，Fama 和 Macbeth（1973）支持 CAPM。然而，在 20 世纪 80 年代和 90 年代的实证研究中，一些 CAPM 不能解释的异象（anomalies）的发现对 CAPM 形成了挑战。这些异象包括收益价格比率、规模及账面市值比等。Fama 和 French（1992）认为，尽管规模和账面市值比不是状态变量，小规模公司和高账面市值比公司的高平均收益反映了未定的用来对收益中未分散化风险定价的状态变量。后来，Fama 和 French（1993，1996）提出了对股票预期收益定价的三因子模型。这些因子包括市场组合超额收益、小公司股票组合与大公司组合收益之差及高账面市值比公司组合与低账面市值比组合收益之差。通过对中国股票预期收益的研究，宿成建（2006）提出了包括内在价值因素、市场因素、流动性因素的三因素定价模型，并在中国股票市场得到了实证证据。

在对股票非预期收益的研究中，最早起始于 Ball 和 Brown（1968）的研究，将股票非预期收益与公司非预期会计收益进行回归，用来检验会计收益的价值相关性。后来大量的文献则着重于股票收益与非预期会计收益的关系的研究，来检验会计收益的信息含量，对信息含量的推断是基于如下简单回归模型中的估计系数 b（Collins and Kothari，1989）。

$$\mathrm{CAR}_{jt} = a + b\mathrm{UE}_{jt} + \varepsilon_{jt} \tag{11.1}$$

式中，CAR 为风险调整的异常收益；UE 为非预期会计收益变量。在这方面的研究中，大量文献证明非预期会计收益可以解释非预期股票收益。比较有代表性的文献包括：Collins 和 Kothari（1989）、Easton 和 Harris（1991）、Kormendi 和 Lipe（1987）、Freeman 和 Tse（1992）。较近的一些文献则改进了模型的设置，增加模型（11.1）中的解释变量，来提高模型对非预期收益的解释。例如，这些模型增加的变量是：反映当期会计收益质量变量（Lev and Thiagrajan，1993）；反映未来收益增长变化的变量（Collins et al.，1994）；反映分析家未来会计收益预测的当期修正变量（Brown et al.，1985；Cornell and Landsman，1989）；反映分析家未来会计收益预测修正多变量（Liu and Thomas，2000）；反映与非预期会计收益相关的风险变量（Chambers et al.，2005）。相对单变量模型［式（11.1）］，这些多变量模型虽然可以提高对股票非预期收益的解释能力，但还有较多的部分不能够被解释。模型的截距项显著存在，模型调整 R^2 不高于 1。存在显著不能被解释的截距项说明以上多变量回归模型还存在某些忽略的变量来解释股票非预期收益。

近年来，金融经济学家们也越来越把关注的目光投向股票非预期收益的研究。Campbell 和 Shiller（1988）的开创性工作提出，未来预期股票收益和预期未来现金流量影响股票价格（Campbell，1991），换句话说，就是股票非预期收益可以被分解为两个部分：与贴现率有关的部分和现金流量有关的部分。金融经济学家们对这两个部分感兴趣，是因为与资产估价相关的贴现率和现金流量两部分的有关信息决定了股票收益的时间序列和横截面的变化规律。简单地说，与现金流量有关的信息反映了公司的生产和盈利有关的信息；与贴现率有关的信息反映的是投资者风险厌恶的时变情况或投资者情绪（investor sentiment）（Chen and Zhao，2009）。与 Campbell 和 Shiller（1988）的方法不同，同期有关研究涉及股票非预期收益的研究的文献，主要从以下两个角度来研究股票非预期收益。一些文献采用同期回归模型的方法将股票收益和同期可能影响股票市场的变量进行回归（Roll，1988）。这种方法是把股票收益分解成可以反映回归变量信息的部分和残差部分（也叫“噪声”）。Campbell（1991）认为，这些对选取的变量的信息反映可能是因为投资者未来股利变化的预期，也可能是未来股票收益变化的预期，这种同期回归的方法不能区别这些可能状况。

另外还有一些文献采用时间序列的方法来研究股票收益的自相关。研究的目的是将股票价格分解为“确定性”部分和“易变性”部分。前一部分的价格运动是与股票收益的理性预期的变化相联系的，但是，“易变性”部分的价格变化则与理性预期的变化不相关。

Chen 和 Zhao（2009）对 Campbell 和 Shiller（1988）的方法提出了批评。这种依赖于残差是否表示未来现金流量信息或未来贴现率信息的方法，可能得出相反的结论，基于残差的方法推导出的结论可能是危险的。Chen 和 Zhao（2009）将论文中这种基于残余的方法用于在对同一基准股票的研究，发现价值股具有同样低的“现金流量贝塔”和“贴现率贝塔”，但是具有较高的“残余贝塔”。也就是说，非预期收益还是由残余贝塔驱动的。

基于以上分析，无论是从非预期会计收益的角度（Collins and Kothari，1989；Easton and Harris，1991；Kormendi and Lipe，1987；Freeman and Tse，1992；Liu and Thomas，2000；Chambers et al.，2005），还是基于已有金融经济学文献（Campbell and Shiller，1988）的角度都不能很好地解释股票非预期收益。究其原因主要是两个方面的问题：一是模型的设置，重点是多因素变量的选取；二是模型中代理变量的选取，实证中重点是代理变量选取或估计。

根据前人的研究，本章在研究股票非预期收益的定价的思路是将股票非预期收益进行分解。也就是将股票非预期收益分解成这么几个部分：①与当期非预期收益；②与非预期收益相关的股票风险（总风险及系统风险）；③与股票收益的理性预期的变化相联系的，这个部分反映了预期现金流变化而引起的股票非预期收益的变化；④反映未来预期收益变化，也就是反映与贴现率有关的信息（investor sentiment）；⑤反映与市场组合相关的非预期收益的相关部分，这部分反映的是市场情绪（market sentiment）。本章首次提出了将市场情绪应用到股票非预期收益的定价中。基于以上股票非预期收益的分解，本章建立了反映这 5 个方面信息的多因素回归模型，并用 2002～2008 年中国股票市场数据进行了股票年非预期收益检验，同时发现，非预期股票收益包含了以上信息，反映以上 5 个方面信息的代理变量能够较好地解释股票非预期收益。模型的检验结果显示：模型截距项 α 接近 0.01，T 值均接近为 1.1。模型的 R^2 显著地提高到了 59%。

本章以下的结构按如下安排：首先，推导出分析家会计收益预测的预期修正与股票非预期收益的关系模型；然后，根据股票非预期分解的假设，提出反映以上 5 个方面非预期收益的多因素定价模型，并提出模型假设；最后，使用中国股票市场数据进行检验，并得出结论。

11.2 分析师会计收益预测的预期修正与股票非预期收益的关系

根据 Williams（1938）的估值模型，公司 j 在时间 t 的价格等于预期股利的现值：

$$P_{jt}=\sum_{\tau=t+1}^{\infty}\frac{E_t d_{j\tau-1}}{(1+R_j)^{\tau-t}} \tag{11.2}$$

式中，P_{jt} 为公司 j 在时间 t 的价格；$E_t d_{j\tau}$ 为公司未来股利在 t 时刻的预期；R_j 为公司 j 的贴现率。

如果 a 是股利支付率，则 $d_{j\tau}=a\text{eps}_{j\tau}$，那么有以下公式：

$$P_{jt}=\sum_{\tau=t+1}^{\infty}\frac{a_{\tau-1}E_t\text{eps}_{j\tau-1}}{(1+R_j)^{\tau-t}} \tag{11.3}$$

式中，$E_t\text{eps}_{j\tau}$ 是公司未来每股收益在 t 时刻的预期；如果不考虑 t 期间的股利支付，那么在持公司 j 的股票在 t 期间的总回报率是

$$r_{jt}=\frac{P_{jt}-P_{jt-1}}{P_{jt-1}} \tag{11.4}$$

引入 $E_{t-1}P_{jt}$ 到式（11.4）中，得到：

$$r_{jt}=\frac{(P_{jt}-E_{t-1}P_{jt})+(E_{t-1}P_{jt}-P_{jt-1})}{P_{jt-1}}=\frac{P_{jt}-E_{t-1}P_{jt}}{P_{jt-1}}+\frac{E_{t-1}P_{jt}-P_{jt-1}}{P_{jt-1}} \tag{11.5}$$

式（11.5）右侧的第一项是非预期股票收益率 UR_{jt}，后一项是预期股票收益率 ER_{jt}。

将式（11.3）代入式（11.5）中的第一项，得出如下公式：

$$\text{UR}_{jt}=\frac{\sum_{\tau=t+1}^{\infty}\frac{a_{\tau-1}E_t\text{eps}_{j\tau-1}}{(1+R_j)^{\tau-t}}}{P_{jt-1}}-\frac{\sum_{\tau=t+1}^{\infty}\frac{a_{\tau-1}E_{t-1}\text{eps}_{j\tau-1}}{(1+R_j)^{\tau-t}}}{P_{jt-1}} \tag{11.6}$$

如果将式（11.6）右侧展开成多期，则可将式（11.6）表示为

$$\mathrm{UR}_{jt}=\frac{a_t E_t \mathrm{eps}_{jt}}{(1+R_j)P_{jt-1}}-\frac{a_t E_{t-1}\mathrm{eps}_{jt}}{(1+R_j)P_{jt-1}}+\frac{a_{t+1}E_t \mathrm{eps}_{jt+1}}{(1+R_j)^2 P_{jt-1}}-\frac{a_{t+1}E_{t-1}\mathrm{eps}_{jt+1}}{(1+R_j)^2 P_{jt-1}}+\cdots \tag{11.7}$$

$$\mathrm{UR}_{jt}=\frac{a_{t+1}\delta E_t \mathrm{eps}_{jt}}{(1+R_j)P_{jt-1}}+\frac{a_{t+2}\delta E_t \mathrm{eps}_{jt+1}}{(1+R_j)^2 P_{jt-1}}+\cdots \tag{11.8}$$

式（11.8）中，

$$\delta E_t \mathrm{eps}_{jt}=E_t \mathrm{eps}_{jt}-E_{t-1}\mathrm{eps}_{jt} \tag{11.9}$$

式（11.9）表示投资者未来期望收益的修正，可以由分析家每股收益预测值变化量来表示。

在经典的会计收益与股票收益的实证模型中，可以将股票非预期收益表示为公司会计收益，反应系数（ERC）与当期非预期会计收益，并被期初股票价格相除（Chambers et al.，2004）。表示如下：

$$UR_{jt}=\mathrm{ERC}_{jt}\frac{\mathrm{UE}_{jt}}{P_{jt-1}} \tag{11.10}$$

将式（11.10）代入式（11.8），得到如下公式：

$$\mathrm{ERC}_{jt}=\left(\frac{a_{t+1}\delta E_t \mathrm{eps}_{jt}}{(1+R_j)P_{jt-1}}+\frac{a_{t+2}\delta E_t \mathrm{eps}_{jt+1}}{(1+R_j)^2 P_{jt-1}}+\cdots\right)\frac{P_{jt}}{\mathrm{UE}_{jt}} \tag{11.11}$$

从式（10.11）中可以看出，公司会计收益反应系数（ERC）与贴现率（预期收益）R_j 成反比关系，R_j 系统风险增加而增加，系统风险对会计收益反应系数（ERC）具有“分母效应”。根据 Collins 和 Kothari（1989）的研究，表示会计收益反应系数（ERC）与系统风险的相关系数为负。

通过以上的模型推导，扩展了式（11.10）非预期收益与非预期会计收益的简单关系。我们可以将起始于 Ball 和 Brown（1968）常用于检验会计收益的价值相关性检验，扩展到多元回归，用来检验股票收益中所包含的会计收益、投资者未来收益预期变化及风险有关的信息含量。

11.3　实证模型

本章首先考察股票非预期收益与非预期会计收益的关系，然后，在股票非预期收益与非预期会计收益的关系模型中，加入反映投资者未来收益预期变化等变量后，考察股票非预期收益是否反映了投资者预期的信息。最后，再将反映风险的变量及反映市场情绪的变量加入并建立多元回归方程，来考察股票非预期收益与市场情绪及系统风险和总风险的关系，从而揭示非预期股票收益的信息含量。实证模型如下：

$$\mathrm{UR}_{jt}=a_0+a_1\mathrm{UE}_{jt}+\varepsilon_{it} \tag{11.12}$$

$$\mathrm{UR}_{jt}=\beta_0+\beta_1\mathrm{UE}_{jt}+\beta_2\delta E\mathrm{eps}_t/P_t+\varepsilon_{it} \tag{11.13}$$

$$\mathrm{UR}_{jt}=\gamma_0+\gamma_1\mathrm{UE}_{jt}+\gamma_2\delta E\mathrm{eps}_{jt}+\delta_1\mathrm{SRUE}_{jt}+\delta_2\mathrm{TRUE}_{jt}+\mathrm{URM}_t+\varepsilon_{it} \tag{11.14}$$

$$\mathrm{UR}_{jt}=\gamma_0+\gamma_1\mathrm{UE}_{jt}+\gamma_2\delta E\mathrm{eps}_t/P_t+\delta_1\mathrm{VAR}_{jt}+\mathrm{URM}_t+\varepsilon_{it} \tag{11.15}$$

$$\text{UR}_{jt} = \gamma_0 + \gamma_1 \text{UE}_{jt} + \gamma_2 \delta E\text{eps}_t / P_t + \gamma_3 \text{URM}_t + \varepsilon_{it} \tag{11.16}$$

以上模型中，UR 为股票非预期收益率；UE 为公司非预期会计收益与期初股票价格之比，也可以是当期会计收益本期初股票价格之比和上一期会计收益与期初价格比之差。从模型（11.12）中，可以预测高的非预期会计收益具有高的收益反应系数（ERC）；从模型（11.13）中可以预测，具有高的分析家收益预期变化具有高收益反应系数（ERC）。$\delta E\text{eps}_{jt}$ 表示投资者未来收益预期变化变量，由分析家会计收益预测的预期修正来表示，实证数据由分析家们预测会计每股收益均值的修正量来表示。Chambers 等（2005）将 TR（total risk）表示为总风险，TRUE 为非预期收益率相关的总风险。表示为

$$\text{TRUE}_{jt} = \text{UE}_{jt} \times \text{TR}_{jt}$$

那么，如果忽略系统风险（SRUE）的影响，可以观察到与总风险有关的非预期会计收益与非预期股票收益的会计收益反应系数（ERC）为 $\gamma_1+\delta_2$，与非预期收益相关的高总风险股票具有高的 $\gamma_1+\delta_2$ 值。模型（11.14）中的 SRUE 是反映与非预期收益相关的系统风险，系统风险 SR（公司股票的贝塔值）由 CAPM 来估计，由本期前 24 个月的股票月收益率来估计。SRUE 由以下表示：

$$\text{SRUE}_{jt} = \text{UE}_{jt} \times \text{SR}_{jt}$$

如果忽略总风险（TRUE）的影响，可以观察到与系统风险有关的非预期会计收益与非预期股票收益的会计收益反应系数（ERC）为 $\gamma_1+\delta_1$，可以预计，与非预期收益相关的高系统风险股票具有高的 $\gamma_1+\delta_1$ 值。

URM 表示的是股票市场组合的非预期收益，即 R_M-E（R_M），该项表示了市场情绪，与股票市场组合的非预期收益有关的股票非预期收益的敏感性贝塔值平均值应等于 1。

关于贴现率，由模型（10.8）可以看出，当贴现率增加时，与现金流量相关的股票非预期收益会降低，因此，可以预测当增加贴现率时，模型中与现金流量相关变量的贝塔值估计系数会降低。根据 Campbell（1991），如果非预期股票收益为负数，可能是预期未来股利增长降低，也可能是预期未来股票收益较高，也可能是两者皆是。如果未来股利开始增长，资本的损失不会持续下去，未来的某个时间内，股票一定会有高的收益。根据 Cochrane（2011）指出变化的贴现率（贴现因子）是当今资产定价研究的中心组织问题。以前，我们认为股票收益是不可测的，价格股利比率的变化是来自于预期现金流量的变化。现在似乎所有的价格股利比率的变化都涉及贴现率的变化，股票横截面预期收益来自于 CAPM，而贴现因子理论是则处于中心位置及数据来源。可以预测随着贴现率增加，非预期收益减少，回归模型（11.14）和（11.15）就可能会出现负的不能被解释的截距项。

11.4 样本与方法

本章数据来源于万得数据库，选取中国股票市场 2002 年 1 月至 2008 年 12 月间的相关数据进行分析。由于本章选取的关键变量，即分析家们预测公司会计收益数据的起始时间为 2004 年，因此，本章进行模型回归的时间选取为 2004～2008 年。考虑公司贝塔值估计需要样本回归前 24 个月的股票月收益率数据，所以，样本数据选取从 2002 年 1 月起。本章检验非预期年股票收益率的定价问题，当期会计年度是从当期（t 期）4 月至下一年

（t+1）的 3 月。

与 Liu 和 Thomas（2000）相同，股票年非预期收益率是实际年收益率与按照 CAPM 估计的预期年收益率之差。市场预期风险溢价按照 3%和 5%计算。估计贝塔按照 3 个值（取 1，贝塔估计值，组中间值），将 2 个预期风险溢价与 3 个估计贝塔组合，就可以计算出 6 个股票非预期收益率。估计贝塔值方法是，对于实际的估计贝塔，采用 CAPM 估计，估计数据是采用当期前 24 个月股票月收益数据估计；然后将股票分成两组，被分到组的股票均采用组合贝塔的中间值。

非预期会计收益由当期会计收益与期初股票价格之比表示，也可以由当期会计收益与上一期会计之差与期初股票价格之比来表示。我们假设会计每股收益为具有零漂移的随机过程，那么 E_{t-1}（eps_t）=eps_{t-1}，分析家们的当期会计收益预测的预期修正变量为当期会计每股收益的均值与上期会计每股收益之差与期初股票价格之比。股票总风险是采用当期前 24 个月股票月收益数据估计，系统风险由股票估计实际贝塔值表示。与非预期收益相关的总风险与系统风险是分别将股票方差与贝塔与表示非预期会计收益变量相乘。

11.5　实 证 检 验

11.5.1　描述性统计结果

表 11.1 为本章实证检验的变量的均值、方差及相关系数结果。表 11.1 的 A 栏报告了变量的均值和方差。非预期收益变量，eps_{jt}/P_{t-1} 的均值是 0.026，反映了中国股票价格相对基本价值较高的平均估值水平，按照 Graham 和 Dodd（1934）提出按照一流债券利率的 2 倍将 10 年平均的收入资本化，可以抵消优质股票和债券之间的风险差异。另一个非预期收益变量$\delta\,\text{eps}_{jt}/P_{t-1}$ 的均值是 0.004，数值相对 eps_{jt}/P_{t-1} 的均值较小，在模型回归中可能会导致较大误差，eps_{jt}/P_{t-1} 是更好的非预期会计收益的度量变量。分析家们的当期会计收益预测的预期修正变量的均值是 0.014，说明分析家们在收到关于公司收益有关的新信息后，对公司会计每股收益的预测有了较大的修正，正是这种正的预期收益预期的改变引领了股票投资，从而可能导致股票的部分非预期收益。这个预期结论在回归模型检验中得到了验证。URM_1、URM_2 与 UR_1、UR_2 分别表示了中国股市的上证综合指数与股票，分别以市场预期风险溢价按照 3%和 5%计算出的非预期收益，数值是 0.182、0.162、0.244、0.236，非预期收益均值较高的原因是，样本期间中国股市经历了 2005～2007 年的牛市而导致了股票价格的异常波动。相对于较低的平均收益水平（eps_{jt}/P_{t-1} 的均值是 0.026），较高的非预期收益显示了中国股市的价格的波动性，中国股市表现出了与其他股票市场相同的波动性特征。CAR 是按照超过与实际的综合指数相关的异常股票收益，均值是 0.216，这个结果是股票价格异常波动的另一证据。贝塔值均值是 0.377，说明中国股票的平均系统风险不高，说明中国股票的风险的非系统风险的部分更高。股票的总风险的均值是 0.377，然而，按照 Chambers 等（2005）建立的非预期会计收益有关的总风险及系统风险变量 TRUE 和 SRUE 分别是 0.010 和 0.001，则相对较小，TRUE 和 SRUE 对股票非预期收益的解释力就可能弱于总风险。

表 11.1　变量的描述性统计

Panel A：分布特征

变量	$\frac{eps_{jt}}{P_{t-1}}$	$\frac{\delta eps_{jt}}{P_{t-1}}$	$\frac{\delta Eeps_t}{P_t}$	URM_1	URM_2	BETA	CAR	VAR	SRUE	TRUE	UR_1	UR_2
均值标准差	0.026	0.004	0.014	0.182	0.162	0.377	0.216	0.027	0.010	0.001	0.244	0.236
	0.053	0.064	0.064	0.668	0.668	0.148	0.740	0.074	0.019	0.002	0.875	0.876

Panel B：Pearson 相关系数

变量	$\frac{eps_{jt}}{P_{t-1}}$	$\frac{\delta eps_{jt}}{P_{t-1}}$	$\frac{\delta Eeps_t}{P_t}$	URM_1	URM_2	BETA	CAR	VAR	SRUE	TRUE	UR_1	UR_2
$\frac{eps_{jt}}{P_{jt-1}}$	1.000	0.493**	−0.011	0.133**	0.133**	0.017	0.221**	−0.028	0.901**	0.534**	0.219**	0.219**
$\frac{\delta eps_{jt}}{P_{jt-1}}$		1.000	0.671**	0.143**	0.143**	−0.075**	0.266**	−0.010	0.431**	0.284**	0.255**	0.255**
$\frac{\delta Eeps_t}{P_t}$			1.000	0.152**	0.152**	−0.119**	0.202**	−0.012	−0.014	0.017	0.204**	0.204**
URM_1				1.000	1.000**	−0.417**	0.612**	−0.072**	0.030	0.021	0.748**	0.748**
URM_2					1.000	−0.417**	0.612**	−0.072**	0.030	0.021	0.748**	0.748**
BETA						1.000	−0.235**	−0.118**	0.247**	−0.100**	−0.293**	−0.296**
CAR							1.000	−0.008	0.147**	0.164**	0.978**	0.978**
VAR								1.000	−0.053**	0.697**	−0.023	−0.022
SRUE									1.000	0.411**	0.137**	0.136**
TRUE										1.000	0.144**	0.144**
UR_1											1.000	1.000**
UR_2												1.000

** 相关系数 0.01 水平显著

表 11.1 的 Panel B 报告了相关变量的相关系数。非预期会计收益变量 eps_{jt}/P_{t-1} 与表示非预期股票收益的变量 UR 的相关系数是 0.219，存在明显的正相关。但是，与分析家们的当期会计收益预测的预期修正变量 $\delta Eeps_t/P_t$ 则不存在相关性，两者的相关系数为 –0.011，说明这两个变量完全代表了不同的信息。然而，eps_{jt}/P_{t-1} 与 $\delta\ eps_{jt}/P_{t-1}$、TRUE 及 SRUE 则存在明显的相关性，相关系数值分别是 0.493、0.534、0.901，说明将 eps_{jt}/P_{t-1} 与 $\delta eps_{jt}/P_{t-1}$、TRUE 及 SRUE 建立多元回归模型来解释股票非预期收益可能会产生不可避免的多重共线性问题。此外，eps_{jt}/P_{t-1} 与 URM_1、URM_2、CAR 具有显著的相关性，显示出了较好的解释能力。$\delta Eeps_t/P_t$ 表现出了独立于其他变量的对非预期收益的解释能力。此外，股票总风险与股票非预期收益不相关，说明股票总风险与股票非预期收益没有解释能力。股票贝塔值与股票非预期收益则呈负相关关系，其值为–0.293（–0.296），说明系统风险也不能解释股票非预期收益。本章的结论说明 Chambers 等（2005）的关于“与非预期会计收益有关的总风险和系统风险可以解释股票非预期收益”的观点存在谬误。

11.5.2　非预期会计收益与非预期股票收益关系实证检验

应用模型（11.12）来检验非预期会计收益与股票非预期收益率的关系。然后在模型（11.12）的基础上，加入与股票收益的理性预期的变化相联系的变量，即模型（11.13），来检验非预期股票收益是否可以被股票收益的理性预期的变化相联系的变量所解释。同 Easton 和 Harris（1991）一致，我们分别采用上一期会计收益与期初股票价格之比 eps_{t-1}/P_{t-1} 表示当期预期收益，eps_{jt}/P_{t-1} 及 $\delta\ eps_{jt}/P_{t-1}$ 表示非预期收益；$\delta\ Eeps_t/P_t$ 表示股票会计收益的理性预期的变量，等于分析家们预测当期股票“每股收益的均值”与期初股票价格之比与 eps_{t-1}/P_{t-1} 之差。CAR 表示股票的“异常收益”，即是当期股票实际年收益与按照 CAPM 估计的期望收益之差，市场风险溢价按照 3% 来计算，公司贝塔值采用当期前 24 个月股票月收益率数据估计。股票实际年收益的计算，是从当期会计年度的 4 月到下一年的 3 月，计算该会计年度 12 个月的股票实际收益率。

模型估计结果见表 11.2，非预期会计收益显著可以中国股票的非预期收益率。但是 eps_{jt}/P_{t-1} 要比 $\delta\ eps_{jt}/P_{t-1}$ 更好地解释非预期股票收益，eps_{jt}/P_{t-1} 要比 $\delta\ eps_{jt}/P_{t-1}$ 具有更高会计收益反应系数（ERC），而相应的两个模型则具有相近的调整 R^2（见模型 A 和模型 E）。这个结果和美国股市的估计结果基本一致（Easton and Harris，1991；Liu and Thomas，2000）。按照 Brown 等（1987）的研究，在非预期会计收益与非预期股票收益的回归模型中，多个非预期会计收益变量建立的多元回归模型可以降低度量误差。鉴于学术界将会计收益的变化量 $\delta\ eps_{jt}/P_{t-1}$ 作为非预期会计收益的占优势的度量，Easton 和 Harris（1991）认为，会计收益的变化量 $\delta\ eps_{jt}/P_{t-1}$ 和收益水平 eps_{jt}/P_{t-1} 这两个变量共同表示非预期会计收益。模型 C 的估计结果验证了 Easton 和 Harris（1991）的预测，将 eps_{jt}/P_{t-1} 和 $\delta\ eps_{jt}/P_{t-1}$ 两个变量用来表示非预期会计收益，降低了由单一非预期会计收益变量的解释误差，模型的 R^2 也比模型 A 和模型 E 提高 1%。

表 11.2 非预期股票收益与会计收益关系

变量	模型 A	模型 B	模型 C	模型 D	模型 E	模型 F	α 值	模型调整 R^2
$\frac{\text{eps}_{jt}}{P_{t-1}}$	1.892（13.194）	2.270（15.069）	1.258（7.857）	3.149（14.650）			A：0.131（12.625）	0.033
$\frac{\text{eps}_{t-1}}{P_{t-1}}$		−1.012（−8.427）					B：0.137（13.179）	0.046
$\frac{\delta\text{eps}_{jt}}{P_{t-1}}$			1.012（8.427）				C：0.137（13.179）	0.046
$\frac{\delta E\text{eps}_t}{P_t}$				2.351（13.438）			D：0.101（7.834）	0.090
$\frac{\delta E\text{eps}_t}{P_t}$					2.286（12.856）		E：0.184（15.602）	0.040
$\frac{\delta\text{eps}_{jt}}{P_{t-1}}$						1.438（13.337）	F：0.161（16.110）	0.035

根据本章模型（11.8）和模型（11.11）的预测，股票的非预期收益会反映当期以及未来股票会计收益的理性预期的变化。该模型与 Campbell 和 Shiller（1988）的模型的预测一致，即与未来股利支付（现金流量）有关的信息反映在股票非预期收益中。$\delta\,E\text{eps}_t/P_t$ 表示股票收益的理性预期的变化相联系的变量，我们用分析家们预测当期股票每股收益的“平均值”与期初股票价格之比与当期预期会计收益 eps_{t-1}/P_{t-1} 之差来度量。此时，我们忽略未来多期与会计收益的预期变化对当期股票非预期收益的反应。原因是，由于收益预测的不确定性以及分母贴现率的折现，未来多期与会计收益的预期变化对当期股票非预期收益的解释能力会大大降低。反映当期股票分析家们收益预测的预期修正变量对股票非预期收益的估计结果见表 11.2 的模型 E，反映当期股票分析家们收益预测的预期修正变量 $\delta\,E\text{eps}_t/P_t$ 的系数显著不为零，该变量可以显著解释股票的非预期收益。当将 $\delta\,E\text{eps}_t/P_t$ 和 eps_{jt}/P_{t-1} 进行多元回归（模型 D）时，模型的解释能力提高，R^2 上升到 9%，说明 $\delta\,E\text{eps}_t/P_t$ 具有与非预期会计收益同样独立的解释能力。

此外，表 11.2 中模型 B 显示了当期预期会计收益，eps_t/P_{t-1} 具有负的估计系数说明，当期非预期股票收益存在与当期预期会计收益 eps_{jt}/P_{t-1} 同样存在的收益反转效应。

根据式（11.2），我们用 6 个模型来估计非预计会计收益与非预期股票收益的关系：

模型 A：$\text{CAR}_{jt} = a_0 + a_1\dfrac{\text{eps}_{jt}}{P_{jt-1}} + \varepsilon_{it}$

模型 B：$\text{CAR} = a_0 + a_1\dfrac{\text{eps}_{jt}}{P_{jt-1}} + a_2\dfrac{\text{eps}_{jt-1}}{P_{jt-1}} + \varepsilon_{it}$

模型 C：$\text{CAR} = a_0 + a_1\dfrac{\text{eps}_{jt}}{P_{jt-1}} + a_2\dfrac{\delta\text{eps}_{jt}}{P_{jt-1}} + \varepsilon_{it}$

模型 D：$\mathrm{CAR}_{jt} = a_0 + a_1 \dfrac{\mathrm{eps}_{jt}}{P_{jt-1}} + a_2 \dfrac{\delta E\mathrm{eps}_{jt}}{P_{jt-1}} + \varepsilon_{it}$

模型 E：$\mathrm{CAR}_{jt} = a_0 + a_1 \dfrac{E\mathrm{eps}_t}{P_t} + \varepsilon_{it}$

模型 F：$\mathrm{CAR} = a_0 + a_1 \dfrac{\delta \mathrm{eps}_{jt}}{P_{jt-1}} + \varepsilon_{it}$

11.5.3　非预期收益率与市场贴现率

根据 Campbell 和 Shiller（1988）的模型以及本书模型（11.8）和模型（11.11），贴现率对非预期收益具有分母效应。为了检验该效应，采用 3%和 5%分别的市场风险溢价（R_M-R_f）；而贝塔估计则分成两个估计值：①是实际的估计贝塔，估计数据是采用当期前 24 个月股票月收益数据估计；②为了检验非预期收益的贴现率的变化弹性，此时将贝塔值设定为 1。我们采用 2 个市场风险溢价和 2 个贝塔估计值进行交叉组合，来计算 4 个股票期望收益率，即 4 个股票贴现率。与 Campbell 和 Shiller（1988）的模型相近，本章的模型（11.8）和模型（11.11）提供了一个框架，用未来股票预期收益率和非预期会计收益解释非预期股票收益。本章中，我们忽略两期以上非预期收益，只是考虑当期非预期收益的与不同预期贴现因子的回归模型检验结果，来考察非会计预期收益反应系数（ERC）的变化情况。回归结果见表 11.3，当股票预期收益（贴现因子）最高时，也就是估计贝塔为 1 时，表 11.3 第 3 行系数估计结果，不管是单变量回归，还是多变量回归，其非预期收益变量，无论是非预期收益变量，还是表示股票收益的理性预期的变化相联系的变量的系数估计值，相对其他股票低预期收益（低贴现因子）的回归结果，都具有最高的估计系数值。这说明，反映与贴现有关的现金流量的非预期会计收益对解释股票非预期收益具有更高的敏感性。简单地说，就是在高未来股票预期收益的情况下，非预期会计收益的变化，会要求更高的非预期股票收益。这种结果，和当前的有关收益和风险的权衡是相吻合的。也就是与风险有关的非预期会计收益的股票具有高的非预期股票回报率。根据 Chen 和 Zhao（2009），与贴现率有关的信息反映的是投资者风险厌恶的时变情况或投资者情绪（investor sentiment），这种投资者风险厌恶的时变情况或投资者情绪反映了未来预期收益变化，也反映在与非预期会计收益与非预期股票收益的敏感性变化有关的信息中。数据的结果符合模型本章的模型（11.8）和模型（11.11），以及 Campbell 和 Shiller（1988）的模型预测。本章的结果没有出现与 Collins 和 Kothari（1989）的预测，即会计收益反应系数（ERC）与系统风险的相关系数为负。此外，从回归结果的 R^2 项看，各变量在不同贴现率下均保持不变的事实可以知道，模型变量对股票非预期收益的解释能力保持不变。说明本章所选取的非预期会计收益变量对股票非预期收益的解释能力是稳健的。本章的结果，间接证实了 Cochrane（2011）提出的命题，他指出变化的贴现率（贴现因子）是当今资产定价研究的中心组织问题。

表 11.3　非预期收益与股票贴现率

预期收益估计	单变量回归方程		多元回归模型		模型 α 值			模型调整 R^2		
	UED	UERD	UED	UERD						
	$\frac{\text{eps}_{jt}}{P_{jt-1}(1+R_j)}$	$\frac{\delta E\text{eps}_{jt}}{P_{jt-1}(1+R_j)}$	$\frac{\text{eps}_{jt}}{P_{jt-1}(1+R_j)}$	$\frac{\delta E\text{eps}_{jt}}{P_{jt-1}(1+R_j)}$						
	（A）	（B）	（C）		（A）	（B）	（C）	（A）	（B）	（C）
$R_f+3\%$	3.291（14.139）	2.951（13.026）	3.96（14.606）	2.986（13.529）	0.106（6.924）	0.164（11.709）	0.064（4.231）	0.048	0.041	0.090
$R_f+3\%$BETA	3.853（14.114）	2.907（13.066）	3.892（14.586）	2.941（13.571）	0.149（9.753）	0.207（14.769）	0.108（7.063）	0.048	0.041	0.090
$R_f+5\%$	3.994（14.139）	3.007（13.026）	4.034（14.606）	3.042（13.529）	0.086（5.612）	0.144（10.278）	0.044（2.917）	0.048	0.041	0.090
$R_f+5\%$BETA	3.882（14.123）	2.925（13.075）	3.922（14.597）	2.959（13.582）	0.142（9.251）	0.200（14.217）	0.100（6.560）	0.048	0.041	0.090

11.5.4　市场情绪与风险对非预期股票收益的解释

Chen 和 Zhao（2009）提出的基于残余的方法用于在同一基准股票的研究，发现价值股具有同样低的“现金流量贝塔”和“贴现率贝塔”，但是具有较高的“残余贝塔”。也就是说，非预期收益还是由残余贝塔驱动的。说明 Campbell 和 Shiller（1988）的模型将股票的非预期收益分解成两个部分，分别是与未来股利相关的现金量的贴现和未来预期股票收益相关，存在解释一定的不足，除了这两个方面，还存在较高的“残余贝塔”不能被解释。以非预期会计收益来解释非预期股票收益的大量文献（Collins and Kothari，1989；Easton and Harris，1991；Kormendi and Lipe，1987；Liu and Thomas，2000；Chambers et al.，2005），给出了非预期会计收益有关的变量可以解释股票非预期收益，但是，也还有较高的截距项还不能被解释，模型的 R^2 也不高，模型的 R^2 相对较高的是 30.96（Liu and Thomas，2000）。

为了能够更好地解释股票非预期收益，在以上反映非预期会计收益以及分析家会计收益预测预期变化的变量基础上，加入风险变量和反映市场情绪的股票非预期市场收益等变量，建立多元回归模型来解释股票非预期收益，同时来验证本章引言中将股票非预期收益反映分解成 5 个部分的假设。SRUE 是反映与非预期收益相关的系统风险，系统风险 SR（公司股票的贝塔值）由 CAPM 来估计，由本期前 24 个月的股票月收益率来估计。SRUE 表示为估计的股票的贝塔值与非预期收益（当期会计收益与期初股票价格之比）的乘积。将 TR（total risk 表示为总风险，就是股票收益率的方差，由本期前股票 24 个月的月收益率来估计。TRUE 为非预期收益率相关的总风险，由股票估计方差与非预期收益的乘积表示。

关于市场情绪（market sentiment），Shefrin（2008）提出了基于代表性投资者及状态价格模型的情绪函数，由反映市场情况的两个不同概率的比率的自然对数表示，即与代表性投资者相联系的顶部可能性比率 Pr{strong|j}/Pr{weak|j}，由 P_k 表示；与基于贝叶斯模型的概率的底部可能性比率 Pr{strong|j}/Pr{weak|j}，由 $\prod_k$。Shefrin（2008）提出了市场情绪的定价公式：

$$m = \ln(P_k / \prod\nolimits_k) - \ln(g_k) \tag{11.17}$$

式中，右端第一项表示情绪的累积，第二项是反映基本价值的定价项，由总消费增长率来表示。本章中的市场情绪变量的选择是基于以上理论背景，将中国股票市场的市场综合指数非预期收益率作为市场情绪的替代变量。综合指数的实际收益率可以表示上市的第一项，如当市场处于牛市时表现为超高的年指数收益率；指数预期年收益率表示，则反映与市场基本价值预期等价的收益。市场情绪变量，表示为 URM，如式（11.18）计算：

$$\mathrm{URM} = R_M - E(R_M) \tag{11.18}$$

本章中，采用 3%和 5%的市场风险溢价（R_M–R_f）来表示综合指数预期风险溢价。表 11.4 是本章建立的多元回归模型（11.14）的检验结果。以表 11.4 中的回归结果报告的第一行的 A 模型的系数估计结果显示，以 3%市场风险溢价（R_M–R_f）来表示预期市场风险溢价。结果显示该模型能够较好地解释中国股市的非预期收益，截距项反映股票年非预

期收益的 α 是 0.014，T 值是 1.207，较小的 T 值显著地拒绝了 α 不为零的假设。模型的调整 R^2 是 0.587，本章模型的估计结果有效解决了 Liu 和 Thomas（2000）、Chambers 等（2005）、Campbell 和 Shiller（1988）等模型中关于不能有效地解释股票非预期收益的问题。实证检验结果验证了本章的假设，也就是股票非预期收益反映了 5 个方面的信息：①当期非预期收益；②与非预期收益相关的股票风险（总风险及系统风险）；③与股票收益的理性预期的变化相联系的这个部分，反映了预期现金流变化而引起的股票非预期收益的变化；④反映未来预期收益变化，也就是反映与贴现率有关的信息（investor sentiment）；⑤反映与市场组合相关的非预期收益的相关部分，这部分反映的是市场情绪（market sentiment）。为了检验股票总风险及系统风险对股票非预期收益定价，我们将反映总风险（估计方差）及系统风险（估计贝塔值）变量代入多元回归模型（11.15）进行回归，结果见表 11.4 结果第一行模型 B 和模型 C 估计。结果显示，总风险可以显著解释股票非预期收益，系统风险则不能解释股票非预期收益。结果显示反映与非预期收益相关的股票风险（总风险及系统风险）模型 A 并不能显著地比将反映总风险（估计方差）及系统风险（估计贝塔值）变量代入多元回归模型 B 优越。两个模型的 R^2 相差 0.004，α 均很小，T 值是显著不能拒绝 α 为零。然而，模型 A 估计的 TRUE 估计的系数值比模型 B 的 VAR 系数的估计值异常高，说明模型 A 和模型 B 的风险度量变量存在更优的选择，结果显示，反映总风险（估计方差）及系统风险（估计贝塔值）变量的模型优于 Chambers 等（2005）提出与非预期收益相关的股票风险（总风险及系统风险）TRUE 及 SRUE。根据 Chambers 等（2005），将非预期收益相关的股票风险（总风险及系统风险）TRUE 表示成总风险与非预期收益的乘积，SRUE 表示为系统风险与非预期收益的乘积，这样 Chambers 等（2005）模型中的 TRUE 及 SRUE 就可能存在与 UE 变量存在多重共线性的问题。Chambers 等（2005）得出的与非预期收益相关的股票系统风险可以解释股票非预期收益的结论不能成立。为了检验系统风险对股票非预期收益的解释能力，我们将所有股票分成高贝塔和低贝塔组合来检验系统风险关于不能解释非预期收益的稳健性。检验结果见表 11.5。从表 11.5 的结果显示，高贝塔组合股票（模型 B）与低贝塔组合股票（模型 A）估计出的模型系数没有变化，两个模型的 R^2 也相同，结果进一步验证了 Chambers 等（2005）提出与非预期收益有关的系统风险可以解释股票非预期收益的观点不能成立。表 11.4 中的估计结果的第四行模型 B 在高预期收益（高贴现率）的情况下，出现了截距项为负的 0.03 的显著不为零的 α 显示了未来预期收益变化对股票非预期收益的影响。表 11.4 和表 11.5 的结果显示，有关风险的变量对股票非预期收益的解释出现了自相矛盾的证据，说明风险变量对非预期股票收益的解释能力存在不稳健的问题。那么股票的总风险和系统风险与股票非预期收益是否存在相关性呢？下面就这个问题进行检验。

11.5.5 三因素模型对非预期股票收益的解释

既然有关风险的变量对股票非预期收益的解释出现了自相矛盾的证据，那么模型中去掉反映风险的总风险和系统风险的变量后是否可以更好地解释股票非预期收益呢？我们根据模型（11.16）进行了实证检验，得出的结论见表 11.6。从表 11.6 可以看出，由当期

表 11.4　非预期收益的多因素定价

多元回归模型																			
	模型 A					模型 B				模型 C				α 值			模型调整 R^2		
	UE	UER	URM	SRUE	TRUE	UE	UER	URM	VAR	UE	UER	URM	BETA	A	B	C	A	B	C
预期收益估计	$\frac{\delta eps_{jt}}{P_{t-1}}$	$\frac{\delta Eeps_t}{P_t}$				$\frac{\delta eps_{jt}}{P_{t-1}}$	$\frac{\delta Eeps_t}{P_t}$			$\frac{\delta eps_{jt}}{P_{t-1}}$	$\frac{\delta Eeps_t}{P_t}$								
R_f +3%BETA	1.132 (4.759)	0.503 (2.373)	0.951 (70.191)	2.076 (3.348)	40.062 (7.620)	2.101 (12.085)	1.312 (9.248)	0.940 (68.116)	0.400 (3.275)	2.068 (11.842)	1.325 (9.310)	0.947 (62.492)	0.107 (1.575)	0.014 (1.207)	−0.01 (−1.091)	−0.042 (−1.480)	0.587	0.583	0.582
R_f +3%MBETA	1.123 (4.721)	0.507 (2.392)	0.951 (70.193)	2.167 (3.494)	39.438 (7.500)	2.105 (12.108)	1.310 (9.228)	0.940 (68.109)	0.388 (3.176)	2.067 (11.843)	1.325 (9.312)	0.949 (62.643)	0.129 (1.906)	0.014 (1.174)	−0.012 (−1.049)	−0.051 (−1.785)	0.589	0.583	0.582
R_f +5%BETA	1.142 (4.800)	0.499 (2.354)	0.953 (70.336)	2.006 (3.235)	40.399 (7.685)	2.097 (12.063)	1.315 (9.267)	0.942 (68.264)	0.406 (3.324)	2.068 (11.842)	1.325 (9.310)	0.947 (62.492)	0.087 (1.279)	0.007 (0.588)	−0.002 (−1.813)	−0.042 (−1.480)	0.589	0.584	0.583
R_f +5%MBETA	1.108 (4.637)	0.514 (2.413)	0.967 (71.026)	1.970 (3.163)	41.418 (7.846)	2.072 (11.87)	1.307 (9.173)	0.956 (68.964)	0.433 (3.533)	2.039 (11.627)	1.319 (9.228)	0.962 (63.20)	0.102 (1.496)	−0.006 (−0.477)	−0.032 (−2.922)	−0.060 (−2.086)	0.586	0.583	0.587

表 11.5　不同贝塔组合股票的非预期会计收益有关的系统风险定价检验

多元回归模型														
	低 BETA 组合股票（A）					高 BETA 组合股票（B）					α 值		模型调整 R^2	
	UE	UER	URM	SRUE	TRUE	UE	UER	URM	SRUE	TRUE	A	B	A	B
预期收益估计	$\frac{\delta eps_{jt}}{P_{t-1}}$	$\frac{\delta Eeps_{jt}}{P_t}$				$\frac{\delta eps_{jt}}{P_{t-1}}$	$\frac{\delta Eeps_{jt}}{P_t}$							
R_f +3%BETA	0.601 (1.102)	1.643 (2.953)	0.904 (49.655)	−0.783 (−0.830)	199.373 (7.937)	0.601 (1.102)	1.643 (2.953)	0.904 (49.655)	−0.783 (−0.830)	199.373 (7.937)	−0.021 (−1.048)	−0.021 (−1.048)	0.675	0.675
R_f +3%MBETA	0.555 (1.016)	1.677 (3.015)	0.904 (49.645)	−0.600 (−0.636)	159.938 (7.799)	0.555 (1.016)	1.677 (3.015)	0.904 (49.645)	−0.600 (−0.636)	195.938 (7.799)	−0.021 (−1.050)	−0.021 (−1.050)	0.674	0.674
R_f +5%BETA	0.613 (1.124)	1.634 (2.938)	0.906 (49.778)	−0.832 (−0.882)	200.291 (7.974)	0.613 (1.124)	1.634 (2.938)	0.906 (49.778)	−0.832 (−0.882)	200.291 (7.974)	−0.032 (−1.556)	−0.032 (−1.556)	0.676	0.676
R_f +5%MBETA	0.427 (0.778)	1.664 (2.968)	0.924 (50.39)	−1.039 (−1.093)	219.703 (8.680)	0.427 (0.778)	1.664 (2.968)	0.924 (50.390)	−1.039 (−1.093)	219.703 (8.680)	−0.052 (−2.546)	−0.052 (−2.546)	0.676	0.681
CAR	0.684 (1.252)	1.526 (2.739)	0.479 (26.275)	−1.147 (−1.214)	207.152 (8.234)	0.684 (1.252)	1.526 (2.739)	0.479 (26.275)	−1.147 (−1.214)	207.152 (8.234)	0.015 (0.761)	0.016 (0.761)	0.676	0.412

表 11.6 股票的非预期会计收益的三因素解释检验

	多元回归模型			模型 α 值	模型调整 R^2
	UE	UER	URM		
预期收益估计	$\frac{\text{eps}_{jt}}{P_{t-1}}$	$\frac{\delta E\text{eps}_t}{P_t}$			
R_f +3%BETA	2.090（12.007）	1.312（9.231）	0.937（67.968）	−0.0004（−0.044）	0.582
R_f +3%MBETA	2.094（12.033）	1.309（9.212）	0.937（67.973）	−0.0003（−0.033）	0.582
R_f +5%BETA	2.086（11.984）	1.314（9.250）	0.939（68.110）	0.011（1.008）	0.583
R_f +5%MBETA	2.060（11.785）	1.306（9.154）	0.953（68.784）	−0.0008（−0.077）	0.586

非预期会计收益期初价格比 eps_{jt}/P_{t-1}、表示股票收益的理性预期的变化相联系的变量 $\delta E\text{eps}_t/P_t$ 以及市场情绪变量 URM 构成的三因素定价模型可以完全解释股票的非预期收益。模型排除了与风险有关的解释变量后，模型的估计结果显示出几乎完美的定价结果，模型的 α 值接近于零和 T 值也明显拒绝 α 值不为零。表 11.6 的结果超过了表 11.5 更好的解释能力，与表 11.5 的结果不同，在风险溢价在 5%情况下，股票非预期收益也被模型（11.16）的三因素完全解释。此外，三因素实证结果显示，反映市场情绪的 URM 的敏感性系数分别是，当预期市场风险溢价 3%下是 0.937，而预期市场风险溢价 5%下是 0.939。这个结果说明股票非预期收益与股票市场情绪的有关的平均敏感性系数，其值接近于 1，符合模型的预期。回归结果具有显著的经济意义。股票收益的理性预期的变化相联系的变量 $\delta E\text{eps}_t/P_t$ 变化 1 个百分点可以预测到 1.31%的股票非预期收益。而当期非预期会计收益期初价格比 eps_{jt}/P_{t-1} 变化 1 个百分点则可以预测到 2.08%的股票非预期收益。

第12章　特质风险可以解释股票收益吗——基于中国股票市场的证据

12.1　引　　言

资本资产定价模型 CAPM［Sharpe（1964）；Linter（1965）；Black（1972）］将股票的总风险分解为系统风险和非系统风险［后简称公司特质风险（idiosyncratic risk）］。组合理论预测只有公司特质风险才反映在价格中。按照 CAPM，股票的预期风险溢价与它们的系统风险（市场贝塔）是线性关系，不同股票的预期收益不同的原因是由于它们的贝塔不一样。早期的一些实证研究（Black，1972；Fama and MacBeth，1973）支持 CAPM。然而，在20世纪80年代和90年代的实证研究中，一些CAPM不能解释的异象（anomalies）的发现对 CAPM 形成了挑战。这些异象包括：收益价格比率、规模以及账面市值比等。Basu（1983）的研究发现高收益价格比率（E/P）具有比 CAPM 预测的更高的预期收益。Banz（1981）则发现了规模效应：即小规模（低市场价值）公司具有比 CAPM 预测的更高的预期收益。小规模公司具有比大规模公司更高的贝塔值以及平均收益，但是其平均收益的差额高于 CAPM 预测值。Bhandari（1988）发现杠杆比率（leverage）与预期股票收益呈正相关的关系，杠杆比率被度量为公司债务的账面价值与市场价值之比。高债务市值比公司具有相对市场贝塔更高的预期收益。Stattman（1980）、Rosenberg 等（1985）发现美国股票的平均收益与公司的账面价值与市场价值之比呈正相关的关系。Lakonishok（1991）发现账面市值比（B/M）对日本股票平均收益也具有很强的解释能力。以上的结果显示，某些资产的特征而不是市场的贝塔对股票的预期收益具有解释能力。

通过使用 Fama 和 MacBeth（1973）横截面回归方法，Fama 和 French（1992）得出结论：规模、收益价格比、债务权益比以及账面市值比对平均收益具有解释能力，他们也发现贝塔不能独立地解释平均收益。Fama 和 French（1993，1996）使用时间序列方法得出了同样的结论。Fama 和 French（1993）认为，尽管规模和账面市值比不是状态变量，小规模公司和高账面市值比公司的高平均收益反映了未定的用来对收益中未分散化风险定价的状态变量。Fama 和 French（1993，1996）提出了对股票预期收益定价的三因子模型。这些因子包括市场组合超额收益、小公司股票组合与大公司组合收益之差，以及高账面市值比公司组合与低账面市值比组合收益之差。

Fama 和 French（1996）发现，三因子能够解释由规模和账面市值比构成的组合收益。Fama 和 French（1993，1996）将他们的三因子模型解释为风险溢价或者说是“财务困境风险”的证据。小公司和高账面市值比公司经营上比较差，更容易陷入财务困境，所以，投资者要求更高的风险溢价。后来的金融研究发现了新的因子，如动量（momentum）和流动性（liquidity）可以解释真实股票收益，这样的发现进一步降低了贝塔的解释作用。

Fama 和 French（2004）列出了如下贝塔不能定价的几个潜在的解释，包括：①行为金融解释，即投资者对过去表现的过度反应（Roll，1976）；②模型度量不完全（Merton，1973）或套利定价理论（Ross，1976）；③对市场组合进行代表的实证组合有效性很弱（Roll，1977）；④已实现的收益不能较好地代表预期收益（Roll，1977）。

在关于公司特质风险的研究中，一个重要而又悬而未决的问题是公司特质风险是否与股票收益相联系（Goyal and Santa-Clara，2003）。究竟公司特质风险与横截面预期股票收益正相关（Lintner，1965）还是负相关（Ang et al.，2006）也存在着不同观点。

最近的研究检验了股票波动性和公司特质风险的时间序列变化规律。发现，在1962～1997年，尽管总市场波动性没有增加的情况下，股票价格波动性和平均收益的非系统风险增加了3倍。Pastor和Veronesi（2003）发现那些年轻的、规模小的、不支付股利的、盈利不高的公司具有较高的非系统风险波动性。

在近期对中国股票收益与公司特质风险的研究中，黄波等（2006）以1996～2003年沪深两市A股作为样本，发现公司特质风险对截面预期收益既有具有一定解释能力。杨华蔚和韩立岩（2009）以1994年12月到2005年12月的沪深两市A股作为样本，发现公司特质波动率与截面预期收益呈显著负相关关系。邓雪春和郑振龙（2011）采用对每只股票的对数特质波动率序列建立ARMA模型的方法提取预期特质波动率，发现预期特质波动率与股票预期收益存在显著的正向关系。田益祥和刘鹏（2011）则考虑机构投资者持股比例的情况下，以2001年1月1日到2010年12月31日的沪深两市A股作为样本，发现特质波动率与股票收益呈显著的正相关，机构大量持股有助于降低股票的特质风险，机构投资者持股比例越低的股票，特质风险越大，股票预期收益越高。

综上所述，国内外对有关特质波动率与股票收益的关系的研究结果显示，不同的特质波动率与股票预期收益存在着并不稳健的相关性（杨华蔚和韩立岩，2009；田益祥和刘鹏，2011）。那么，特质波动率与股票收益是否存在相关关系呢？这里，我们应该回到这样的问题上来，即“什么是股票价格变化的原因？”，有关CAPM中的股票预期收益不能被贝塔解释的截距项 α 部分究竟是有哪些解释？那么特质波动率是否可以解释不能被贝塔解释的截距项 α 呢？

宿成建（2014a，2014b）关于非预期股票收益理论与实证研究发现，当期非预期会计收益与期初价格比 eps_{jt}/P_{t-1}、表示股票收益的理性预期的变化相联系的变量 $\delta E\text{eps}_t/P_t$，以及市场情绪变量URM构成的三因素定价模型（简称三因素）可以解释股票非预期收益。本章的研究，是考虑在三因素模型的框架下，检验特质波动率与股票收益的关系，检验田益祥和刘鹏（2011）的结论是否具有稳健性，从而检验特质波动率与股票收益的关系是否存在。本章以下分成3个部分，第二部分是模型设置和提出检验假设；第三部分是实证检验；第四部分是结论。

12.2 模型设置和提出检验假设

12.2.1 模型设置

宿成建（2012）将股票收益率分解为预期和非预期收益两个部分，如下：

$$r_{jt}=\frac{(P_{jt}-E_{t-1}P_{jt})+(E_{t-1}P_{jt}-P_{jt-1})}{P_{jt-1}}=\frac{P_{jt}-E_{t-1}P_{jt}}{P_{jt-1}}+\frac{E_{t-1}P_{jt}-P_{jt-1}}{P_{jt-1}} \tag{12.1}$$

式中，右侧第一项表示非预期收益；第二项为股票预期收益。股票非预期收益有如下表示：

$$\mathrm{UR}_{jt}=\gamma_0+\gamma_1\mathrm{UE}_{jt}+\gamma_2\delta E\mathrm{eps}_t/P_t+\gamma_3\mathrm{URM}_t+\varepsilon_{it} \tag{12.2}$$

以上模型中，UR 表示股票非预期收益率；UE 表示非预期会计收益，即当期非预期会计收益与期初价格比 $\mathrm{eps}_{jt}/P_{t-1}$；表示股票收益的理性预期的变化相联系的变量 $\delta E\mathrm{eps}_t/P_t$，表示股票收益的理性预期的变化相联系的变量，等于分析家们预测当期股票“每股收益的均值”与期初股票价格之比与 $\mathrm{eps}_{t-1}/P_{t-1}$ 之差；URM 表示市场情绪变量的市场非预期收益，即 R_M-E（R_M），该项表示了市场情绪，与股票市场组合的非预期收益有关的股票非预期收益的敏感性贝塔值平均值应等于 1。

式（12.1）右侧第二项表示股票预期收益，由 CAPM 可以得出股票预期收益，如下：

$$E(r_{jt})=r_f+\beta_j\left[E(r_M)-r_f\right] \tag{12.3}$$

也就是说股票的预期收益是由该股票的贝塔和预期市场风险溢价所决定的。根据式（12.1）～式（12.3）可知，检验公司特质风险对股票收益定价，就转换为如下公式：

$$\mathrm{UR}_{jt}=\gamma_0+\gamma_1\mathrm{UE}_{jt}+\gamma_2\delta E\mathrm{eps}_t/P_t+\gamma_3\mathrm{URM}_t+\gamma_4\mathrm{IV}_{t-1}+\varepsilon_{it} \tag{12.4}$$

或等价于式（12.5）：

$$R_{jt}=\gamma_0+\gamma_1\mathrm{UE}_{jt}+\gamma_2\delta E\mathrm{eps}_t/P_t+\gamma_3\mathrm{URM}_t+\gamma_4\mathrm{IV}_{t-1}+\gamma_5\beta_j+\varepsilon_{it} \tag{12.5}$$

12.2.2　检验假设

假设 1　股票的特质风险与股票的预期收益呈正相关关系（Fu，2009）。

假设 2　机构投资者大量持有股票有助于降低股票的特质风险（Fu，2009；田益祥和刘鹏，2011）。

假设 3　机构投资者持股比例越高的股票，期特质风险越小，股票预期收益越低（Fu，2009；田益祥和刘鹏，2011）。

12.2.3　样本与方法

本章数据来源于万德数据库，选取中国股票市场 2002 年 1 月至 2011 年 3 月间的相关数据进行分析。由于本章选取的关键变量，即分析家们预测公司会计收益数据的起始时间为 2004 年，因此，本章进行模型回归的时间选取为 2004～2008 年。考虑公司贝塔值估计需要样本回归前 24 个月的股票月收益率数据，所以，样本数据选取从 2002 年 1 月起。本章检验非预期年股票收益率的定价问题，当期会计年度是从当期（t 期）4 月至下一年（t+1）的 3 月。

与 Liu 和 Thomas（2000）相同，股票年非预期收益率是实际年收益率与按照 CAPM

估计的预期年收益率之差。市场预期风险溢价按照3%和5%计算。估计贝塔按照3个值（取1，贝塔估计值，组中间值），将2个预期风险溢价与3个估计贝塔组合，就可以计算出6个股票非预期收益率。估计贝塔值方法是，对于实际的估计贝塔，采用CAPM估计，估计数据是采用当期前24个月股票的月收益数据估计；然后将股票分成两组，被分到组的股票均采用组合贝塔的中间值。

非预期会计收益由当期会计收益与期初股票价格之比表示，也可以由当期会计收益与上一期会计之差与期初股票价格之比来表示。我们假设会计每股收益为具有零漂移的随机过程，那么 E_{t-1}（eps_t）$=\text{eps}_{t-1}$，分析家们的当期会计收益预测的预期修正变量为当期会计每股收益的均值与上期会计每股收益之差与期初股票价格之比。股票总风险是采用当期前24个月股票月收益数据估计，系统风险由股票估计实际贝塔值表示。与非预期收益相关的总风险与系统风险是分别将股票方差与贝塔及表示非预期会计收益的变量相乘。

12.3 实 证 检 验

12.3.1 公司特质风险与股票收益

根据回归方程（12.4）和方程（12.5）进行实证检验，结果见表12.1。当被解释变量是股票实际收益时，见表12.1报告结果的第一行模型A的系数估计，所有4个变量，即当期非预期会计收益与期初价格比 eps_{jt}/P_{t-1}，表示股票收益的理性预期的变化相联系的变量 $\delta E\text{eps}_t/P_t$，也就是表示股票收益的理性预期的变量，市场情绪变量，也就是表示的股票市场组合的非预期收益URM，反映与CAPM有关的预期收益的贝塔值，它们的系数均显著解释股票的实际收益。并且，模型的截距项 α 的值是−0.032，其 T 值是−2.222。说明这4个变量可以显著解释股票的实际收益，模型的调整 R^2 达到了52.3%。

当在以上4个变量的基础上，再加上公司特质风险变量后，以上4个变量的系数依然保持显著，估计系数值变化较小，而公司特质风险变量的系数显著拒绝不为零，然而，模型的截距项 α 的值是−0.032，其 T 值则为−2.240（见第一行结果模型B），模型的调整 R^2 仍然是52.3%，说明增加公司特质风险变量后，模型的解释能力没有变化，结果表明特质风险不能解释股票实际收益。

将公司特质风险变量单独用来解释股票实际收益时，见第一行模型C，公司特质风险变量的估计系数是−0.091，其 T 值是−1.086，说明变量系数不能拒绝显著不为零。说明公司特质风险变量作为独立变量不能显著解释股票实际收益。

根据前面的定义，将股票收益分解为预期收益（由CAPM确定）及非预期收益。如果公司特质风险可以解释股票收益，那么，公司特质风险就应该可以解释股票非预期收益（按照非预期收益定义）。实证结果见表12.1的关于股票非预期收益的实证结果，预期风险溢价3%和5%条件下的结论基本一致（见预期风险溢价3%下的结果），如模型A的系数估计显示，由方程（12.2）的三个因素变量可以解释股票非预期收益，模型的调整 R^2 为52.2%，截距项 α 值是5.5%，其 T 值是6.171，说明股票的非预期收益与该三因素变量存

表 12.1　公司特质风险与股票收益

多元回归模型																
	模型 A				模型 B				模型 C		α 值			模型调整 R^2		
	UE	UER	URM	BETA	UE	UER	URM	BETA	IVOL	IVOL	A	B	C	A	B	C
	$\frac{\mathrm{eps}_{jt}}{P_{t-1}}$	$\frac{\delta E\mathrm{eps}_t}{P_t}$			$\frac{\mathrm{eps}_{jt}}{P_{t-1}}$	$\frac{\delta E\mathrm{eps}_t}{P_t}$										
被解释变量（RET）	1.658（9.690）	0.691（3.562）	0.960（77.035）	0.201（11.800）	1.656（9.674）	0.691（3.562）	0.960（77.037）	0.204（11.787）	−0.054（−0.920）	−0.091（−1.086）	−0.032（−2.222）	−0.032（−2.240）	0.274（27.947）	0.523	0.523	0.000
被解释变量：股票非预期收益（UR）																
预期收益估计																
R_f +3%BETA	1.760（10.266）	0.581（2.981）	0.933（77.477）		1.760（10.269）	0.583（3.001）	0.933（77.469）		0.049（0.840）	−0.106（−1.264）	0.055（6.171）	0.054（5.928）	0.231（23.515）	0.522	0.522	0.000
R_f +5%BETA	1.745（10.193）	0.598（3.079）	0.937（77.926）		1.745（10.195）	0.599（3.086）	0.937（77.910）		0.037（0.646）	−0.118（−1.405）	0.042（4.717）	0.041（4.531）	0.219（22.243）	0.525	0.525	0.000

在着的线性关系。然而，在考虑以上三个因素变量加上公司特质风险变量的 4 个因素后，前三个因素变量的系数保持不变，公司特质风险变量的系数不显著，但是截距项 α 值也维持不变，模型的调整 R^2 依然是 52.2%，说明特质风险变量对股票非预期收益没有解释能力。模型 C 的估计结果显示，当采用特质风险变量为独立变量来解释股票非预期收益时，其系数估计值是–0.106，其 T 值是–1.264，拒绝“系数显著不为零”，截距项 α 值是 0.231，其 T 值是 23.515，结果表明，特质风险变量不能独立解释股票非预期收益，回归模型具有很大的截距项 α 值，结果显示假设 1 不能成立。

12.3.2 公司特质风险、机构投资者持股比例与股票收益

机构投资者相对个人投资者而言，能够比个人投资者持有更多分散化的投资组合，从而不太关心投资组合中某只股票的特质风险，当股票更少地被机构投资者持有时，特质风险与股票收益之间的正相关关系越强。田益祥和刘鹏（2011）通过对中国沪深股市检验，发现上一期的机构投资者比例越高的股票，其特质风险越低，由此，他们得出结论，即机构投资持股降低了股票的特质风险。

股票非预期定价三因素定价模型得到了实证，3.1 节也实证了公司特质风险也不能显著地解释股票收益，下面我们将检验田益祥和刘鹏（2011）的提出的观点和证据。

在股票非预期定价三因素定价模型的框架下，考察公司特质风险与机构投资者持股的关系，以及在考虑机构投资者持股变量下，公司特质风险与股票收益的关系。表 12.2 报告了检验结果。首先将公司特质风险作为被解释变量，机构投资者持股比例作为解释变量，建立简单线性回归模型，见表 12.2 报告检验结果第一行模型 A 的估计系数，所估计的系数是–0.008，其 T 值是–1.315，说明尽管机构投资者的持股比例与公司特质风险呈负相关关系，但是，这样的负相关关系经济意义上不显著。根据田益祥和刘鹏（2011）得出的结论，即机构大量持股有助于降低股票的特质风险，但是本章的结果显示这样的结论不具备稳健性，因为机构投资者的持股比例与公司特质风险的关系不存在稳健性。

在考虑机构投资者持股变量下，公司特质风险与股票收益的关系的检验结果见表 12.2 所示第二行模型 B 的估计结果。宿成建（2014a，2014b）提出的三因素变量以及贝塔后，公司特质风险与机构投资者持股比例均呈现出显著地解释股票实际收益，并且该两个变量与股票实际收益显著为正，这个结果与田益祥和刘鹏（2011）的发现相同。但是模型则出现了增加的不可解释的负的截距项 α，–0.043（同表 12.1 的模型 B 相比–0.032 增加了–0.011），其 T 值是–2.986，模型的为 52.9%（同表 12.1 模型 B 的 52.3%相比仅增加了 0.6%）。然而，相比较而言，表 12.1 中报告结论的第一行的模型 A，即三因素变量以及贝塔构成的 4 个变量可以较好地解释股票实际收益，截距项 α，–0.032，其 T 值是–2.222。对比的结果说明，增加的两个变量，公司特质风险与机构投资者持股比例加大了模型的不可解释的负向收益。因此，“公司特质风险与机构投资者持股比例与股票收益正相关”这样的结论是不可靠的。那么，为何增加了公司特质风险与机构投资者持股比例会导致股票收益的大的模型不可解释的截距项 α 呢？关于这一点将在 12.3.4 节中讨论。接下来，将检验田益

祥和刘鹏（2011）发现的证据，即机构投资者持股比例越高的股票，特质风险越小，其特质风险对股票预期收益影响更小。

12.3.3　特质风险与股票收益——基于机构投资者持股比例高、低组合对比

田益祥和刘鹏（2011）发现，在解释股票收益的模型中，关于公司特质风险的估计系数值，低机构投资者持股比例的组合的股票的系数估计值大于高机构持股比例的组合里的股票的系数估计值。为了验证这个关系，本章也将股票按公司特质风险将股票分成 3 组，表 12.3 报告了高机构持股比例的组合以及低机构持股比例的组合股票的特质风险与股票收益检验结果。结果显示，低机构持股比例的组合股票的特质风险的估计系数是–0.093，其 T 值是–1.320［见表 12.3（A）］；然而，高机构持股比例的组合股票的特质风险的估计系数是 2.163，其 T 值是 3.420。这个结果与田益祥和刘鹏（2011）的发现不一致。根据田益祥和刘鹏的结果，不论是对于低机构投资者比例样本还是高机构投资者比例样本来说，特质波动率前的回归系数都显著为正，并且，低机构投资者比例的样本中每个模型特质波动率的回归系数都要大于高机构投资者比例样本，于是，他们得出结论，机构投资者比例越高的股票，特质风险越小，其特质风险对股票预期收益影响更小。然而，本章结果显示，低机构投资者比例的组合中模型特质波动率的回归系数不显著，而高机构投资者比例组合的特质波动率前的回归系数都显著为正。本章的结果与田益祥和刘鹏（2011）的发现是相矛盾的。本章的结果表明，机构持股比例会增加导致特质风险的减少的结论不能成立。

按照 Fu（2010）以及田益祥和刘鹏（2011）的观点，即机构投资者持股比例越高的股票，特质风险越小，其特质风险对股票预期收益影响更小。在考虑 CAPM 的系统风险贝塔的解释变量的情况下，机构投资者持股比例越高的股票的截距项 α 值应该小于机构投资者持股比例越低的股票的截距项 α 值，原因是，机构投资者持股比例越高，即分散化程度越高的股票的收益主要来自于系统风险（Merton，1987）。在考虑宿成建（2014a，2014b）三因素变量的情况下，其结果也应该一致。然而，表 12.3 的结果则与以及田益祥和刘鹏（2011）预测一致，机构投资者持股比例越高的股票的截距项 α 是–0.08，其 T 值是–2.216，该截距项 α 值的绝对值小于机构投资者持股比例越低的股票的截距项 α 值–0.121 的绝对值，其 T 值是–2.216。同时，机构投资者持股比例高的组合中，机构投资者持股比例对股票收益的解释不显著。同时，这种高与低机构投资者持股比例的组合，与全样本的组合的股票相比，则显示了在考虑公司特质风险和机构股票持有比例变量后，呈现出了更高的不可解释的截距项 α 值。此外，在高机构投资者持股比例组合中表示股票会计收益的理性预期的变量 $\delta\,E\mathrm{eps}_t/P_t$ 的系数估计项也不显著。正是因为与会计收益增长的理性预期的变量 $\delta\,E\mathrm{eps}_t/P_t$ 对这种高机构投资者持股比例的组合股票的收益的解释能力的减弱，以及低机构投资者持股比例的组合股票中非预期会计收益的反应系数的降低（ERC 为 0.561，其 T 值是 2.586）才导致了更高的不可解释的截距项 α 值。在高、低机构投资者持股比例的组合股票的情况下，变量 $\delta\,E\mathrm{eps}_t/P_t$ 解释能力降低的原因，可能是对于高机构投资者持股比例的组合股票，由于机构关注度高，对公司收益预测的机构较多，那

表 12.2　公司特质风险、机构投资者持股比例与股票收益

多元回归模型											
	模型 A	模型 B						α 值		模型调整 R^2	
	ROIN	UE	UER	URM	BETA	IVOL	ROIN	A	B	A	B
		$\frac{eps_{jt}}{P_{t-1}}$	$\frac{\delta Eeps_t}{P_t}$								
被解释变量（IVOL）	−0.008（−1.315）							0.027（13.321）		0.000	
被解释变量（股票实际收益）		1.486（8.675）	0.726（3.762）	0.968（77.897）	0.119（5.957）	0.008（0.129）	0.285（8.470）		−0.043（−2.986）		0.529
被解释变量（股票非预期收益）											
预期收益估计 R_f +3%BETA		1.487（8.685）	0.732（3.794）	0.970（78.046）	0.065（3.272）	0.024（0.412）	0.272（8.084）		−0.050（−3.492）		0.533
R_f +5%BETA		1.487（8.685）	0.732（3.794）	0.970（78.046）	0.045（2.269）	0.024（0.412）	0.272（8.084）		−0.050（−3.492）		0.534

表 12.3　公司特质风险、股票收益—高低机构投资者持股比例对比

多元回归模型																
	低机构投资者持股比例组合（A）						高机构投资者持股比例组合						α 值		模型调整 R^2	
	UE	UER	URM	BETA	IVOL	ROIN	UE	UER	URM	BETA	IVOL	ROIN	A	B	A	B
	$\frac{eps_{jt}}{P_{t-1}}$	$\frac{\delta Eeps_t}{P_t}$					$\frac{eps_{jt}}{P_{t-1}}$	$\frac{\delta Eeps_t}{P_t}$								
被解释变量（RET）	0.561（2.586）	1.216（3.169）	0.913（48.295）	0.163（4.248）	−0.093（−1.320）	0.827（5.479）	4.354（7.938）	0.997（1.664）	1.019（39.438）	0.090（2.179）	2.163（3.420）	0.068（1.032）	−0.121（−4.949）	−0.08（−2.216）	0.559	0.539
被解释变量（股票非预期收益）																
预期收益估计																
R_f +3%BETA	0.556（2.564）	1.212（3.161）	0.915（48.423）	0.110（2.882）	−0.074（−1.055）	0.794（5.265）	4.372（7.977）	0.995（1.662）	1.021（39.554）	0.044（1.057）	2.255（3.569）	0.044（0.675）	−0.129（−5.284）	−0.088（−2.424）	0.563	0.543
R_f +5%BETA	0.556（2.564）	1.212（3.161）	0.915（48.423）	0.090（2.359）	−0.074（−1.055）	0.794（5.265）	4.372（7.977）	0.995（1.662）	1.021（39.554）	0.024（0.574）	2.255（3.569）	0.044（0.675）	−0.129（−5.284）	−0.088（−2.424）	0.565	0.544

么关于公司收益预测的信息就会很快反映到股票的价格中，从而，股票收益的理性预期的变化不能解释当期股票收益；对于低机构投资者持股比例的组合股票，机构的关注度不高，就会导致具有较少的机构对该类公司的收益预测，从而导致股票会计收益增长的理性预期的变量 $\delta E\mathrm{eps}_t/P_t$ 有关信息对股票价格的反映。如果这样的解释成立，根据股票非预期收益三因素定价模型的预测，理性预期的变化相联系的变量 $\delta E\mathrm{eps}_t/P_t$ 有关信息对股票价格的反映的缺失，就应该会更多地反映在非预期会计收益变量对股票收益价格的解释能力上。结果证实了这样的判断。表 12.3 的结果显示，低机构投资者持股比例的组合股票的非预期会计收益的估计系数是 0.561，其 T 值是 2.586，高机构投资者持股比例的组合股票的非预期会计收益的估计系数是 4.354，其 T 值是 7.938，然而，全样本股票的非预期会计收益的估计系数估计值 1.486，其 T 值 8.675（表 12.2），结果显示，股票价格对低机构投资者持股比例的组合股票的非预期会计收益反映不足；而股票价格对高机构投资者持股比例的组合股票的非预期会计收益反映更加敏感。这里结论说明，机构投资者持有比例会影响价格对非预期会计收益的价格反应系数以及价格对分析师盈余预测预期修正的反映系数，然而，机构投资者持有比例增加会导致公司特质风险的降低则没有显著的实证证据。

根据以上实证和分析得出结论，机构投资者持股比例越高的股票，特质风险越小，其特质风险对股票预期收益影响更小的假设不能成立，那么，如何解释三因素变量和贝塔变量构成的多因素变量在解释股票收益中存在的较大的不能被解释的截距项 α 呢？下面我们通过股票价格的反转来解释这个问题，并给出证据。

12.3.4　预期会计收益、股票价格反转与股票收益

12.3.2 节和 12.3.3 节的实证检验结果显示，特质风险、机构投资者持股比例的变量与股票收益不能稳健以及显著地解释股票收益，但是公司特质风险、机构投资者持股比例的变量来解释股票收益时，增加了模型的较大的不能被解释的负的截距项 α。究其原因可能是滞后的特质风险大的股票，也就是股票价格的波动较大的股票接下来出现了价格反转。在这样的情况下，在考虑特质风险变量的情况下，就会出现股票收益的较大的负的截距项 α，表示该类股票具有较大的负的预期收益。该类股票价格行为表现为对当期股票非预期会计收益的过度反映，表现为较低的上一期会计收益与期初股票价格之比 $\mathrm{eps}_{t-1}/P_{t-1}$ 的股票，同时，该类股票均具有较高的特质波动性，股票价格下一期则出现了价格反转，从而，出现了较大的负的截距项 α。根据这个推理，$\mathrm{eps}_{t-1}/P_{t-1}$ 将与 t 期的股票收益呈现负的关系（较高 $\mathrm{eps}_{t-1}/P_{t-1}$ 的值意味着股票期初价格对上一期的会计收益反映不足；较低 $\mathrm{eps}_{t-1}/P_{t-1}$ 的值意味着股票期初价格对上一期的会计收益的过度反映，因而，如果未来公司会计收益预期降低，那么未来一期股票价格就出现下降反转），如果这个推论正确，那么，在加入 $\mathrm{eps}_{t-1}/P_{t-1}$ 这个变量下，应该可以解释，高、低机构投资者持股比例的组合股票的高的负的较大的截距项 α，从而是该截距项 α 的值降低或消失。

表 12.4 就是将反映价格的变量 $\mathrm{eps}_{t-1}/P_{t-1}$ 反转后，对股票收益的多变量解释的结果。从表 12.4 的检验结果显示，无论是高机构投资者持股比例还是低机构投资者持股比例的组合股票的 $\mathrm{eps}_{t-1}/P_{t-1}$ 的估计系数均呈现出显著的负的关系，而这两个组合的股票的较大

表 12.4 价格反转与股票收益

多元回归模型														
	低机构投资者持股比例组合（A）				高机构投资者持股比例组合（B）						α 值		模型调整 R^2	
	UE	UER	URM	ER	UE	UER	URM	BETA	IVOL	ER	A	B	A	B
	$\frac{eps_{jt}}{P_{t-1}}$	$\frac{\delta Eeps_t}{P_t}$		$\frac{eps_{t-1}}{p_{t-1}}$	$\frac{eps_{t-1}}{p_{t-1}}$	$\frac{eps_{jt}}{P_{t-1}}$	$\frac{\delta Eeps_t}{P_t}$			$\frac{eps_{t-1}}{p_{t-1}}$				
被解释变量（RET）	1.134 （5.042）	1.554 （3.862）	0.824 （44.266）	−1.284 （−7.361）	5.504 （10.138）	1.552 （2.645）	1.035 （40.896）	0.105 （3.447）	1.890 （3.086）	−4.458 （−9.685）	0.052 （3.483）	0.015 （0.428）	0.536	0.556
被解释变量（股票非预期收益）														
预期收益估计														
R_f +3%BETA	1.077 （4.845）	1.608 （4.042）	0.839 （45.597）	−1.298 （−7.524）	5.509 （10.158）	1.570 （2.678）	1.037 （41.014）	0.049 （1.614）	2.200 （3.273）	−4.461 （−9.701）	0.006 （0.386）	0.003 （0.078）	0.550	0.560
R_f +5%BETA	1.060 （4.780）	1.628 （4.105）	0.844 （45.991）	−1.301 （−7.570）	5.509 （10.158）	1.570 （2.678）	1.037 （41.014）	0.029 （0.959）	2.002 （3.273）	−4.461 （−9.701）	−0.008 （−0.552）	0.003 （0.078）	0.554	0.561

的负的截距项α也显著降低，分别是低机构投资者持股比例的组合股票的截距项α是0.052（T 值是 3.483）；高机构投资者持股比例组合的截距项α是 0.015（T 值是 0.428），显著不能拒绝α不为零。结果证实了以上的推测，即无论是高机构投资者持股比例还是低机构投资者持股比例的组合股票，特质风险均不能显著解释股票的收益，对于特质风险大的股票，该类股票价格行为表现为对当期股票非预期会计收益的过度反映，表现为较低的上一期会计收益与期初股票价格之比 $\mathrm{eps}_{t-1}/P_{t-1}$ 的股票，同时，该类股票均具有较高的特质波动性，股票价格下一期则出现了价格反转，从而出现了较大的负的截距项α。表 12.4 中，风险溢价在 3%以及 5%下的估计预期收益的情况下，非预期收益的检验结果与股票实际收益检验结果保持一致，显示出结果的稳健性很好。

第 13 章　会计收益反应系数、分析师盈余预测修正系数的风险效应——基于中国股票市场的检验

13.1　引　　言

资产定价的核心问题是什么决定了股票收益，解决这个问题的关键是回答什么是价格变化的原因（Cochrane，2011）。在股票预期收益的研究中，按照 CAPM（Sharpe，1964；Lintner，1965），股票的预期风险溢价与它们的系统风险（市场贝塔）是线性关系，不同股票的预期收益不同，其原因是由于它们的贝塔不一样。早期的一些实证研究中（Black 等，1972），Fama 和 MacBeth（1973）支持 CAPM。然而，在 20 世纪 80 年代和 90 年代的实证研究中，一些 CAPM 不能解释的异像（anomalies）的发现对 CAPM 的形成了挑战。这些异常包括收益价格比率、规模及账面市值比等。Fama 和 French（1992）认为，尽管规模和账面市值比不是状态变量，小规模公司和高账面市值比公司的高平均收益反映了未定的用来对收益中未分散化风险定价的状态变量。后来，Fama 和 French（1993，1996）提出了对股票预期收益定价的三因子模型（简称 FF3）。这些因子包括市场组合超额收益、小公司股票组合与大公司组合收益之差以及高账面市值比公司组合与低账面市值比组合收益之差。然而，股票市场的更多的异像不能被 CAPM 及 FF3 模型解释（Fama and French，2008），如应记利润（Sloan，1996）、盈利能力（Cohen et al.，2002）、收益动量（Jegadeesh and Titman，1993）等。

为了探索那些不能被 CAPM 解释的股票平均收益异像，金融经济学家们把目光投向了对股票非预期收益的研究。Campbell 和 Shiller（1988）的开创性研究将股票非预期收益分解为两个部分，即与现金流相关的信息和未来预期收益信息。其中，有大量文献分析了有关市场组合的现金流相关的信息和未来预期收益信息中哪一种信息的相对重要性（Campbell，1991；Campbell and Ammer，1993）；Vuolteenaho 基于会计现值模型并采用 Campbell（1991）提出的 VAR 方法研究了公司水平的现金流相关的信息和未来预期收益信息的相对重要性问题。然而，Chen 和 Zhao（2009）对 Campbell 和 Shiller（1988）的方法提出了批评，产生了广泛影响。这种依赖于残差来表示未来现金流量信息或未来贴现率信息的方法，可能得出相反的结论，基于残差的方法推导出的结论可能是危险的。

会计学学者对股票非预期收益的研究，最早起始于 Ball 和 Brown（1968）的研究，将股票非预期收益与公司非预期会计收益进行回归，用来检验会计收益的价值相关性。后来大量的文献则着重于股票收益与非预期会计收益的关系的研究，来检验会计收益的信息含量。大量文献证明非预期会计收益可以解释非预期股票收益。比较有代表性的文献包括：Collins 和 Kothari（1989）、Easton 和 Harris（1991）、Kormendi 和 Lipe（1987）、Freeman 和 Tse（1992）。随后的一些文献则改进模型的设置，增加模型的解释变量，来提高模型对非预期收益的解释。例如，这些模型增加的变量是：反映当期会计收益质量变量（Lev and

Thiagrajan，1993），反映未来收益增长变化的变量（Collins et al.，1994），反映分析家未来会计收益预测的当期修正变量（Brown et al.，1985；Cornell and Landsman，1989），反映证券分析师未来会计收益预测修正多变量（Liu and Thomas，2000），反映与非预期会计收益相关的风险变量（Chambers et al.，2005）。相对单变量模型，这些多变量模型虽然可以提高对股票非预期收益的解释能力，但还有较多的部分不能被解释。模型的截距项显著存在，模型调整 R^2 值很小。存在显著不能被解释的截距项说明以上多变量回归模型还存在某些忽略的变量来解释股票非预期收益。

针对现有资产定价模型存在的解释股票非预期收益的不足，宿成建（2014a，2014b）提出了新三因素模型，该三因素模型可以实现对中国股票非预期收益的精确定价。该三因素变量为：①当期公司非预期会计收益与期初股票价格之比（反映价值相关性）；②当期证券分析师盈余预测修正，该变量的计算方法是将当期证券分析师的预测每股收益均值与上期每股收益之差与期初价格比较，该变量反映了证券分析师对会计收益增长的预测偏误；③市场非预期收益（URM），该变量是考虑多资产（股票）情况下，市场组合的非预期波动对单个股票价格波动的影响（Admati，1985）。本章的研究是在宿成建股票非预期收益（2014a，2014b）三因素定价模型的基础上，使用 Fama 和 French（1992）所采用的 Fama-MacBeth 回归方法检验总风险和系统风险对收益反应系数（ERC）以及证券分析师盈余预测修正系数的风险效应。本章的研究是对现有文献关于会计收益与股票收益关系的风险效应研究的拓展，如 Collins 和 Kothari（1989）、Chambers 等（2005）。

本章研究发现：①具有高总风险的股票具有更高的 ERC；②股票价格对证券分析师预期的会计收益增长信息不存在总风险补偿效应；③ERC 随着系统风险增加而增加，并且，对于高系统风险公司，证券价格对证券分析师预期的会计收益增长信息存在系统风险补偿效应。

本章的贡献体现在：首先，不同于已有的检验会计收益-股票收益关系的风险效应的文献，本章提出了在宿成建（2014a，2014b）股票非预期收益三因素定价模型框架下检验了总风险、系统风险的会计收益——股票收益关系的风险效应并较好地克服了 Chambers 和 Freeman（2005）模型中的多重共线性问题并首次验证了中国股市中的会计收益——股票收益关系的风险效应。其次，首次发现中国股市的高系统风险公司，证券价格对证券分析师预期的会计收益增长信息存在系统风险补偿效应。

13.2　模型设置和提出检验假设

13.2.1　模型设置

1. Chambers 等（2005）的模型

Chambers 等（2005）采用将非预期会计收益和总风险的乘积变量（TRUE）以及非预期会计收益和系统风险的乘积变量（SRUE）作为控制变量，然后，加入非预期会计收益变量，来考察 ERC 的风险效应。模型如下：

$$\mathrm{UR}_{jt}=\gamma_0+\gamma_1\mathrm{UE}_{jt}+\delta_1\mathrm{SRUE}_{jt}+\delta_2\mathrm{TRUE}_{jt}+\varepsilon_{jt} \tag{13.1}$$

式中，TRUE 为非预期会计收益相关的总风险变量，表示为

$$\mathrm{TRUE}_{jt}=\mathrm{UE}_{jt}\times\mathrm{TR}_{jt}$$

那么，如果忽略系统风险（SRUE）的影响，可以观测到的与总风险有关的非预期会计收益风险效应是 $\gamma_1+\delta_2$；如果忽略总风险（TRUE）的影响，与非预期会计收益相关的系统风险效应是 $\gamma_1+\delta_1$。式（13.1）中的 SRUE 是反映与非预期收益相关的系统风险，系统风险 SR（公司股票的贝塔值）由 CAPM 来估计，由本期前 24 个月的股票月收益率来估计。SRUE 由以下表示：

$$\mathrm{SRUE}_{jt}=\mathrm{UE}_{jt}\times\mathrm{SR}_{jt}$$

如果忽略总风险（TRUE）的影响，可以观测到的与系统风险有关的非预期股票收益的会计收益反应系数（ERC）的风险效应是 $\gamma_1+\delta_1$，可以预计，与非预期收益相关的高系统风险股票具有高的 $\gamma_1+\delta_1$。

根据式（13.1）的设置，由于系统风险与总风险正相关，因此，SRUE 与 TRUE 也存在正相关，因而，SRUE 与 TRUE 就可能存在正相关；此外，由于 TRUE 和 SRUE 分别是非预期会计收益（UE）与总风险和系统风险的乘积，因而，UE 与 SRUE 与 TRUE 就存在无法避免的多重共线性问题。宿成建（2014a，2014b）结果证实了 Chambers 等（2005）模型存在的上述问题的证据。为了避免上述模型设置问题，本章采用宿成建（2014a，2014b）提出的股票非预期收益三因素定价模型框架来检验会计收益反应系数、分析师盈余预测修正系数的风险效应。

2. 宿成建（2014a，2014b）非预期股票收益三因素定价模型

宿成建（2014a，2014b）将股票收益率分解为预期和非预期收益两个部分，见式（13.2）：

$$r_{jt}=\frac{(P_{jt}-E_{t-1}P_{jt})+(E_{t-1}P_{jt}-P_{jt-1})}{P_{jt-1}}=\frac{P_{jt}-E_{t-1}P_{jt}}{P_{jt-1}}+\frac{E_{t-1}P_{jt}-P_{jt-1}}{P_{jt-1}} \tag{13.2}$$

式中，右侧第一项表示非预期收益；第二项为股票预期收益。股票非预期收益由如下表示：

$$\mathrm{UR}_{jt}=\gamma_0+\gamma_1\mathrm{UE}_{jt}+\gamma_2\delta E\mathrm{eps}_{jt}+\gamma_3\mathrm{URM}_t+\varepsilon_{it} \tag{13.3}$$

以上模型中，UR 表示非预期股票收益率；UE 表示非预期会计收益，即当期非预期会计收益与期初股票价格比 $\mathrm{eps}_{jt}/P_{t-1}$；表示公司会计收益增长的理性预期的变量 $\delta E\mathrm{eps}_t/P_t$（简称 ERUE），等于证券分析师所预测的当期股票“每股收益的均值”与期初股票价格之比与 $\mathrm{eps}_{t-1}/P_{t-1}$ 之差；URM 表示的是股票市场组合的非预期收益，即 R_M–E（R_M），该变量反映了市场情绪，与股票市场组合相关的股票非预期收益的敏感性贝塔值平均值应等于 1。

式（13.2）右侧第二项表示股票预期收益，由 CAPM 可以得出股票预期收益（Cochrane，2011），如下：

$$E(r_{jt})=r_f+\beta_j\left[E(r_M)-r_f\right] \tag{13.4}$$

式（13.4）表示股票的预期收益是由该股票的贝塔和预期市场风险溢价所决定的。借鉴

Chambers 等（2005）的模型设置，在宿成建（2014a，2014b）股票非预期收益三因素定价模型框架下检验会计收益反应系数的风险效应的定价模型为如下公式：

$$\mathrm{UR}_{jt} = \gamma_0 + \gamma_1 \mathrm{UE}_{jt} + \gamma_2 \mathrm{ERUE}_{jt} + \gamma_3 \mathrm{URM}_t + \gamma_4 \mathrm{TR}_{t-1} + \varepsilon_{it} \tag{13.5}$$

同理，检验公司总风险对股票收益定价，就转换为如下公式：

$$\mathrm{UR}_{jt} = \gamma_0 + \gamma_1 \mathrm{UE}_{jt} + \gamma_2 \mathrm{ERUE}_{jt} + \gamma_3 \mathrm{URM}_t + \gamma_4 \beta_j + \varepsilon_{it} \tag{13.6}$$

式（13.5）和式（13.6）中相关变量解释见表 9.1。

13.2.2　检验假设

在检验系统风险对会计收益反应系数的风险效应方面，与 Collins 和 Kothari（1989）理论模型预测一致，式（13.2）右侧第一项为股票非预期收益，而式（13.2）右侧第二项为股票预期收益，股票预期收益由式（13.4），即 CAPM 表示，该模型意味着股票预期收益与系统风险贝塔正相关。因此，由式（13.2）和式（13.4）可知，系统风险与 ERC 负相关。Collins 和 Kothari（1989）发现 ERC 与系统风险呈现出统计意义显著的负相关关系，然而，Easton 和 Zmijewski（1989）发现 ERC 与系统风险呈现出的负相关关系，但是统计意义不显著。Warfield 等（1995）则发现 ERC 与系统风险不存在统计意义显著的关系。相比较而言，Cready 等（2000）报告的结果显示 ERC 与系统风险正相关。在检验总风险对 ERC 的风险效应方面，Chambers 等（2005）指出，“ERC 会随着总风险增加而增加，因为特定公司的鼓股利预期是风险的增函数”，他们还发现 ERC 与总风险呈显著的正相关，ERC 与系统风险不存在显著的负相关关系。此外，可以预期，如果证券分析师预期的会计收益增长信息反映了未来股利的支付预期，那么，证券分析师预期的会计收益增长信息就应该存在风险的补偿效应，换句话说，就是证券分析师预期的会计收益增长变量（ERUE）的系数与风险应该存在正相关关系。所以，有如下假设：

假设 1：ERC 随着总风险增加而增加；

假设 2：高总风险公司对证券分析师预期的会计收益增长信息存在风险补偿效应；

假设 3：ERC 随着系统风险增加而减少；

假设 4：高系统风险公司对证券分析师预期的会计收益增长信息存在风险补偿效应。

13.2.3　样本与方法

本章数据来源于万得数据库，选取中国股票市场 2002 年 1 月至 2011 年 3 月间的相关数据进行分析。由于本章选取的关键变量，即分析家们预测公司会计收益数据的起始时间为 2004 年，因此，本章进行模型回归的时间选取为 2004～2011 年。考虑公司贝塔值估计需要样本回归前 24 个月的股票月收益率数据，所以，样本数据选取从 2002 年 1 月起。非预期会计收益由当期会计收益与期初股票价格之比表示，当期会计年度是从当期（t 期）4 月至下一年（t+1 期）的 3 月。与 Liu 和 Thomas（2000）相同，股票年非预期收益率是实际年收益率与按照 CAPM 估计的预期年收益率之差。市场预期风险溢价按照 3% 和 5%计算，系统风险贝塔的估计方法是，对于实际的估计贝塔，采用 CAPM 估计，估计数据是采用当期前 24 个月股票月收益数据估计，然后计算出两个股票非预期收益。会计之差与期初股票价格之比来表示。我们假设会计每股收益为具有零漂移的随机过程，那么 $E_{t-1}(\mathrm{eps}_t)=\mathrm{eps}_{t-1}$，分析家们的当期会计收益预测的预期修正变量为当期会计每股收益的均值与上期会计每股收益之差与期初股票价格之比。股票总风险采用当期前 24 个月股票月收益数据估计，系统风险由股票估计实际贝塔值表示。与非预期收益相关的总风险与系统风险是分别将股票方差与贝塔与表示非预期会计收益变量相乘。变量定义与度量见表 13.1。

13.3　实 证 检 验

在分析风险与 ERC 的关系中，模型的设置尤为重要。根据 13.2 节的分析，Chambers 等（2005）模型采用变量 TRUE 和 SRUE 来度量 ERC 的风险效应，TRUE 和 SRUE 分别是非预期会计收益（UE）与总风险和系统风险的乘积，因而，UE 与 SRUE 与 TRUE 就存在无法避免的多重共线性问题。为了避免 Chambers 等（2005）模型中的多重共线性问题，本章中不使用容易导致多重共线性问题的变量（SRUE 与 TRUE），采用宿成建（2014a，2014b）提出的股票非预期收益三因素定价模型框架来检验会计收益反应系数、分析师盈余预测修正系数的风险效应，检验总风险的 ERC 效应为式（13.5）；检验系统风险的 ERC 效应为式（13.6）。以考察总风险的 ERC 风险效应为例，宿成建（2014a，2014b）将总风险加入到多因素模型中，来考察总风险对 ERC 的影响。回归方程见如下模型：

$$\mathrm{UR}_{jt}=\gamma_0+\gamma_1\mathrm{UE}_{jt}+\gamma_2\mathrm{ERUE}_{jt}+\gamma_3\mathrm{URM}_t+\delta_1\mathrm{TR}_{jt}+\varepsilon_{it} \tag{13.7}$$

根据 Chambers 和 Freeman（2005）的定义，$\gamma_1+\delta_1$ 表示总风险对 ERC 的影响，或者说高风险公司具有高的 δ_1 值。由于 $\gamma_1+\delta_1$ 包含了 ERC（γ_1）和总风险（δ_1）的总效应，用以上模型来刻画总风险对 ERC 的影响不能直接看出总风险对 ERC 的关系，并且，总风险还不能作为独立变量来解释股票非预期收益。根据宿成建（2014b）表 4 的模型 9 所示，总风险的系数估计不能显著拒绝为零。这个结果就意味着 E（$\mathrm{TR}_{jt}\varepsilon_{jt}$）=0 不能被接受。换句话说，就是不能排除以上模型中，总风险变量的可能存在的内生性问题。为了检验总风险变量的内生性问题，本章采用 Campbell 和 Mankiw 提出的 GMM 方法来检验总风险的内生性。表 13.1 是根据以上模型对全样本情况下采用一般矩方法（GMM）对总风险变量的内生性检验结果。

表 13.1 所报告的结果显示，表 13.1 给出的模型 1 和模型 2 的 Sargan-Hansen's J 统计量分别为 180.8 和 174.36，模型的高 J 统计量说明不能拒绝所有的工具变量为外生假设，模型设定存在明显问题，不能拒绝所有的工具变量为外生假设。总风险变量为内生变量，因此将总风险变量作为控制变量加入多元回归方程来研究总风险与 ERC 的关系所得出的结论将不具备稳健性。

表 13.1 总风险 TR 的内生性 GMM 估计

Panel A：模型 1 被解释变量：UR_{1jt}					
	1	$\mathrm{eps}_{jt}/P_{t-1}$	ERUE_{jt}	URM	TR
Coeff	0.027	1.977	1.539	0.897	0.080
t-stat	1.80	4.36	4.99	45.19	0.90
p-value	0.071	0.000	0.000	0.000	0.367
Sargan-Hansen *J*-stat	180.811				
Panel B：模型 2 被解释变量：UR_{1jt}					
	1	$\mathrm{eps}_{jt}/P_{t-1}$	ERUE_{jt}	URM	TR
Coeff	−0.021	2.028	1.551	0.910	1.531
t-stat	−0.48	4.28	5.04	41.10	1.20
p-value	0.631	0.000	0.000	0.000	0.232
Sargan-Hansen *J*-stat	174.361				
Panel C					
C-value	$C=J_1-J_2=6.450$				
C-Pvalue	0.0398				

注：在关于总风险变量的内生性估计中，按照 Campbell 和 Mankiw（1990）方法，本章使用模型 1 和模型 2 来估计。模型 1 的工具变量 Z 包括（1，$\mathrm{eps}_{jt}/P_{t-1}$，ERUE，$\mathrm{URM}_t$，$\mathrm{TR}_t$，$\beta_{jt}$，$\mathrm{UR}_{2jt}$）；模型 2 的工具变量 Z 包括（1，$\mathrm{eps}_{jt}/P_{t-1}$，ERUE，$\mathrm{URM}_t$，$\beta_{jt}$，$\mathrm{UR}_{2jt}$）；模型的原假设为 H_0：$E(\mathrm{TR}_{jt}\varepsilon_{jt})=0$（TR 为外生变量）；模型备选假设为 H_1：$E(\mathrm{TR}_{jt}\varepsilon_{jt})\neq 0$（TR 为内生变量）。C-value 为 6.450，C-pvalue 是 0.0398 说明，可以拒绝原假设，而接受 TR 为内生变量

根据以上总风险在解释股票非预期收益中可能存在的内生性问题，因而，使用模型（13.5）的框架来检验 ERC 的风险效应就存在模型设置问题，同样，也不能排除系统风险贝塔也存在类似问题，因为总风险和系统风险是线性相关的。类似的问题也存在于特质风险来解释股票非预期收益的实证证据中，宿成建和陈洁（2013）发现特质风险不能作为独立变量解释股票非预期收益。为了克服总风险的内生性问题，方法是总风险变量不直接出现在解释变量中，而是将股票按照风险来划分股票组合，从而检验风险的 ERC 效应。具体方法是，将股票分别按总风险将股票分成高、中、低 3 个总风险组合，然后使用如下方程来检验相对于低风险组合，高总风险组合是否具有高的 ERC 的关系。我们也可以检验，高总风险股票是否同样具有高的当期会计收益预期修正反应系数 REERC，或者说市场是否存在对高风险公司证券分析师预期的会计收益增长信息的风险补偿效应，如果存在的话就意味着高风险公司具有更高的 γ_2 值。同样，也可以将股票按照系统风险来分成 3 个组合来估计系统风险对会计收益反应系数的影响效应，模型如下：

$$\mathrm{UR}_{jt}=\gamma_0+\gamma_1\mathrm{UE}_{jt}+\gamma_2\mathrm{ERUE}_{jt}+\gamma_3\mathrm{URM}_t+\varepsilon_{it} \tag{13.8}$$

通过以上的分析，将检验如下假设：

假设 1：ERC 随着总风险增加而增加；假设 2：高总风险公司对证券分析师预期的会计收益增长信息存在风险补偿效应；假设 3：ERC 随着系统风险增加而减少；假设 4：高系统风险公司对证券分析师预期的会计收益增长信息存在风险补偿效应。

使用上述方法来检验 ERC 的风险效应与理性因子风险定价是相一致的，同时，股票收益的联动（return comovement）是在理性因子定价中风险溢价的必要条件（Hirshleifer et al.，2012），根据式（13.8），如果 ERC 存在总风险效应，那么，高风险公司就存在股

票收益的联动，也就是说，相对于低风险公司，高风险公司就具有更高的收益反应系数ERC。同理，如果对证券分析师预期的会计收益增长信息存在风险补偿效应的话，高风险公司将具有更高的当期证券分析师会计收益增长预期修正（ERUE）的反应系数。

表 13.2 报告了使用标准 Fama 和 French 方法得出的时间序列横截面回归模型估计系数。PanelA 和 PanelB 分别报告了总风险和系统风险组合在市场风险溢价为 3%条件下的股票非预期收益的回归模型估计结果。被解释变量的样本区间是从 2004 年 4 月至 2011 年 3 月，作为解释变量的贝塔则起始于 2002 年 1 月。如表 13.3 PanelA 所示，高总风险组合股票的 ERC 是 2.217，T 值 8.154；低总风险组合的 ERC 是 1.285，T 值 5.259。因此，高风险组合股票的 ERC 与低风险组合的 ERC 之差是 0.932，说明股票高总风险越高具有更高的 ERC，假设 1 得到验证。这个结果与 Chambers 等（2005）的预测一致。然而，无论是高风险组合股票还是低风险组合，反映证券分析师预期的会计收益增长信息的分析师盈余预测修正变量的估计系数却没有显著差异，说明股票价格对证券分析师预期的会计收益增长信息不存在总风险补偿效应。因而，假设 2 没有得到验证。

如表 13.2 Panel B 所示，高系统风险组合股票的 ERC 和 REERC 估计系数均分别显著大于低系统风险组合股票的 ERC 和 REERC 的估计系数，并且估计系数在经济意义和统计意义上是显著的，说明 ERC 随着系统风险增加而增加，这一结果与理论模型（13.2）～模型（13.4）的预测不一致，与假设 3 的预期相反。然而，对于高系统风险公司，证券价格对证券分析师预期的会计收益增长信息存在系统风险补偿效应，假设 4 得到验证。假设 3 的结果与 Cready 等（2000）的预测一致，与 Collins 和 Kothari（1989）报告的 ERC 与贝塔呈负相关则相反。本模型的预测与现有金融理论相吻合，即高总风险需要高收益进行补偿，意味着相对高的 ERC（或 REERC）反应系数效应。至此，完成了本书关于风险与 ERC（或 REERC）的关系检验，下面，我们将进一步进行模型的稳健性检验。

表 13.2　ERC 与 REERC 的风险效应

Panel A：	低总风险组合				
	eps_{jt}/P_{t-1}	$ERUE_{jt}$	URM	α	AdjR^2
Coeff	1.285	1.469	0.739	0.079	0.519
t-stat	5.259	6.685	44.402	6.366	
	高总风险组合				
	eps_{jt}/P_{t-1}	$ERUE_{jt}$	URM	α	
Coeff	2.217	1.449	1.029	0.079	0.485
t-stat	8.154	6.660	39.841	5.019	
Panel B：	低系统风险组合				
	eps_{jt}/P_{t-1}	$ERUE_{jt}$	URM	α	
Coeff	1.622	0.774	0.678	0.052	0.448
t-stat	5.627	4.539	37.852	0.448	
	高系统风险组合				
	eps_{jt}/P_{t-1}	$ERUE_{jt}$	URM	α	
Coeff	2.148	2.233	1.053	0.087	0.516
t-stat	8.525	8.260	41.181	5.618	

注：表 13.3 中被解释变量股票非预期收益的市场风险溢价是按照 3%计算。结果是 1%和 5%水平下显著

13.4　模型的稳健性检验

首先，我们控制了年度效应（Collins and Kothari，1989）后，模型的系数估计结果保持稳定。其次，将 Fama 和 French（1992）提出的规模与账面市值比两个变量后，模型估计的结果依然保持稳健。那么，实证结果是否会受到样本的区间影响呢？答案是否定的，如使用 2004～2008 年的数据检验该模型，本章的结果依然稳健。此外，考虑会计年报的结束时间为每年 4 月月底，将股票非预期收益计算年度窗口设置为从当期（t 期）5 月至下一年（t+1）的 4 月，市场非预期收益（URM）按照市场组合来计算，发现实证结论依然保持一致性。进一步，我们再将股票实际收益来替代股票非预期收益作为被解释变量，所得出的结论不失稳健性。

第 14 章　应计质量与股票非预期收益定价——来自中国股票市场的证据

14.1 引　　言

关于资本市场的一个基本问题是，是否“有限关注（limited attention）”影响投资者的决策以及均衡资产价格。大量的证据表明有限关注（或关注约束）会影响投资者的交易行为（Barber et al.，2005；Barber and Odean，2008），同时，有限关注也存在对股票价格行为的影响的证据（Barber and Odean 2008；Vigna and Poll et al.，2009；Hirshleifer et al.，2009）。后一证据与有效市场的假说（股票价格已经反映了所有信息）是相矛盾的。

一个关键的渠道来检验“有限关注”是否影响投资者是投资者通过会计信息来估计公司的价值。投资者需要面对若干公司的多年的财务报表，并且这些报表还包括很多项目，投资者需要进行经济分析和统计分析。因此，检验“有限关注”自然要检验投资者是否能够全面使用可以获得的会计信息（Hirshleifer et al.，2012）。

当投资者估计某一公司的价值时，他们会区别对待会计收益的两个组成部分：经营现金流量和会计调整（经营应计）。因为经营活动产生的现金流量相对于会计收益应计部分，具有更强的对未来盈利能力的预测能力。因此，对收益构成的两个部分的区别会使投资者对高应计公司前景的乐观估计，而对低应计公司未来前景的悲观估计。因此，若存在“有限关注”投资者（或天真投资者）影响价格的话，就可以预期对于高应计公司就存在非理性的高价格，而对低应计公司就对应着低的股票价格。那么，高应计公司就应该获得低的未来异常收益，而低应计公司就应该获得高的未来异常收益。按照这样的假设，Sloan（1996）发现在美国股票市场，具有低应计相对高应计公司存在一定的收益溢价，即所谓应计异象（accrual anomaly），在其他国家股市也存在类似现象（Pincus et al.，2007）。

除了以上考察应计规模所发现的应计异象（Sloan，1996）外，会计学者则考察应计的估计误差，即应计质量，是否存在资本市场定价效应。Dechow 和 Dichev（2002）指出，应计通常是基于这样的假设，即对应计的估计发生错误必须会由未来应计和会计收益进行修正。例如，如果从应收账款中获得的净收益低于原来的估计，那么，后续的收益记录就包括收到的现金和估计误差的修正。估计误差和后来的修正是属于白噪声，它们会降低应计的有益价值。因此，应计质量和会计收益会随着应计估计误差的增加而减少（Dechow and Dichev，2002）。Dechow 和 Dichev（2002）发现除了应计质量与应计的绝对值成负相关关系外，应计质量相对应计水平在解释会计收益持续性方面具有更高的解释能力。他们还提出了以反映应计误差回归方程的残差标准差来表示应计质量。

针对应计质量的资本市场定价，最近一篇具有影响的文献是 Francis、Lafond、Olsson 和 Schipper（FLOS，JAE2005）指出，不能分散化的信息风险（Easley and O'Hara，2004；Leuz and Verrecchia，2004）与低应计质量的投资者定价决策是相关的。投资者可以从应计质量来分析从会计收益到预期现金流的信息。相对较差的应计质量会阻碍投资者从会计收益信息到预期现金流的正确判断过程，从而，增加信息风险，因此，应计质量反映了投资者的有限关注。FLOS（JAE2005）进一步提出了以应计质量表示的风险定价因子（AQfactor）是一个风险定价因子，并且发现应计质量对权益成本可以定价的证据。

在一些理论文献中，信息风险是否可以被分散化是一个公开的问题。经典的资产定价理论指出信息风险是可以被分散化的，对预期收益没有定价效应。然而，Easley 和 O'Hara（2004）提出了一个新模型，这个模型刻画了那些具有较少公共信息和更多私有信息的公司具有较高的信息风险和预期收益。此时，信息风险不能被分散化。Lambert 等（2006）指出，当投资者数量足够大时，Easley 和 O'Hara（2004）模型中的信息效应就会消失。此外，Hughes 等（2007）将信息风险置于一个多因子模型框架下，提出了一个信息可以被分散化，同时可以被现有的风险溢价解释的模型。

与理论上仍然存在信息风险的争论相比，应计质量是否影响权益成本同样存在争议。与 FLOS（JAE2005）的发现不同的是，Core 等（2008）发现尽管应计质量风险因子（AQ factor）的估计系数为正，但其并不能对股票横截面收益定价，作为特征也不能预测未来一年的股票实际收益。已知大量文献间接或直接依赖于风险因子的存在性。因此，解决与应计质量相关的风险定价因子的存在性问题就显得尤为重要。

为了回答上述问题，Ogneva（2012）指出，Core 等不能发现应计质量与股票未来实际收益的相关关系是因为基于残余标准差的应计质量的度量（Dechow and Dechow，2002）与未来现金流冲击负相关。由于这个负相关关系的存在，股票高预期与低应计质量的相关关系受到负的现金流冲击的抵消，因而导致应计质量与股票未来实际收益的相关性消失。

Ogneva（2012）发现在排除现金流冲击后，未来实际收益与应计质量负相关。在使用非线性横截面回归或公司水平收益分解方法去除现金流冲击后，在控制 Fama-French 三因子变量后，应计风险因子溢价（风险因子系数）是显著的。该文献给出了风险因子存在性的证据。

然而，显然 Ogneva（2012）的估计结果存在模型设置问题，其估计方程的调整 R^2 偏小，如应计质量风险因子模型估计的 R^2 为 0.80%，模型也存在显著的 α 为 0.63（Ogneva，2012）。此外，模型估计结果不一致，如市场风险溢价估计结果出现符号相反的情况（Ogneva，2012），如对 25 个规模和账面市值比股票组合收益进行回归的市场风险溢价估计值为负（与 Fama 和 French 1996 的报告结论相矛盾），然而，对 100 个 DD 组合的市场风险溢价估计值为正。

目前，国内学术界对于应计质量的研究，主要着重于上市公司盈余管理的角度，而涉及应计质量定价的文献甚少。王鸿和朱宏泉（2010，2012）发现，在中国 A 股市场，投资者不能全面有效识别公司应计盈余质量的好坏，应计质量没有得到客观定价。此外，应计质量风险因子不能解释股票收益。

综上所述，究竟是应计质量特征还是应计质量风险因子对股票收益定价是一个存在争议的问题。应计质量如何定价仍然是学术界亟待解决的重要问题。

在宿成建（2014a，2014b）股票非预期收益三因素定价模型的框架下，宿成建和陈洁（2013）检验了特质波动率与股票收益的关系，回答了特质波动率与股票收益的定价关系。本章则以宿成建（2014a，2014b）股票非预期收益三因素定价模型框架下分析应计质量的定价问题并发现：高盈余质量具有高的 ERC，低盈余质量具有低的 ERC，在低盈余质量下，市场的分析师盈余预测系数依然显著，说明投资者对低盈余质量公司的分析师盈余信息给予了更多关注。这个发现意味着对于低应计质量的公司投资者将分析师盈余预测信息视为解决信息不对称的可靠渠道，并影响投资者对股票定价。本章的证据显示，宿成建（2014a，2014b）股票非预期收益三因素定价模型框架下分析应计质量的定价优越于 Fama 和 French（1996）三因子定价模型框架的应计质量定价研究。以下分成三个部分，第二部分是模型设置和样本与方法；第三部分实证检验；第四部分是结论。

14.2　模型设置与变量度量

14.2.1　模型设置

宿成建（2014a，2014b）将股票收益率分解为预期和非预期收益两个部分，如下：

$$r_{jt}=\frac{(P_{jt}-E_{t-1}P_{jt})+(E_{t-1}P_{jt}-P_{jt-1})}{P_{jt-1}}=\frac{P_{jt}-E_{t-1}P_{jt}}{P_{jt-1}}+\frac{E_{t-1}P_{jt}-P_{jt-1}}{P_{jt-1}}\qquad(14.1)$$

式中，第一项表示非预期收益；第二项为股票预期收益。股票非预期收益由如下表示：

$$\mathrm{UR}_{jt}=\gamma_0+\gamma_1\mathrm{UE}_{jt}+\gamma_2\delta E\mathrm{eps}_{jt}+\gamma_3\mathrm{URM}_t+\varepsilon_{it}\qquad(14.2)$$

以上模型中，UR 表示股票非预期收益率；UE 表示非预期会计收益，即当期非预期会计收益与期初价格比 $\mathrm{eps}_{jt}/P_{t-1}$；表示公司会计收益增长的理性预期的变量 $\delta\,E\mathrm{eps}_t/P_t$，等于分析家们预测当期股票“每股收益的均值”与期初股票价格之比与 $\mathrm{eps}_{t-1}/P_{t-1}$ 之差；URM 表示市场情绪变量，URM 表示的是股票市场组合的非预期收益，即 R_M-E（R_M），该项表示了市场情绪，与股票市场组合的非预期收益有关的股票非预期收益的敏感性贝塔值平均值应等于 1。

式（14.1）右侧第二项表示股票预期收益，由 CAPM 可以得出股票预期收益，如下：

$$E(r_{jt})=r_f+\beta_j\left[E(r_M)-r_f\right]\qquad(14.3)$$

也就是股票的预期收益是由该股票的贝塔和预期市场风险溢价所决定的。

14.2.2　应计质量的度量

和 Core 等（2008）及（FLOS，JAE2005）一致，本章采用 DD 方法（Dechow and Dechow，2002）来度量应计质量（AQ）。具体方法是以当期总应计（TCA）作为因变量，滞后一期、当期以及未来一期的现金流和销售收入的变化以及固定资产（PPE）作为解释变量，来估计以下回归方程：

$$\mathrm{TCA}_{j,t}=\phi_{0,j}+\phi_{1,j}\mathrm{CFO}_{j,t-1}+\phi_{2,j}\mathrm{CFO}_{j,t}+\phi_{3,j}\mathrm{CFO}_{j,t+1}+\phi_{4,j}\Delta\mathrm{Rev}_{j,t}+\phi_{5,j}\mathrm{PPE}_{j,t}+\upsilon_{j,t}\qquad(14.4)$$

式中，$\text{TCA}_{j,t} = (\Delta\text{CA} - \Delta\text{Cash}) - (\Delta\text{CL} - \Delta\text{STDEBT})$

$$\text{TA}_{j,t} = \text{TCA}_{j,t} - \text{DEPN}_{j,t}$$

$$\text{CFO}_{j,t} = \text{NIBE}_{j,t} - \text{TA}_{j,t}$$

这里，$\text{TCA}_{j,t}$为公司j在t年的总流动应计额；$\text{CFO}_{j,t}$为公司j在t年的经营现金流量；$\text{NIBE}_{j,t}$为公司j在t年扣除非经常性损益的净利润；$\text{TA}_{j,t}$为公司j在t年的总应计额；ΔCA 为公司j在t年和t–1 年流动资产的变化值；ΔCash 为公司j在t年和t–1 年现金的变化值；ΔCL 是公司j在t年和t–1 年流动负债的变化值；ΔSTDEBT 是公司j在t年和t–1 年流动负债中的短期债的变化值；$\text{DEPN}_{j,t}$是公司j在t年的折旧和摊销费用，$\Delta\text{Rev}_{j,t}$是公司j在t年和t–1 年销售收入的变化值；$\text{DPE}_{j,t}$是公司j在t年的总固定资产。

按照中国证券监督委员会的产业分类，按照产业划分采用产业内公司样本数据估计方程（14.4），对于给定的年度内，要求的产业内的公司数据至少有 20 个观测值。在t年的应计质量 AQ 表示是方程（14.4）在t–4 到t期间的公司水平的残余标准差。随着公司的应计的残余标准差的增加，公司会计报告质量降低，也就是对应降低的应计质量。

14.2.3　应计质量风险因子的度量

参考 FLOS（2005）的应计质量风险因子的构造方法，每年将不同盈余质量的公司从高盈余质量（低 AQ 值）到低盈余质量（高 AQ 值）分成 5 个组合，计算年度应计质量风险因子组合=盈余质量低的两个组合（AQ4 和 AQ5）的算术年平均收益-盈余质量高低的两个组合（AQ1 和 AQ2）的算术年平均收益，该值视为盈余质量风险因子 AQfactor 值，这个方法类似于 Fama 和 French 构造规模和账面市值比因子组合的方法。此外，本章为了检验 Fama 和 French（1996）三因子模型框架下应计质量的定价，采用其方法构造了年度规模因子组合 SMB 及账面市值比因子组合 HML。

14.2.4　应计质量定价方程

与 Core 等（2008）类似，在 Fama-French 三因子模型框架下检验应计质量的定价为如下方程：

$$R_{j,t} - R_f = a_j + b_j(R_{M,t} - R_{f,t}) + s_j\text{SMB}_t + h_j\text{HML}_t + c_j\text{AQ}_{jt} + e_j\text{AQfactor}_t + \varepsilon_{j,t} \qquad (14.5)$$

参考宿成建和陈洁（2013），在宿成建（2014a，2014b）股票非预期收益三因素定价模型框架下检验应计质量的定价为如下方程：

$$\text{UR}_{j,t} = \gamma_{j,0} + \gamma_1\text{UE}_{jt} + \gamma_2\delta E\text{eps}_{jt} + \gamma_3\text{URM}_t + c_j\text{AQ}_{jt} + e_j\text{AQfactor}_t + \varepsilon_{j,t} \qquad (14.6)$$

14.2.5　样本与方法

本章数据来源于万德数据库，选取中国股票市场 2002 年 1 月至 2011 年 3 月间的相关数据进行分析。由于本章选取的关键变量，即分析家们预测公司会计收益数据的起始时间为 2004 年，因此，本章进行模型回归的时间选取为 2004～2011 年。考虑公司贝塔值估计需要样本回归前 24 个月的股票月收益率数据，所以，样本数据选取从 2002 年 1 月起。本章检验非预期年股票收益率的定价问题，当期会计年度是从当期（t 期）4 月至下一年（t+1）的 3 月。

与 Liu 和 Thomas（2000）相同，股票年非预期收益率是实际年收益率与按照 CAPM 估计的预期年收益率之差。市场预期风险溢价按照 3%和 5%计算。估计贝塔按照 3 个值（取 1，贝塔估计值，组中间值），将 2 个预期风险溢价与 3 个估计贝塔组合，就可以计算出 6 个股票非预期收益率。估计贝塔值方法是，对于实际的估计贝塔，采用 CAPM 估计，估计数据是采用当期前 24 个月股票月收益数据估计；然后将股票分成两组，被分到组的股票均采用组合贝塔的中间值。

非预期会计收益由当期会计收益与期初股票价格之比表示，也可以由当期会计收益与上一期会计之差与期初股票价格之比来表示。我们假设会计每股收益为具有零漂移的随机过程，那么 $E_{t-1}(\text{eps}_t)=\text{eps}_{t-1}$，分析家们的当期会计收益预测的预期修正变量为当期会计每股收益的均值与上期会计每股收益之差与期初股票价格之比。股票总风险是采用当期前 24 个月股票月收益数据估计，系统风险由股票估计实际贝塔值表示。与非预期收益相关的总风险与系统风险是分别将股票方差与贝塔与表示非预期会计收益变量相乘。

14.3 实 证 检 验

14.3.1 应计质量与股票超额收益

参考 FLOS（2005）的应计质量资产定价检验，本章采用公司水平的资产定价回归来检验应计质量对股票收益的定价效应。与 FLOS（2005）一致，本章首先估计了 CAPM 的估计结果。表 14.1 的 Panel A 报告了市场因子的平均系数估计为 0.997，其 t 值为 60.078，调整 R^2 为 0.604。表 14.1 的 Panel A 中第 4 列报告了在 CAPM 中加入应计特征因子的二因子模型的回归结果，AQ 因子的估计系数为–0.281，说明应计质量特征与股票超额收益负相关，然而，其 t 值为–0.542，说明其系数估计统计上不显著，不能显著拒绝系数不为零。与单因子的 CAPM 估计相比，包括应计特征的二因子模型的调整 R^2 值任然为 0.604。这个结果意味着应计质量特征对股票超额收益不存在显著的定价效应。

表 14.1 Panel A 还报告了 Fama-French 三因子模型对股票超额收益的定价结果。结果显示，只有市场因子和规模因子的估计系数显著，其系数估计值分别为 0.847（t 值为 14.204）及 0.793（t 值为 3.969），而账面市值比因子的系数估计值为–0.024（t 值为–0.088）。模型的调整 R^2 值为 0.608，其调整 R^2 值比单因子的 CAPM 的调整 R 值增加了仅 0.004。然而，Fama-French 三因子模型的截距项估计值为–0.100（t 值为–4.417），而单因子的 CAPM 的截距项估计值为–0.018（t 值为–1.235），相比较而言，单因子的 CAPM 比 Fama-French 三因子模型在解释股票超额收益方面具有更好的解释能力。因为传统对因子定价模型的检验推断给定定价模型的优劣取决于估计模型的截距项是否接近于零（Fama and French，1996）。将 AQ 特征因子加入到 Fama-French 三因子模型后的估计结果如表 14.1 Panel A 中第 8 列所示，AQ 因子的估计系数为 0.010（t 值为 0.019），

这一结果进一步证实应计质量特征不能对股票超额收益定价。

表 14.1　应计质量与股票超额收益定价

	基于 CAPM				基于 Fama-French 三因子模型			
	Coef	*t*-stat	Coef	*t*-stat	Coef	*t*-stat	Coef	*t*-stat
Panel A：应计质量特征定价检验								
intercept	−0.018	−1.235	−0.007	−0.272	−0.100	−4.417	−0.100	−3.073
R_M−R_f	0.997	60.078	0.998	59.952	0.847	14.204	0.847	14.199
SMB					0.793	3.969	0.793	3.939
HML					−0.024	−0.088	−0.024	−0.089
AQ			−0.281	−0.542			0.010	0.019
R^2	0.604		0.604		0.608		0.608	
Panel B：应计质量风险因子定价检验								
intercept	−0.018	−1.235	−0.021	−1.284	−0.100	−4.417	−0.100	−4.528
R_M−R_f	0.997	60.078	1.004	40.051	0.847	14.204	0.704	5.270
SMB					0.793	3.969	0.629	2.598
HML					−0.024	−0.088	0.465	0.947
AQfactor			0.065	0.361			−0.043	−1.196
R^2	0.604		0.604		0.608		0.608	

为了检验应计风险因子对股票超额收益的定价效应，与 FLOS（2005）类似，本章计算应计质量风险因子组合 AQfactor 等于两个高 AQ 组合（Q_4 和 Q_5）的年度超额收益与两个低 AQ 组合（Q_1 和 Q_2）的年度超额收益之差，计算样本的区间为 2004 年 4 月至 2011 年 3 月。表 14.1 Panel B 报告了包括市场因子（CAPM）和应计质量风险因子的二因子模型回归结果。应计质量风险因子的系数估计值为 0.065（t 值为 0.361），结果表明应计质量风险因子不能解释股票超额收益。该回归模型的调整 R^2 值为 0.604，与市场因子（CAPM）模型的回归结果的调整 R^2 值（0.604）相比维持不变，说明在市场因子（CAPM）模型的基础上增加应计质量风险因子并没有增加解释能力。

为了进一步检验应计风险因子对股票超额收益的定价效应，将应计质量风险因子组合 AQfactor 加入到 Fama-French 三因子模型后的估计结果见表 14.1 Panel B 中第 8 列，应计质量风险因子的估计系数为−0.043（t 值为−1.196），应计质量风险因子的估计系数的 t 值从统计上拒绝了系数显著不为零。该回归模型的调整 R^2 值为 0.608，与 Fama-French 三因子模型的回归结果的调整 R^2 值（0.608）相比维持不变，说明在 Fama-French 三因子模型的基础上增加应计质量风险因子并没有增加解释能力。这一结果进一步证实应计质量风险因子并不能对股票超额收益定价。

以上关于应计质量风险因子并不能对股票超额收益定价的证据与王鸿和朱宏泉（2012）报告的结果一致，本章与王鸿和朱宏泉（2012）不同的是，他们所用数据窗口是月度数据回归，本章的数据则使用年度数据窗口进行回归。然而，本章的结果与 FLOS（2005）的结果则不一致，FLOS（2005）报告了应计质量风险因子 AQfactor 在美国股市的显著的对股票超额收益的解释能力。FLOS（2005）对于其发现的应计质量风险因子的定价证据，他们的解释是："应计质量影响权益风险的市场感知能力。与高应计质量公司相比，低应计质量公司具有更高的权益成本，其经验证据与 Easley 和 O'Hara（2004）及 Leuz 和 Verrecchia（2004）的预测是一致的，即信息风险是不能分散化的风险因子。"然而，Core 等（2008）发现尽管应计质量风险因子（AQ factor）的估计系数为正，但并没有证据显示应计质量风险因子（AQ factor）就是一个可以定价的风险因子。

应计质量风险因子对股票收益定价缺乏一致性和显著性的原因可以归结为以下几个方面，其一是可能存在模型的设置问题，现有的关于应计质量实证定价的模型主要是基于 CAPM 和 Fama-French 三因子模型（如 FLOS，2005；Core et al.，2008）。其二是可能存在数据探索的问题（Lo and MacKinlay，1990）。由于应计质量反映了财务报告的质量，直接反映了会计收益的质量信息，因此，使用包括会计收益变量的定价模型就可能为应计质量定价提供较好的框架。由于宿成建（2014a，2014b）股票非预期收益三因素定价模型中有关会计收益及证券分析师盈余预测修正变量均与应计质量信息直接相关，因此，与 Fama-French 三因子模型相比，宿成建（2014a，2014b）股票非预期收益三因素定价模型为应计质量定价提供了可能的方向。在接下来的实证检验中，本章将以宿成建（2014a，2014b）关于股票非预期收益三因素定价模型框架下检验应计质量风险因子的定价效应。

14.3.2 应计质量与股票非预期收益

下面采用公司水平的资产定价回归来检验应计质量对股票非预期收益的定价效应。表 14.2 报告了全样本应计质量的非预期股票收益定价效应。

表 14.2 应计质量非预期收益定价检验结果

	模型（1）		模型（2）	
被解释变量	UR		UR	
	Coef	*t*-stat	Coef	*t*-stat
intercept	−0.045	−2.911	−0.010	−0.364
AQ			−0.995	−1.904
UE	0.825	3.355	0.805	3.262
ERUE	1.624	7.058	1.677	7.243
URM	0.964	57.160	0.986	39.253
AQfactor			0.193	1.090
R^2	0.613		0.614	
N	2368		2368	

表 14.2 报告了宿成建（2014a，2014b）股票非预期收益三因素定价模型对股票非预期收益的定价结果。结果显示，当期非预期会计收益与期初价格比 eps_t/P_{t-1}、表示股票会计收益增长的理性预期的变量 $\delta Eeps_t/P_t$ 及市场非预期收益 URM 的三因素变量的估计系

数显著，模型的调整 R^2 值为 0.613。表 14.2 第 4 列报告了包括应计质量特征 AQ 以及应计质量风险因素 AQfactor 变量后的系数估计结果，除了宿成建（2014a，2014b）股票非预期收益三因素定价变量估计系数显著外，应计质量特征 AQ 的估计系为–0.995（t 值为–1.904），说明应计质量特征 AQ 与股票非预期收益存在着统计意义上显著的负相关关系，该证据的经济含义意味着应计质量信息较差的公司具有低的股票非预期收益。而应计质量风险因子 AQfactor 变量后的估计系数为 0.193，但其 t 值为 1.090，统计上不显著拒绝不为零，说明应计质量风险因子 AQfactor 变量对股票非预期收益不存在显著的解释能力。此外，模型的调整 R^2 值为 0.614，与模型（14.1）相比调整 R^2 值只是增加了 0.1%，然而，模型的截距项为–0.010（t 值为–0.364），而模型（14.1）的截距项为–0.045（t 值为–2.911），上述回归结果显示将应计质量信息纳入宿成建（2014a，2014b）股票非预期收益三因素定价模型可以提高该模型解释能力（如 Fama and French，1996）。简而言之，以上结果显示应计质量特征 AQ 与股票非预期收益存在着统计意义上显著的负相关关系，应计质量风险因子 AQfactor 变量对股票非预期收益不存在显著的解释能力。这个结果是由全样本回归结果，接下将考察随着应计质量特征 AQ 的变化、检验应计质量对会计收益反应系数（ERC），以及分析师盈余预测修正变量反应系数影响效应。

由于应计质量信息与会计收益密切相关，此外，应计质量信息对证券分析师进行盈余预测同样产生影响，根据宿成建（2014a，2014b）股票非预期收益三因素定价模型的预测，股票非预期收益由该三因素变量解释，除了考虑市场因素外，投资者会以会计信息和证券分析师盈余预测信息作为投资决策依据买卖股票，因此，股票价格就会反映应计质量信息，并且会对会计收益反应系数（ERC）以及分析师盈余预测修正变量反应系数产生一定的影响，其影响效应见表 14.3。

表 14.3　应计质量对会计收益反应系数（ERC）以及分析师盈余预测修正变量反应系数影响效应

	Q_1		Q_2		Q_3		Q_4		Q_5		Q_5–Q_1
E（AQ）	0.016		0.026		0.037		0.050		0.082		0.066
E（UR）	0.350		0.325		0.359		0.323		0.330		–0.02
被解释变量	UR		UR		UR		UR		UR		
	Coef	t-stat	Coef	t-stat	Coef	t-stat	Coef	t-stat	Coef	t-stat	
intercept	0.082	0.732	0.203	0.946	0.290	1.025	0.416	1.530	–0.059	–0.696	
AQ	–8.273	–1.266	–9.721	–1.183	–9.507	–1.235	–8.980	–1.626	0.156	0.157	
UE	2.337	4.010	0.457	0.975	1.169	1.569	0.367	0.616	0.253	0.704	
ERUE	1.886	2.388	2.989	4.282	3.942	4.907	1.431	3.232	1.314	4.880	
URM	0.970	22.883	0.996	23.791	1.004	20.914	0.899	19.955	0.943	24.922	
AQfactor	0.045	0.208	0.210	1.020	–0.143	–0.610	–0.249	–1.137	–0.076	–0.406	
R^2	0.597		0.615		0.578		0.557		0.651		
N	548		549		549		549		560		

表 14.3 是以将不同盈余质量的公司从高盈余质量（低 AQ 值）到低盈余质量（高 AQ 值）分成 5 个组合，最低盈余质量（AQ5）与最高盈余质量（AQ1）的 AQ 值之差为 0.066。

组合股票非预期收益均值之差为–0.02。说明低盈余质量具有更低的股票非预期收益。除了 AQ5 组合外，盈余质量特征因子 AQ 的系数估计均为负数，该结果意味着盈余质量特征因子 AQ 与股票非预期收益负相关，但与全样本回归相比，组合下的盈余质量特征因子 AQ 的估计系数 t 值统计意义上不显著。但是，应计质量信息对会计收益反应系数（ERC）以及分析师盈余预测修正变量反应系数产生的影响效应则显著存在。首先，对于最高盈余质量（AQ_1）组合，ERC 为 2.337（t 值为 4.010），而随着盈余质量的降低（从 AQ_2 至 AQ_5），ERC 的估计值为不显著异于零，说明市场反应对高盈余质量的会计收益信息，而不对低盈余质量公司会计信息做出反应。其次，无论是高盈余质量组合还是低盈余质量组合，证券分析师盈余预测修正变量（ERUE）的系数均为显著不为零，5 个 AQ 组合的 t 值显示统计上显著。这个结果说明，无论是高盈余质量组合还是低盈余质量组合，市场的分析师盈余预测系数依然显著，说明市场对分析师盈余信息给予了一致的关注。特别地，在低盈余质量组合下，证券分析师盈余预测修正变量（ERUE）的系数均为显著不为零说明，投资者通过证券分析师的盈余预测信息来分析公司会计收益信息来判断公司价值，并以此作为股票买卖的决策依据。

综上所述，实证证据显示是应计质量特征因子而不是应计质量风险因子 AQfactor 变量对股票非预期收益进行定价。并且应计质量对会计收益反应系数（ERC）以及分析师盈余预测修正变量反应系数存在影响效应。市场反映高盈余质量的会计收益信息，而不对低盈余质量公司会计信息做出反应。其次，无论是高盈余质量组合还是低盈余质量组合，市场对分析师盈余信息给予了一致的关注。

第 15 章　信息、均衡与效率

金融市场是由新闻和信息驱动的。经典的资产定价理论假设所有的市场参与者拥有相同的信息。然而，实际上，不同的交易者拥有不同的信息。对同一个事件，有些交易者知道的更多的信息，甚至当所有的交易者在面对公开宣布的同一信息，不同的投资者会有不同的解释。公开的信息披露很少涉及关于资产价值的直接陈述。一般情况下投资者必须利用自己掌握的信息分析这些消息对资产价值的影响。因而，对于相同的公开陈述的信息，拥有不同背景的交易者会给出不同的判断结论。因此，要很好地理解金融市场，在金融市场的信息扩散与同化过程中，就必须检验信息不对称。

当存在一个信息在所有市场参与者中扩散的经济中，资产价格具有两个功能：一方面，价格就是一个指数，显示买卖双方的议价能力；另一方面，价格又是信息的传导者。

哈耶克是最早把价格体系看为传达信息的一种机制。这个信息会影响交易者对资产价值不确定的预期（Hayek，1945）。学术界用不同的模型来表示交易者的预期的形成。穆斯提出了一个理性预期框架，需要人们将概率分布的主观信念与客观概率分布对应（Muth，1960，1961）。这个框架排除了系统性的误差。理性预期假说的优点是这种关于预期的构成方式，提供了一个简单的和合理的处理期望的方法。交易者从所有来自外生和内生数据推断出的可用信息做出判断。特别地，他们可以从公开的可观测的价格获得信息。简而言之，投资者依据资产价格所传达信息以及对他们的私人信息进行交易。

在本章的 15.1 节和 15.2 节，提供了关于对信息进行建模以及均衡的基本概念。15.3 节则介绍配置效率和信息效率的差异。

15.1　信 息 建 模

如果个人完全知情，他们就能区分世界上不同的状态。表示为 Ω 的状态空间是真实世界 ω 的所有可能状态的集合。我们可以假设 Ω 可以为有限的几个可能状态。下面以一个简单的例子来展示复杂的概念。考虑一种情况，这种情况下投资者关注的重要的问题是某个股票的股利支付和其股票的价格。股息和价格可以是高或低，也有可能就是该公司破产，在后一种情况下，价格和股息将是零。状态空间 ω 提供了一个完整世界的描述（即采用股利支付 d 以及股票价格的价格 p ）。在这个状态空间中，有 5 个状态 $\omega_1=\{d_{高}，p_{高}\}$，供 $\omega_2=\{d_{高}，p_{低}\}$，$\omega_3=\{d_{低}，p_{高}\}$，$\omega_4=\{d_{低}，p_{低}\}$，$\omega_5=\{d=0，p=0\}$。一个事件 E 是一个状态的集合。例如，高股利支付就表示事件 $E=\{\omega_1,\omega_2\}$。自然选择状态，然而各人可能不知道哪个状态是世界的真实状态或者哪个事件是真实的（Brunnermeier，2001）。

1. 从概率集合到分割

信息允许个人排除世界的某些状态。根据世界的真实状态 $\omega\in\Omega=\{\omega_1,\omega_2,\omega_3,\omega_4,\omega_5\}$，

投资者可能接受到不同的信息。例如，投资者看到状态ω_1即高股利支付时，他就会排除状态空间ω_3，ω_4，ω_5。在状态ω_1时，他会认为只有状态ω_1和状态ω_2是可能的真实的状态。可以用概率集合来表示这个信息集。假如真实的状态集是状态ω_1和ω_2，投资者的概率集就是$P^{i''}(\omega_1)=\{\omega_1,\omega_2\}$，其他的状态的概率集为是$P^{i''}(\omega_2)=\{\omega_2,\omega_3\}$；$P^{i''}(\omega_3)=\{\omega_2,\omega_3\}$；$P^{i''}(\omega_4)=\{\omega_4,\omega_5\}$；$P^{i''}(\omega_5)=\{\omega_5\}$。投资者$i$知道这种信息结构。根据公理，该投资人不会排除真实的状态。换句话，真实的状态属于$P^i(\omega)$，即$\omega\in P^i(\omega)$。

然而，投资者i不能充分利用她所获得信息的内容。但是，他可以通过逻辑分析来提高知识。下面我们分析正向推理及反向推理的区别。例如，出现状态ω_1时，投资者i知道只有状态ω_1和状态ω_2是可能的。然而，通过正向推理他知道在状态ω_2真实的状态会是状态ω_2或状态ω_3。由于状态ω_3不是他的选择集，因此，他会排除状态ω_2，因此，他知道真实的状态应是状态ω_1。正向推理后，概率集合满足：

$$\omega\in P^i(\omega)\Rightarrow P^i(\omega')\subseteq P^i(\omega)$$

因而，个人的更新的概率集合为$P^{i''}(\omega_1)=\{\omega_1\}$，其他的状态的概率集为是$P^{i''}(\omega_2)=\{\omega_2,\omega_3\}$；$P^{i''}(\omega_3)=\{\omega_2,\omega_3\}$；$P^{i''}(\omega_4)=\{\omega_4,\omega_5\}$；$P^{i''}(\omega_5)=\{\omega_5\}$。更进一步，采用反向推理更多的信息可以从信息结构中推导出，考虑以出现状态ω_4时为例。当出现状态ω_4时，投资者i知道只有状态ω_4和状态ω_5是可能的。然而，在状态ω_5时他知道世界的真实状态是在$\{\omega_1,\omega_2,\omega_3,\omega_4\}=\Omega\setminus\{\omega_5\}$。由此，他能够推断出结论即真实的状态应该是状态$\omega_4$。反向推理的表达式为

$$\omega'\in P^i(\omega)\Rightarrow P^i(\omega')\supseteq P^i(\omega)$$

在应用了正向推理和反向推理后，投资者i具有如下信息结构：概率集就是$P^{i''}(\omega_1)=\{\omega_1\}$，其他的状态的概率集为是$P^{i''}(\omega_2)=\{\omega_2,\omega_3\}$；$P^{i''}(\omega_3)=P\{\omega_2,\omega_3\}$；$P^{i''}(\omega_4)=\{\omega_4\}$；$P^{i''}(\omega_5)=\{\omega_5\}$。这个信息集就是状态空间$\Omega$的一个分割。

满足公理及正向和反向推理的任何信息结构都可以表示为Ω的一个分割。分割单元数量越多，投资者i具有更多的信息。

2. 知识算子

知识算子定义为

$$K^i(E)=\left\{\omega\in\Omega\text{: } P^i(\omega)\subseteq E\right\}$$

是用来代表投资者i的信息的概念的另一种表达。然而，概率集$P^i(\cdot)$报告了世界的所有状态及给定某一真实状态的概率。知识算子则反过来表达。它报告了世界的所有状态，即投资者i具认为该状态（或事件）是一个可能的事件E。它报告了投资者i所知道的世界的真实状态的所有事件结合$E\subseteq\Omega$。在我们的例子中，投资者i知道事件$E'=\{\text{dividend}\cdot\text{is}\cdot\text{high}\}=\{\omega_1,\omega_2\}$仅存在于状态$\omega_1$中，因此，$K^i(E')=\omega_1$。无需借助概率集的任何公理，就可导出关于知识算子的三个特征。

（1）投资者i的知道每一个状态$E\in\Omega$为真，也就是：

$$K^i(\Omega)=\Omega$$

（2）如果投资者 i 的知道事件的真实状态在事件 E_1 中，同时，他也知道真实状态的事件 E_2 包含 E_1，表达为

$$当 E_1 \subseteq E_2，\quad K^i(E_1) \subseteq K^i(E_2)$$

（3）如果投资者 i 的知道事件的真实状态在事件 E_1 中，同时，他也知道真实状态的在事件 E_2 中，那么他也知道真实的状态在事件 $E_1 \cap E_2$ 中。简而言之，如果他知道 E_1 和 E_2，那么他也知道 $E_1 \cap E_2$。反之亦然。表示为

$$K^i(E_1) \cap K^i(E_2) = K^i(E_1 \cap E_2)$$

为了以分割的形式来表示信息，我们重新表述关于知识算子的公理以及两个推理定理。

3. 公理

$$K^i(E) \subseteq E$$

该公理的含义是，如果投资者 i 知道事件 E（如高股利），那么事件 E 为真，也就是真实状态 $\omega \in E$。当加入信念算子，这个公理同样成立。正向推理可以理解为知道你知道（KTYK）定理，即

$$K^i(E) \subseteq K^i(K^i(E))$$

该定理的意义表示在所有的状态下投资者 i 知道事件 E，他也知道她知道事件 E。由于这是有关他的知识的知识的陈述，这个定理揭示了高阶知识。反向推理定理可以表示为你知道你不知道的（KTYNK），即

$$\Omega \setminus K^i(E) \subseteq K^i[\Omega \setminus K^i(E)]$$

该定理的含义是，对于投资者 i 不知道真实的状态是否存在于 E 中的任何状态，他知道他不知道真实的状态是否存在于 E 中。反向推理（KTYNK）需要高阶理性。以上三个定理有助于表达分割状态下的信息（Brunnermeier，2001）。

4. 群体知识和共同知识

对于投资者 i_1，其知识算子 $K^{i_1}(E)$ 表示了他所知道的所有状态的事件 E，他知道的真实的状态在事件 E 中。如果另外的投资者 i_2，也报告了相同的状态 ω，那么这两个投资者都知道事件 E，在状态 ω 中。更一般地，由个人投资者知识算子所报告的所有事件的交集就揭示了群体 G 所知道的事件 E 中的真实世界的状态。引入下面的群体知识算子：

$$K^G(E) := \bigcap_{i \in G} K^i(E)$$

共同知识算子报告了群体 G 中每一个交易者均知道事件 E 的世界中的所有状态。然而，尽管每个人都知道这些状态的事件 E，个人交易者可能不知道其他交易者也知道。共同知识并不能保证群体中所有的成员知道所有其他的成员也知道。应用算子的算子可以方便分析关于知识的知识（二阶知识），如 $K^{i_1}[K^{i_2}(E)]$。如果所有人都知道所有人知道事件 E，那么事件 E 就是二阶共同知识。一般表达式为

$$K^{G(2)}(E) := \bigcap_{i \in G}\left(\bigcap_{-i \in G \setminus \{i\}} K^i(K^{-i}(E))\right) \cap K^G(E)$$

如果满足以上 3 个定理，二阶共同知识算子可以简化为

$$K^{G(2)}(E)=K^{G}[K^{G}(E)]$$

以上定义可以一般化成n界共同知识$K^{G(n)}(E)$。已知以上3个定理，n界共同知识为如下表达：

$$K^{G(n)}(E)=K^{G}[\underbrace{K^{G}\cdots(K^{G}}_{n次}(E)]$$

如果每个人都知道每个人知道事件E是为真，如此循环往复一直到无穷，那么事件E是共同知识，如果满足：

$$CK(E):=\bigcap_{n=1}^{\infty}K^{G(n)}(E)$$

这里只要3个定理满足，$CK(E)=K^{G(\infty)}(E)$。

5. 状态空间的物理和认知部分——知识的深度

只有当状态空间和每个交易者对状态空间的分割是共同知识，该信息模型是完全的。这个共同知识的概念依赖于模型之外，因而它不能由以上知识算子来表述。

由于所有交易者的信息分割是共同知识，为了分析高阶知识不确定性，我们需要扩大状态空间。另一个简单例子可以帮助我们理解这道这个问题。交易者1知道利率r将会高或低。交易者2不知道利率的高低。对这个信息结构的标准的建模方法是定义如下的状态空间率Ω'，$\omega_1'=\{r_{\text{high}}\}$，$\omega_2'=\{r_{\text{low}}\}$。交易者1的信息分割为$\{\{\omega_1'\},\{\omega_2'\}\}$，交易者2的信息分割为$\{\omega_1',\omega_2'\}$。已知信息分割是共同知识，可以导出交易者1知道交易者2不知道利率的高低。交易者2知道交易者知道利率的高低。二阶知识是共同知识。换句话说，只要是共同知识的任何事件也是共同知识。只有扩展状态空间才能分析高阶不确定性。为了分析交易者1不知道交易者2是否知道利率的高或低，考虑如下的扩展状态空间Ω，$\omega_1=\{r_{\text{high}},2\text{knows}\cdot r_{\text{high}}\}$，$\omega_2=\{r_{\text{high}},2\cdot\text{does}\cdot\text{not}\cdot\text{knows}\cdot r_{\text{high}}\}$，$\omega_3=\{r_{\text{low}},2\text{knows}\cdot r_{\text{low}}\}$，$\omega_4=\{r_{\text{low}},2\cdot\text{does}\cdot\text{not}\cdot\text{knows}\cdot r_{\text{low}}\}$。如果交易者1不知道交易者2是否知道利率，他的信息分割为$\{\{\omega_1,\ \omega_2\},\{\omega_3,\ \omega_4\}\}$。交易者2的信息分割为$\{\{\omega_1\},\ \{\omega_3\},\ \{\omega_2,\ \omega_4\}\}$，因为他知道他是否知道利率的高或低。为了对高阶不确定性建模，对于状态的描述也需要一定的知识陈述。这种陈述也可以是间接的方式，如交易者2收到一个信息m。

世界的状态不但描述物质世界（基本面），而且还描述了认知世界，每个交易者都知道基本的东西或者其他的知识。在我们的例子中，基本面分割成的状态空间Ω可以分成两个事件$E_{r_{\text{high}}}=\{\omega_1,\omega_2\}$和$E_{r_{\text{low}}}=\{\omega_3,\omega_4\}$。一阶知识分割的状态空间$\Omega=\{E_{2\text{knows}\cdot r},E_{2\cdot\text{does}\cdot\text{not}\cdot\text{knows}\cdot r}\}$可以分成两个事件$E_{2\cdot\text{know}\cdot r}=\{\omega_1,\omega_3\}$和$E_{2\cdot\text{does}\cdot\text{not}\cdot\text{know}\cdot r}=\{\omega_2,\omega_4\}$。在这个例子中并没有包括所有的一阶知识陈述。特别地，我们没有介绍这样的状态即交易者1是否知道利率。按照Morris等（1995）的方法，状态空间Ω一阶知识的状态的定义应该其深度等于1。注意状态空间的一阶知识的状态的定义满足深度等于1对分析任何3阶或高阶知识是不够的。由于信息分割是共同知识，任何3阶或高阶知识，如交易者2知道“交易者1不知道交易者2是否知道利率”，都是共同知识。为了放松这个约束，必须进一步扩大状态空间并增加状态空间的知识的深度，也就是必须将二阶或高阶知识嵌入到状态陈述中（Brunnermeier，2001）。

6. σ 代数

1）概率空间

(Ω, F, P) 构成了一个概率空间，P 是一个概率测度。投资人在面对不同的 σ 代数的不同单元时，他们可以赋予不同的概率。接下来描述投资人面对 P_0^i 时的概率分布“先验信念”。投资人在接收到信息后，他们会修正他们的先验分布并形成一个后验分布。概率空间 Ω 一般假设为共同知识。通常也可以假设所有的参与人对状态空间均具有相同的先验概率分布，并且这种分布也是共同知识。这种先验分布的共同知识的假设来自于 Harsanyi 准则，并作为对可能产生的均衡结果产生影响的科学定律（Aumann，1987）。

参与人的信号也是状态空间的部分。在信息发生后，参与人会根据观测到的新信号修正他们的概率分布。条件分布概率可以应用贝叶斯准则导出：

$$P^i(E_n \mid D) = \frac{P^i(D|E_n)P^i(E_n)}{P^i(D)}$$

对于可能出现的 $P^i(D)=0$ 的可能情况，我们假设条件概率 $P^i(E_n \mid D)$ 是外生性确定的。如果事件 E_1，E_2，…，E_n 构成了对 Ω 的一个分割，贝叶斯准则可以从写为

$$P^i(E_n \mid D) = \frac{P^i(D|E_n)P^i(E_n)}{\sum_{n=1}^{N} P^i(D \mid E_n)P^i(E_n)}$$

贝叶斯准则可以用来计算随机变量 X 和 Y 随的条件分布概率。

2）信念算子

借助公理，参与人能够排除自然的某个状态。不借助公理，参与人只能够以某一概率排除世界的某一状态。P 信念算子报告了自然的所有状态，参与人 i 认为事件 E 出现概率为 P。

$$B^{i,p}(E) = \{\omega \in \Omega \mid P^i[E \cap P^i(\omega) \mid P^i(\omega)] \geqslant p\}$$

概率分布 $P^i[\cdot \mid p^i(\omega)]$ 是 $P^i(\omega)$ 条件概率集。信念算子可以应用来表示那些没有被排除的自然状态的概率集。与群知识算子类似，我们可以定义群信念算子。如果所有的参与人相信事件 E 以概率 P 为真，那么事件 E 就是 P 共同信念算子。如果每个参与人相信事件 E 以概率 P 为真并且相信每个参与人相信事件 E 以概率 P 为真，循环往复直至无穷，那么事件 E 就是 P 常识信念算子。P 共同信念算子和 P 常识信念算子的定义与共同知识算子和常识算子的定义是相类似的（Brunnermeier，2001）。

除了那些现实中的更复杂的信息结构，信念算子可以用来判断具有简单的信息结构的模型是否能够提供精确预测。例如，尽管在现实市场中参与人常常不知道其他参与人收到信息与否，许多模型忽略高阶不确定性并采用知识的深度为零的隐含假设。对这些事件 $\Omega^{\text{restricted}} \subset \Omega$ 的分析限制在较低的知识深度，而非整个状态空间 Ω 于信念，信念算子显示这种分析方法是合理的。Morris 等（1995）强调了这点并展示了在分析资产价格泡沫的有用性。

7. 信号提取——条件分布

在许多模型中，参与者在收到信号后必须修正他们的先验概率。作为结果的后验概率

就是条件信号实现。下面先介绍用来比较不同信号实现的单调似然比率特性（MLRP）的概念。

考虑一个两维的状态空间个状态空间 $\Omega=\{v,S\}$， $v\in\Re$ 是仅与支付相关的变量，$S\in\Re$ 是一个关于 v 的信号。如果依赖于 S^H 的条件后验概率占优于依赖于 S^L 的条件的后验概率，那么称 S^H 是一个优于 S^L 的一个信号实现。一阶随机占优是对后验概率进行排序的一种方式。对于条件累计概率分布 $G(v|S^H)$ 和 $G(v|S^L)$，如果 $G(v|S^H)\leqslant G(v|S^L)$ 对于任何实现的 v 值都严格低于或等于 v，我们称 $G(v|S^H)$ 和严格一阶随机占优于 $G(v|S^L)$。另一种表达方式为，由于 $\int U^i(v)\mathrm{d}G(v|S^H)>\int U^i(v)\mathrm{d}G(v|S^L)$，相对于一个博弈 $G(\cdot|S^L)$，任何具有递增的效用函数 $U^i(v)$ 的参与人更喜欢参与另一个博弈 $G(\cdot|S^H)$。由于一阶随机占优排序是不完全的，并不是所有的分布都可以按照这个标准来排序。然而，如果关于支付相关的状态变量 v 的条件分布信号的密度函数 $f_S(S|v)$ 满足严格的单调似然比率特性（MLRP），对于任何无条件先验分布 $G(v)$，后验概率 $G(v|S)$ 的排序均可以按照一阶随机占优原则。根据单调似然比率特性（MLRP）的定义，如果 $v>(<)\bar{v}$，那么，概率密度比率 $f_S(S|v)/f_S(S|\bar{v})$ 是单调递增（或递减）。如果两个随机变量 S 和 v 随机，满足 MLRP，他们就称为附属的（Milgrom and Weber，1982）。许多常用的概率函数及密度函数满足 MLRP，如正态分布分布、指数分布、高斯分布、均匀分布及卡方分布（Brunnermeier，2001）。

然而后验概率分布可以采用任何形式，状态空间的特定联合概率分布可以得出较好的后验概率分布解析解。在信息更新后，某些概率分布保持不变。例如，如果对于事前为正态分布，信号只是改变了上下边界，那么新的分布仍然是正态分布。如果信号并没有提供条件分布的较高或较低的边界，条件分布仍然有可能维持相同的概率分布。例如，正态分布就属于这种情况。正态分布由均值和方差来进行描述。考虑一个 n 维随机变量 $(\vec{X},\vec{S})\sim \mathrm{N}(u,\Sigma)$，其均值 $u\in R^n$ 为方差-协方差矩阵 $\sum\in R^{n\times n}$。X 是随机变量 n_X 的一个向量，而 $\vec{S}$ 则是随机变量 $n_S:=n-n_X$ 的一个向量。均值向量和方差-协方差矩阵可以表示如下：

$$u=\begin{bmatrix}u_X\\u_S\end{bmatrix}_{n\times 1};\quad \Sigma=\begin{bmatrix}\Sigma_{X,X}\ \Sigma_{X,S}\\ \Sigma_{S,X}\ \Sigma_{S,S}\end{bmatrix}_{n\times n}$$

S 的边际分布表示为 $N(u_S,\ \Sigma_{S,S})$，应用预测定理可以确定 X 在 $S=s$ 条件下均值和方差，从而确定 X 的条件密度：

$$(X|S=s)\sim N(u_x+\Sigma_{X,S}\Sigma_{S,S}^{-1}(s-u_s),\Sigma_{X.X}-\Sigma_{X,S}\Sigma_{S,S}^{-1}\Sigma_{S,X})$$

任何统计书都展示了有关预测定理的数学证明。

需要注意的对于正态分布，条件方差-协方差矩阵也是确定性的，它不依赖于 s 的信号实现。这是正态分布的显著特征。

正态分布的倒数 $X\in\Re,1/\mathrm{Var}[X]$ 常被称为随机变量 X 的精度 τ_x。特定情况下，可以简化预测方程。例如，对于一维随机变量 X，给定 N 个信号 $S_n=X+\varepsilon_n$ 对，该噪声项 τ_x 于均值为零，并且相互独立，那么，该随机变量 X 的条件均值和方差如下：

$$E[X\mid s_1,\cdots,s_N]=u_X+\frac{1}{\tau_X+\sum_{n=1}^{N}\tau_{\varepsilon_n}}\sum_{n=1}^{N}\tau_{\varepsilon_n}(s_n-u_X)$$

$$\mathrm{Var}[X\mid s_1,\cdots,s_N]=+\frac{1}{\tau_X+\sum_{n=1}^{N}\tau_{\varepsilon_n}}$$

条件精度如下：

$$\tau_{X\mid s_1,\cdots,s_N}=\tau_X+\sum_{n=1}^{N}\tau_{\varepsilon n}$$

此外，如果 ε_n 服从正态分布，对于所有的 n，所有 ε_n 的方差，条件均值为

$$E[X\mid s_1,\cdots,s_N]=u_X+\frac{1}{\tau_X+N\tau_{\varepsilon_n}}N\tau_{\varepsilon n}\left(\sum_{n=1}^{N}\frac{1}{N}s_n-u_X\right)$$

如果 $\bar{s}:=\sum_{n=1}^{N}(1/N)s_n$ 服从是观测到的 N 个信号 $s_1,\cdots,s_N$ 态的充分统计。一般来说，一个统计是一个观测随机变量的函数，函数中不包含未知参数。

卡尔曼滤波也是从预测方程导出来的。特别地，卡尔曼滤波可以用于动态模型的静态分析。关键是引入状态空间的问题：

$$z_{t+1}=Az_t+Bx_t+\varepsilon_{t,1}$$
$$s_t=Cz_t+\varepsilon_{t,2}$$

式中，误差项 $\varepsilon_{t,1},\varepsilon_{t,2}$ 是标准正态分布。第一个方程式转移方程，该方程确定状态向量 z_t 服依赖于控制向量 x_t 的运动方式。第二个方程式测度方程，该方程描述了信号 S_t 和当前状态 z_t 的关系。正态分布还有另一个优点，是它们属于稳定分布类。正态分布随机变量的加总或加权也是服从正态分布，这个特征可以用来投资组合。如果资产的价值服从正态分布，那么整个组合的价值也服从正态分布。

在许多情况下，可以应用二项分布信号结构来模拟相关效应。一个二项式分布信号可以给出以的概率 q 发出正确的启示。然而，参与人可以以概率 $1-q$ 得出错误的结论。概率 q 也叫做二项分布信号的精度。这里的精度定义与正态分布的精度定义不同。

15.2　理性预期均衡及贝叶斯纳什均衡

存在两个均衡概念：理性预期均衡（REE）概念和基于博弈理论的贝叶斯纳什均衡（BNE）。在理性预期框架下，所有的交易者是完全竞争的，他们是价格的接受者。他们视价格反映了所有投资者的信息。在贝叶斯纳什均衡（BNE）框架下，参与者考虑其他参与人的交易策略，并不降价格当成均衡价格进行反应。博弈理论的贝叶斯纳什均衡（BNE）有助于让我们分析参与人将考虑价格的影响下进行的战略交易。

采用描述性的方式就可以较好地解释以上两种均衡概念。对贝叶斯纳什均衡（BNE），更详细的解释可以参见经典的博弈论书籍，如 Fudenberg 和 Tirole（1991）或 Osborne 和 Rubinstein（1994）。

15.2.1 理性预期均衡

一个可能存在的理性预期均衡（REE）的解析解可以由如下五个步骤求解。

步骤一，定义每个交易者先验信念、类别，提出价格函数（预测函数），$P:\{S^1,\cdots,S^I,\mu\}\to R_+^j$。这是一个从所有交易者的信息集合$\{S^1,\cdots,S^I,\mu\}$ 并构成σ代数及参与人概率分布到股票J的价格的过程的一个映射，u是允许在定价函数中嵌入的噪声项。

步骤二，在已知参数的价格预测函数及所有的交易者均可从价格进行推断的情况下，推导出每个交易者关于未知变量的后验信息。后验信息是由一个联合概率分布表示，并且依赖于价格预测函数，如概率分布的参数依赖于价格预测函数的待定系数。

步骤三，基于交易者的信念和偏好，推导出每个交易者对股票的最优需求。

步骤四，按市场出清条件，计算内生出清价格。由于投资人的需求依赖于交易者的信念以及价格变量，因而，实际价格函数$P:\{S^1,\cdots,S^I,\mu\}\to R_+^j$，揭示了与交易者信息集$\{S^1,\cdots,S^I\}$，噪声项$u$以及给定的价格预测函数的价格等变量之前的关系。

步骤五，按照理性预期，预测价格函数与实际价格函数应该相一致，简单地说，理性预期均衡（REE）就是预测价格函数关系$\{S^1,\cdots,S^I,\mu\}\to R_+^j$到实际价格函数的映射$M_p$：$P\to P\cdot M_P(\cdot)$的一个固定点。在这个固定点$M_p$：$P\to P\cdot M_P(\cdot)$，预测价格函数与实际的价格函数相同。如果采用待定系数的方法，将预测价格函数的参数与实际的价格参数相等就会产生一个固定点。

可以通过设置多次交易回合将理性预期均衡（REE）概念一般化为动态模型设置。在这种情况下，投资者具有多次交易机会。随着他们观测到更多信息与参与更多的交易过程，投资者的信息也随着时间改变而改变。对于个人投资者$i\in I$的信息的展开可以用模型表达成一个信息集的序列，这个序列是与概率分布相关的一个σ代数。动态的状态空间Ω^{dynamic}中的一个状态ω则表示从$t=0$到$t=T$的历史路径。

如上所述，状态由基本面和认知构成。在时刻t交易者视价格函数为所有投资者的信息集。换句话说，就是所有的投资者都预测价格函数，这个价格函数将每个投资者的信息集映射到价格过程空间。由于在时刻t，投资者依据价格条件进行交易，因此，投资者修正他们的信息。在得出每个人的需求后，每一轮的交易必须满足市场出清条件。理性预期揭示实际的价格过程与预测的价格过程一致。动态（REE）模型常需要使用逆向归纳法或动态规划方法求解。

15.2.2 贝叶斯纳什均衡

在竞争性均衡中，每个参与人认为他的行动并不会影响价格，因此，他的交易并不会对其他的参与人产生影响。另外，博弈理论则用模型刻画参与人之间的相互影响。一个博弈Γ的通常表达形式为参与人$i\in I$的集合和每个参与人的行动集合A^i和支付函数U^i。一个博弈的扩展形式也定义了行动的顺序和每个决策集信息集，用决策树来表示。纯策略决定参与人i的行动。它由一系列行动规则组成，一个行动规则就是在一个时间点，一个从

参与人 i 的信息集到他的行动空间的映射。一个随机策略就是针对不同纯策略的混合策略。如果一个参与人在他的决策集上独立选择随机行动，那么，他会应用行为策略。一个纳什均衡就是由所有的参与人的策略构成，在这个策略组合中，没有任何参与人会改变自己已经选择的策略。在纳什均衡中，所有的参与人都将考虑别人的行动策略为已知。一个参与人假设其他的参与人的行动策略为已知后，选择自己的最优行动策略。一个扩展式博弈的纳什均衡由正常新式的纳什均衡给出。如果参与人面对不确定性并拥有不对称信息，均衡概念会产生贝叶斯纳什均衡（BNE），参与人会采用贝叶斯准则修正他们的先验信息。通过自然的随机选择建立模型来模拟不确定性。参与人从外生信号和从其他参与人的行动中学习。

15.2.3　同时行动博弈

在将分析扩展到多期、动态博弈之前，下面展示贝叶斯纳什均衡的推导步骤。重点是强调理性预期均衡与贝叶斯纳什均衡的差别。

步骤一，定义参与人（交易者）的先验信念，预测的战略结构即每个参与人的策略。更具体地，提出描述策略的由未定参数的一般函数，该策略函数描述了在参与人的先验信念之间，他们的信息以及如其他参与人的行动、需求、价格等内生变量之间的联合概率分布。局中人选择不选择既定的策略会改变联合概率分布以及其他参与人的信验。在同时行动博弈中，其他的参与人不同时侦测这种非预期行动的选择，因此，无需定义这种非均衡信念。

步骤二，采用贝叶斯准则修正所有参与人的信念和联合概率分布，该分布依赖于预计的未定参数战略集。

步骤三，推导出已知其他参与人策略的参与人最优反应函数以及市场的出清条件。

步骤四，如果所有参与人的最佳反应与预测策略相一致，没有人选择其他的策略，那么，预测策略就是贝叶斯纳什均衡。换句话说，贝叶斯纳什均衡就是预测策略的一个固定点。

15.3　配置效率和信息效率

经济学家分析效率的两种形式。指经济中，配置效率是在个人中进行稀缺资源的最优分配。信息效率是指价格如何反应信息。在经济体中，信息如何被分散在众多的个人的效率是非常重要的。

在动态模型中的一个配置不仅是决定商品在当前的分配和生产，而且，还要决定商品在未来时点上根据不同状态的再分配。所以，当前的配置，需要预先确定许多依赖于未来状态实现的未来交易。参与人可以通过标准的合约以及它们的衍生品，如期货或合约安排，来设定未来交易。

在动态模型中，世界（自然）的状态描述的是从 $t=0$ 到 $t=T$ 的与支付相关的历史。价格与其他的状态空间的认知变量共同构成了状态空间 Ω^{dynamic}。如下就是一个可能的状态空间：

$\{\{禀赋\}_{i\in I}, \{资产j所支付的股利\}_{j\in J}, \{资产j的价格\}_{j\in J}, \{资产j的信号\}_{j\in J}\}_{t=0,\cdots,T}$

资产配置就是对于，在t（$t=0$至$t=T$）时刻对每一个可能的终端状态ω决定资产的最优配置。所有可能的终端以及非终端历史，也就是时间及状态(t,ω)由$T\times\Omega^{\text{dynamic}}$表示，这里$T=\{0,1,\cdots,T\}$。

1. 配置效率

一个资产配置$\{[x^i(\omega)]_{\omega\in\Omega}\}_{i\in I}$，或者更一般的决策原则，是符合 Pareto（帕雷托）效率的，如果不存在其他的配置使至少一个参与人在不使其他参与人效用降低的情况下，效用增加。然而，在不完全信息的设置下，个人的决定效用改进和效用降低的预期效用依赖于他们的效用。在这样的信息的设置下，配置效率的形式就分为：事前、事中、事后的配置效率。事前是指无条件预期效用，事中效率是指条件私人信息集S^i的预期效用，事后效率是指条件所有信息的预期效用，也就是在真实状态下ω的配置效率。Holmstrom 和 Myerson 提出了上述三个概念，可以表示为限制的社会福利函数$W\left(\{[x^i(\omega)]_{\omega\in\Omega}\}_{i\in I}\right)$的个人配置权重$\lambda^i(\omega)\in R$：

$$W\left(\{[x^i(\omega)]_{\omega\in\Omega}\}_{i\in I}\right)=\sum_{i\in I}\sum_{\omega\in\Omega}\lambda^i(\omega)\Pr(\omega)U^i[x^i(\omega),\omega]$$

如果对福利函数，存在任意常数λ^i，这个配置使得福利函数$W(\cdot)$最大化，那么，这个配置就是事前配置效率的。对于给定配置，如果可以发现数$\lambda^i(\omega)$是可测的，且是与S^i相联系的，那么这个配置就是事中配置有效的。如果发现数$\lambda^i(\omega)$是依赖于ω的，那么这个配置就是事后配置有效的。

2. 信息效率

如果价格完全和正确的反映相关信息，那么价格就是信息有效的。依赖于信息在价格中的反映程度，可以将信息效率分为强、半强以及弱势有效。如果价格反映了所有的公开和私有信息，那么价格就是强信息有效的。如果价格仅反映了所有公开信息，那么这种情况就是半强式信息有效的。如果价格仅反映了历史价格和过去的回报率信息，那么是弱式有效的。有效市场假设，最早是由 Samuelson 在 1965 年提出的，他指出，在一个信息通畅的市场上，如果价格的变化能完全反映所有市场参与者的期望和所拥有的信息，则价格变化是无法预测的。Fama 是有效市场理论的集大成者，他为该理论的最终形成和完善作出了卓越的贡献。

如果参与人能够推断所有的私有和公开信息，那么价格就完全反映了信息。在这种情况下，J资产的价格函数是从信息集到价格空间的映射是可逆的。价格函数（预测函数）：$P(\cdot)$: $\{S^1,\cdots,S^I,\mu\}\to R_+^j$ 可能是来自于竞争性均衡（REE），也可能是战略均衡（BNE）。如果交易者只能推断出部分信息，那么，价格只能反映部分信息。

第 16 章　基本分析、技术分析与资产定价

16.1　引　　言

国外学者围绕理性预期均衡（REE）和贝叶斯纳什均衡（BNE）的角度来研究股票市场的均衡，其主要目的是揭示股票价格如何反映信息的机理。比较有代表性的文献，如 Grossman 和 Stiglitz（1980），Hellwing（1980）以及 Diamond 和 Verrecchia（1981）。Grossman 和 Stiglitz（1980），分析了价格的部分传递作用，而不是分析价格的信息聚集。Hellwing（1980）及 Diamond 和 Verrecchia（1981）则考虑交易者对信息重要性认知的偏好下，假设价格是私人信息和证券供给的线性函数，得到了线性带噪声的理性预期均衡，该均衡模型可以用于分析风险偏好和信息精度如何影响证券的均衡价格。Kyle（1989）采用 CARA-Gaussian 条件下，提出了最优交易需求的对称贝叶斯纳什均衡（BNE）模型。而其他文献（Grundy and McNichols，1989；Brown and Jennings，1989；Lo et al.，2000；Zhu and Fu，2009）则揭示了技术分析具有正的价值，技术分析可以帮助交易者做出较好的投资决策。然而，上述模型假设关于股票的基本价值是知情交易商的私有信息，现实情况下，投资者会通过财务分析估计公司基本价值，因此，上述模型忽略了关于股票价格对基本价值信息如会计收益和会计收益增长的传导作用，使得模型在揭示股票价格如何反映信息的机理方面与股票市场的实际情况不一致。根据作者的最新研究成果（宿成建，2014a，2014b）发现非预期会计收益和基于证券分析师预测修正的预期会计收益增长可以较好地解释股票收益，说明股票价格波动会反映公司关于会计收益和收益增长的信息，该模型框架提出了反映基本分析变量与股票收益定价关系模型。著名投资大师乔治·索罗斯（2010）指出，金融市场不是趋于均衡，而是易产生泡沫。监管的缺失促使了超级泡沫的产生，其破灭后会对经济产生负面的影响。实际上，股票市场是一个众多机构投资者和散户共同参与和博弈的市场，投资者采用的分析方法基本可以归结为两种即基本分析和技术分析。因此，客观和符合实际的研究方向应该是采用博弈论方法来分析在众多机构投资者和散户共同参博弈的情况下，在贝叶斯纳什均衡（BNE）条件下，股票价格如何反映基本价值信息（如会计收益及会计收益增长）的机理以及技术分析的价值。

16.2　基本分析与证券的内在价值

每天在证券市场的成千上万的参与者，投资者、投资组合经理、监管者以及研究者们，面对一个共同和复杂的问题：一个公司的股票的价值究竟值多少？是否正确回答这个问题决定了投资的成功与否。估值技巧在投资的成功中扮演着重要的作用。

基本分析的核心目标就是估计一个公司的股票价值。一本关于基本分析的经典的著作是证券分析（Graham and Dodd，1934），该书首次提出了分析公司证券价值的基本知识框架。在投资产业界具有广泛的影响。在股票价值评估的过程，包括对公司的了解过程，预

测公司未来的经营业绩以及选择合适的评估模型。在投资和估值过程中，选择、应用和解释模型的技巧起到关键的作用。

两类证券估值模型包括绝对估值模型和相对估值模型。绝对估值模型估计了资产的内在价值，这类模型估值提供了与资产价格相比的机会，从而知道资产价格是否高估或低估。现值模型是金融学术界认定的权益估值的最重要的基本分析方法。权益的现值模型或权益的贴现现金流量模型，视股票的价值是未来的现金流量的贴现。使用广泛的是基于股利的贴现现金流量模型。此外，在基于公司价值评估的权益估值模型应用较为广泛的模型包括自由现金流量贴现模型（free cash flow）以及剩余收益模型（residual income model）。在相对估值模型中，最为大家熟知的就是价格收益之比，即市盈率。一个股票相对另外一个股票具有相对低的市盈率的价格，则说明该股票相对低估。

作者的最新研究成果（宿成建，2014a，2014b）发现非预期会计收益和基于证券分析师预测修正的预期会计收益增长可以较好地解释股票收益，说明股票价格波动会反映公司关于会计收益和收益增长的信息，该模型框架较好地提出了基本分析变量与股票收益定价关系模型。

16.3　技术分析与股票收益

技术分析应用过去的股票价格和价格图形做出投资决定。技术分析的支持者相信这些价格信息反映了股票市场的未来波动的重要信息。当我们谈到技术分析时，会立刻想到有关图形分析中的头部、低部以及 *K* 线形态等信息。在一个理论模型中很难同时表述这些不同技术形态，因此，理论文献简单定义技术分析是通过过去价格推断信息（Brown and Jennings，1989）。

在不对称设置中，过去的价格反映信息。问题的关键是，从过去的价格中推断的信息是否有用。只有当技术分析有正的价值的条件下，技术分析才有用。以下两种情况下，技术分析具有价值：①帮助投资者进行组合选择；②能够增加已经反映了当前价格中的信息。特别是，Lo 等（2000）发现在技术分析中应用更多的数据以及依据它们的策略的盈利能力。Zhu 和 Fu（2009）从理论上验证了技术分析的正的价值。在强有效市场的条件下，交易者可以根据当前价格来进行交易决策，当前价格已经反映了所有相关信息。在这种情况下，市场已经达到信息均衡状态，这时，当前的市场价格已经反映了经济中的所有私有信息。在这种情况下，投资者在进行交易决策时，就没必要参考历史价格信息（Brunnermeier，2001）。

较早期的文献得出有偏的结论，只要市场达到弱有效，那么技术分析就不能提供有价值的信息。技术分析被认为是非理性的。其逻辑是，如果通过存在从过去的价格可以推断出获利的信息，其他投资者应该已经获得的这样的信息。然而，这样的简单推断忽略了这样一个事实，不同的投资者在评估公司的价值信息时会有不同的看法。在一定的条件下，他们对价值的评估依赖于他们的边际替代率（MRS^i）。不同的交易者会有不同的风险厌恶程度、禀赋等。进而，他们不会选择相同的投资组合。一个具有风险的现金流对一些投资者具有投资兴趣，而另一类投资者就没有兴趣投资。

技术分析的主要关注的焦点在于技术分析对于股票基本价值的预测能力。Grundy 和 McNichols（1989）和 Brown 和 Jennings（1989）是二篇理性预期（REE）模型，模型中，不仅包含了当前价格，而且在预测股票基本价值时，历史价格也具有价值。换句话说，就是技术分析具有正的价值。Grundy 和 McNichols（1989）的模型是对 Diamond 和 Verrecchi（1981）的模型的扩展，而 Brown 和 Jennings（1989）的模型则是 Hellwig（1980）模型的两期动态扩展。

16.4　基本分析、技术分析与股票收益

16.4.1　基于知情价值交易商、趋势交易商参与战略交易博弈与股票收益定价

股票价格的变化取决于股票基本面信息和股市的整体走势。短期内股票基本面信息不会出现大的变化，所以股价脱离大盘出现异常波动的现象不会经常发生。对于股价异常波动现象，不能用有效市场假设理论解释。行为金融学通过将投资者的自发力量来解释股价异常波动现象（石善冲和齐安甜，2006）。Daniel 等（1997）认为市场上"有信息的"投资者"过度自信"，夸大了自己对股票价值判断的准确性，"自我归因"的存在导致这部分投资者低估了已经公开的股票价值信号，从而引起股价异常波动。由于大户不但决定市场价格，而且其势力能影响到散户的信念，所以大户可以操纵市场使其达到自己偏爱的均衡。20 世纪 80 年代以来，Kyle（1985，1989）、Laffont and Maskin（1990）、Bhattacharya and Spiegel（1991）、张圣平（2002）、肖欣荣和田存志（2002）等学者使用博弈模型研究大户的交易策略，从理论角度研究机构投资者、大户的交易行为。

基本价值信息，即会计收益和预期会计收益增长以及现金流信息与风险能够对股票收益定价（宿成建，2014a；2014b），此外，价格趋势因子也能够较好地解释股票收益。以经典的 Kyle（1985）的模型为基础，引入更加贴近股票市场实际的趋势交易者，对于有私有信息的交易者对价值的判断则引入会计收益及增长、现金流信息及现金流风险等信息，运用博弈论方法来分析从理论角度研究机构投资者、大户的交易行为以及散户的交易行为对股票定价的影响。

基于知情价值交易商、趋势交易商以及市场制造者参与战略交易的博弈分析：以 Kyle（1985）的模型为基础，在知情交易商和两个互相竞争的市场制造者的基础上，引入更加贴近股票市场实际的趋势交易者，来构建博弈模型。基本模型设置如下：

参与人：一个拥有私人信息的参与人和一个趋势交易的参与人与两个互相竞争的市场制造者。

博弈顺序：（0）自然按照一个期望为 p_0，方差为 σ_τ^2 的正态分布，选择资产价值 v。拥有私人信息的参与人能够观察到 v，而市场制造者观测不到 v，趋势交易者会根据趋势预测股票目标价格 v'。

（1）拥有私人信息的参与人提出意愿交易量 $x(v)$，$x(v)$ 大于 0 是买进，$x(v)$ 小于 0 是卖出。市场制造者观测不到 $x(v)$。

（2）趋势交易者会根据股价趋势提出意愿交易量 $z(v')$，$z(v')$ 大于 0 是买进，$z(v')$ 小于 0 是卖出。市场制造者观测不到 $z(v')$。

（3）自然选择噪声参与人的交易量为 u，u 服从期望为 0，方差为 σ_u^2 的正态分布。市场制造者观测不到 u。

（4）市场制造者观测到的总的市场意愿交易量为 $Y = X + Z + u$，并选择 $p(Y)$。

（5）交易发生。如果 Y 是正的（总体而言，市场想要买进），那么交易由提出最低卖出价的市场制造者进行。如果 Y 是负的（总体而言，市场想要卖出），那么交易由提出最高买入价的市场制造者进行。然后每个人都观测到 v。

支付：有私人信息的参与人的支付为：$(v-p)x$，趋势交易者的支付为：$(v-p)z$，如果市场制造者没有进行交易，则支付为 0，如果市场制造者进行了交易，则其支付为 $(p-v)Y$。

假设：x 是 v 的线性函数，z 是 v' 的线性函数，$p(Y)$ 是 Y 的线性函数，有如下方程组：

$$Y = x + z + u$$

$$x = \alpha + \beta v$$

$$z = \gamma + \theta v'$$

$$p(Y) = p_0 + \lambda Y$$

对于以上模型设置，运用完全信息静态博弈方法，构造交易商期望支付最大化函数，通过求解线性规划模型，可以导出一个均衡策略，如下：

$$x = \frac{2v - p_0 - v'}{3\lambda} = \frac{\sigma_u}{2\sigma_v}(2v - p_0 - v')$$

$$z = \frac{\sigma_u}{2\sigma_v}(2v' - p_0 - v)$$

$$p = p_0 + \frac{2}{3}\frac{\sigma_v}{\sigma_u}Y$$

以上模型是对 Kyle（1985）的模型的拓展，从均衡的交易量来看，有私人信息的交易者的均衡交易量与股票的价值呈正的线性关系，即股票价值越高，拥有私人信息的交易者会买入更多的股票，但其与趋势交易者评估的趋势价值呈负相关关系，换句话说，也就是拥有私人信息的交易商，可以在股票价格趋势还没有形成的时候，即可以以更低的价格购买足够数量的股票，其购买股票的行为呈现出机构主力的购买特征。趋势交易者只有在股票价格趋势形成后，根据其判断的价值多少进场交易，当股票价格趋势形成后，如果拥有私人信息的交易者进场交易，会使得股票价格呈现快速拉升状态，此时，并不是拥有私人信息的交易者大量购买股票的理想的进场时机，而实际上，这时确是前期在股票价格低位买入了大量股票的拥有私人信息的交易者卖出的时机。由此看来，我们导出的以上均衡模型较好地揭示了股票实际交易的机理。

16.4.2　知情价值交易商之间存在不完全竞争、趋势交易商参与战略交易博弈与股票收益定价

为了使得上面的研究更加一般化，在上面的研究模型基础上进一步的扩展，研究存在

多个知情交易商和趋势交易商以及市场制造者的情况下，分析他们的战略交易博弈与股票收益定价。在对考虑存在多个知情交易商的研究中，Grossman 和 Stglitz（1980）、Hellwig（1980）以及 Diamond 和 Verracchia（1981）均采用了竞争性的理性预期均衡概念来分析风险资产（如股票）价格如何反映知情交易商的信息机理。竞争性的理性预期均衡概念要求每个交易者存在类似“精神分裂症的”行为，在交易决策时以均衡价格作为他的交易决策依据不考虑其交易对价格的影响，尽管交易商的交易对股票价格会产生影响。Hellwig（1980）则分析大市场的模型，假设每个知情交易商是相对很小的部分，其交易不会对市场价格产生影响，从而构建竞争性的理性预期均衡。为了克服理性预期均衡概念要求每个交易者存在的类似“精神分裂症的”行为，可以通过考虑投资者的交易行为对均衡价格的影响，使用纳什均衡的方法来建立非竞争性的理性预期均衡模型来分析均衡价格的信息的聚合作用（information aggregation）。与 Kyle（1989）的模型不同，为了更结合实际，在上面的模型中引入多个知情交易上和多个趋势交易商，并考虑知情交易商和多个趋势交易商的交易能够影响均衡价格的条件下来分析均衡价格的信息的聚合作用，最后，导出股票收益定价模型。模型拟进行如下设置。

采用一期模型设置，交易发生在期初。假设只存在一个风险资产，期初的市场交易价格是 p 和历史价格 $p_0, p_{-1}, p_{-2}, p_{-3}, \cdots, p_{-n}$，期末存在一个外生的清算价格值 v，因此，股票交易产生的收益为：$v - p_0$。市场中存在三类股票交易商：噪声交易者、多个知情投机交易商和多个趋势交易商。

噪声交易者提供外生易量 z，噪声交易者并不是效用最大化的方式进行交易。市场存在 N 个知情投资商和 M 个趋势交易商，分别表示为 $n=1, \cdots, N$ 以及 $m=1, \cdots, M$。每一个知情投机商拥有独有的私人信息，表示成为一个随机变量 F，这个私人信息可以是风险资产的价值，或是显示价值的现金流信息如每股收益及收益增长信息。在观测到私人信息 F_n 后，知情投机商根据其私人信息决定对风险资产的持有数量 $X_n(','F_n)$。每一个趋势交易商则根据其观测到的趋势信息（如移动平均线或趋势线等）选择股票持有量 $Y_m(\mathrm{MA})$。因此，F_n 和 $Y_m(','\mathrm{MA})$ 就是投机商的交易策略。给定市场出清价格 p，知情投机商和趋势交易商的交易数量可以写成如下表达式：

$$x_n = X_n(p, F_n), n = 1, \cdots, N; y_m = Y_m(p, \mathrm{MA}), m = 1, \cdots, M.$$

式中，x_n 为一个随机变量，表示第 n 个知情交易商的交易量；$X_n(','F_n)$ 则表示是第 n 个知情交易商根据自己的私人信息而产生的需求量。

假设：知情投机交易商的效用函数是负指数效用函数，其风险厌恶系数为 ρ_I，趋势投机交易商的效用函数也是负指数效用函数，其风险厌恶系数为 ρ_T，所有的投机交易商均没有初期随机禀赋，初期禀赋为零。因此，知情投机交易商和趋势投机交易商的效用函数可以写为

$$U_n(\pi_{\mathrm{In}}) = -\exp(-\rho_I \pi_{\mathrm{In}}), U_m(\pi_{Tm}) = -\exp(-\rho_T \pi_{Tm})$$

式中，$\pi_{\mathrm{In}} = (v - p)x_n$，$\pi_{Tm} = (v - p)y_m$。如果 $\rho_I = 0$、$\rho_T = 0$ 知情投机交易商和趋势投机交易商均为风险中性的，其决策函数为最大化期望利润。

为了度量知情投机交易商信息，假设私有信息可以度量为与股票价值有关的信息，表

示为 $\tilde{F}_n = \tilde{v} + \tilde{e}_n$，是 $\tilde{e}_n$ 随机变量。更进一步可以假设 $\tilde{v} = K * \text{eps}$，$K$ 是系数，可以表示为市场的平均估值水平，eps 是当期会计每股收益。知情投机交易商可以观察到股票的当期会计收益，从而，观测到股票价值，趋势投机交易商则不能观测到公司会计收益，从而，不能观测到股票价值，只能根据股票价格的趋势进行交易。对模型作如此假设，可以更为方便推导出会计收益的价值相关性系数的理论模型，同时，这样的假设也更为贴近股票市场的实际情况，宿成建（2014a，2014b）发现，非预期会计收益和基于分析师会计收益预测修正的会计收益增长及现金流风险能够较好地对股票收益进行定价。

均衡定义。参考 Kyle（1989）的研究，存在不完全竞争的理性预期均衡定义为满足下列条件的战略 $X = \langle X_1, \cdots, X_N \rangle$ 和 $Y = \langle Y_1, \cdots, Y_M \rangle$ 的向量：

对于所有的知情交易投机商 $n = 1, \cdots, N$，第 n 个知情交易投机商的策略 X 的交易量为 X_n，若存在与 X 的不同的交易策略 X' 的向量组合，那么，策略 X 产生的效用不低于交易策略 X' 的产生的效用，即

$$E\left(U_n\{[v - p(X,Y)]x_n(X,Y)\}\right) \geqslant E\left(U_n\{[v - p(X',Y)]x_n(X',Y)\}\right)$$

对于所有的趋势交易投机商 $n = 1, \cdots, M$，第 m 个知情交易投机商的策略 Y 的交易量 Y_m，若存在与 Y 的不同的交易策略 Y' 的向量组合，那么，策略 Y 产生的效用不低于交易策略 Y' 的产生的效用，即

$$E\left(U_m\{[v - p(X,Y)]y_m(X,Y)\}\right) \geqslant E\left(U_m\{[(v - p(X,Y')]y_m(X,Y')\}\right)$$

以上定义了市场存在不完全竞争并存在信息不对称的战略交易纳什均衡。交易者的私人信息，考虑所有交易商的交易均对股票价格存在影响条件下，给定其他交易商选择他们的交易量条件下，交易者选择股票交易量使得其利润的效用最大化。

均衡条件下，市场出清条件如下：

$$\sum\nolimits_{n=1}^{N} X_n(p, F_n) + \sum\nolimits_{m=1}^{M} Y_m(p, \text{MA}) + Z = 0$$

此外，假设：X_n 是 v 的线性函数；Y_m 是 $v|_{\{p,\text{MA}\}}$ 的线性函数；p 是 X_n 和 Y_m 的线性函数。

根据以上条件求解线性规划方程，结合出清条件和相关假设条件，就可以导出知情价值交易商之间存在不完全竞争、趋势交易商参与战略交易博弈的股票收益定价理论模型。

16.4.3 技术分析、拥有私有信息的机构主力交易投机商与散户交易投机商参与战略交易博弈与股票收益定价

为了使得上面的研究更加贴近中国股票市场的实际情况，对于存在多个知情交易上和趋势交易商以及市场制造者的情况下，研究了他们的战略交易博弈与股票收益定价后，在此基础上对模型进行进一步的扩展，深入研究技术分析、拥有私有信息的机构主力交易投机商（或称“庄家”）与散户交易投机商参与战略交易博弈与股票收益定价。

为了分析“技术分析”的价值，拟在 16.4.2 节中一期模型的基础上进行扩展，并参考 Brown 和 Jennings（1989）的模型设置，采用二期模型设置，交易发生在期 $t = 1$ 和 $t = 2$。假设只存在一个风险资产，$t = 1$ 期的市场交易价格是 p_1 和历史价格 $p_0, p_{-1}, p_{-2}, p_{-3}, \cdots, p_{-n}, t = 2$

期的股票价格为 p_2，在 $t=1$ 期和 $t=2$ 期每个投资者获得一个关于 $T=3$ 的风险资产的外生的清算价格值 v，表示为如下：

$$S_t^i = v + \varepsilon_{S,t}^i$$

式中，$\varepsilon_{S,t}^i$ 是服从 $N(0,\sigma_{S,t}^i)$ 的正态分布。所有的信息都是无偏的，根据大数定律，在每一时刻 t 信号的 S_t^i 平均值 $S_t = \text{Lim}_{I\to\infty} I^{-1}\sum_{i=1}^{I} S_t^i$。在 $t=1$ 时期交易者 i 的信息集表示为 $F_1^i = \{F_0, S_1^i, P_1, P_0, P_{-1}, \cdots, P_{-n}\}$；$t=2$ 时期交易者 i 的信息集表示为 $F_2^i = \{F_1^i, S_2^i, P_2, P_1, P_0, P_{-1}, \cdots, P_{-n}\}$。信息集包括了当前的交易价格 P_t 是因为交易者根据当前的股票价格 P_t 进行交易。假设在 t 期交易者 i 的股票持有量为 x_t^i。那么在 $t=3$ 期他的终端支付 $x_1^i(P_2-P_1)+x_2^i(v-P_2)$。根据文献（宿成建，2014a，2014b），可以假设 $Ev = K_1\text{eps}_t + K_2\delta\text{eps}_t$。市场中存在三类股票交易商：噪声交易者、多个知情机构主力交易投机商和多个散户趋势交易商。

噪声交易者提供外生易量 z，噪声交易者并不是效用最大化的方式进行交易。市场存在 N 个知情主力机构投机商和 M 个散户趋势交易商，分别表示为 $n=1,\cdots,N$；$m=1,\cdots,M$。每一个知情主力机构投机商拥有独有的私人信息，表示成为一个随机变量 F，这个私人信息可以是风险资产的价值，或是显示价值的现金流信息如每股收益及收益增长信息。在观测到私人信息 F_n 后，知情投机商根据其私人信息决定对风险资产的持有数量 $X_n(',' F_n)$ 量。每一个散户趋势交易商则根据其观测到的趋势信息（如移动平均线或趋势线等）选择股票持有量 $Y_m(\text{MA})$。因此，F_n 和 $Y_m(','\text{MA})$ 就是投机商的交易策略。考虑两阶段博弈，给定市场出清价格 p_1 和 p_2，知情主力机构投机商和散户趋势交易商的交易数量可以写成如下表达式：

$$x_n^{1(2)} = X_n^{1(2)}(p, F_n), n=1,\cdots,N; y_m^{1(2)} = Y_m^{1(2)}(p,\text{MA}), m=1,\cdots,M.$$

式中，$x_m^{1(2)}$ 是一个随机变量，表示第 n 个知情主力机构交易商的在一期或二期的交易量；$X_n^{1(2)}(',' F_n)$ 则表示是第 n 个知情主力机构交易商根据自己的私人信息在一期或二期而产生的需求量。

假设：知情主力投机交易商的效用函数是负指数效用函数，其风险厌恶系数为 ρ_I，散户趋势投机交易商的效用函数也是负指数效用函数，其风险厌恶系数为 ρ_T，所有的投机交易商均没有初期随机禀赋，初期禀赋为零。因此，知情投机交易商和趋势投机交易商的效用函数可以写为

$$U_n(\pi_{\text{In}}) = -\exp(-\rho_I \pi_{\text{In}}), U_m(\pi_{Tm}) = -\exp(-\rho_T \pi_{Tm})$$

式中，$\pi_{\text{In}} = (p_2-p_1)x_n^1 + (v-p_2)x_n^2$；$\pi_{Tm} = (p_2-p_1)y_m^1 + (v-p_2)y_m^2$。如果 $\rho_I = 0$ 以及 $\rho_T = 0$，知情主力机构投机交易商和散户趋势投机交易商均为风险中性，其决策函数为最大化期望利润。

均衡定义：参考 Kyle（1989）相关研究，存在不完全竞争的理性预期均衡定义为满足下列条件的战略 $X = \langle X_1,\cdots,X_N\rangle$ 和 $Y = \langle Y_1,\cdots,Y_M\rangle$ 的向量：

对于所有的知情交易投机商 $n=1,\cdots,N$，第 n 个知情交易投机商的策略 X 的交易量为 X_n，若存在与 X 的不同的交易策略 X' 的向量组合，那么，策略 X 产生的效用不低于交易策略 X' 的产生的效用，即

$$E\left(U_n\{[p_2(X,Y)-p_1(X,Y)]X_n^1+[v-p_2(X,Y)]x_n^2(X,Y)\}\right)\geqslant$$
$$E\left(U_n\{[p_2(X^{/},Y)-p_1(X^{/},Y)]X_n^{1/}+[v-p_2(X^{/},Y)]x_n^{2/}(X^{/},Y)\}\right)$$

对于所有的散户趋势交易投机商 $n=1,\cdots,M$，第 m 个散户趋势交易投机商的策略 Y 的交易量 Y_m，若存在与 Y 的不同的交易策略 $Y^{/}$ 的向量组合，那么，策略 Y 产生的效用不低于交易策略 $Y^{/}$ 的产生的效用，即

$$E\left(U_m\{[p_2(X,Y)-p_1(X,Y)]y_m^1+[v-p_2(X,Y)]y_m^2(X,Y)\}\right)\geqslant$$
$$E\left(U_m\{[p_2(X,Y^{/})-p_1(X,Y^{/})]y_m^{1/}+[v-p_2(X,Y^{/})]y_m^{2/}(X,Y^{/})\}\right)$$

以上定义了市场存在不完全竞争并存在信息不对称的战略交易纳什均衡。

考虑所有交易商的交易均对股票价格存在影响条件下，给定其他交易商选择他们的交易量条件下，交易者选择股票交易量使得其利润的效用最大化。

均衡条件下，市场出清条件如下：

在 $t=1$ 时期：

$$\sum\nolimits_{n=1}^{N}X_n^1(p,F_n)+\sum\nolimits_{m=1}^{M}Y_m^1(p,\mathrm{MA})+Z_1=0$$

在 $t=2$ 时期

$$\sum\nolimits_{n=1}^{N}X_n^2(p,F_n)+\sum\nolimits_{m=1}^{M}Y_m^2(p,\mathrm{MA})+Z_2=0$$

此外，假设：X_n 是 v 的线性函数，Y_m 是 $v|_{\{p,\mathrm{MA}\}}$ 的线性函数，p 是 X_n 和 Y_m 的线性函数。

根据以上条件求解线性规划方程，结合出清条件和相关假设条件，就可以导出考虑技术分析下的两阶段的知情主力机构交易商之间存在不完全竞争、散户趋势交易商参与战略交易博弈的股票收益定价理论模型以及导出均衡会计收益反应系数（ERC）等重要的理论模型。

参考文献

埃德加. E. 彼得斯. 1993. 资本市场的混沌与序（第二版）. 北京：经济科学出版社.

埃德加. E. 彼得斯. 2002. 分形市场分析. 北京：经济科学出版社.

本杰明·格雷厄姆，戴维·多德. 1999. 证券分析. 海口：海南出版社.

曹凤岐. 2003. 中国资本市场发展方略. 北京：北京大学出版社.

曹建福，韩崇昭，方洋旺. 2001. 非线性系统理论及应用. 西安：西安交通大学出版社.

陈共，周升业，吴晓求. 1997. 证券投资分析. 北京：中国人民大学出版社.

陈浪南，屈文洲. 2000. 资本资产定价模型的实证研究. 经济研究，(4)：26-34.

陈平. 2000. 经济混沌和经济波动的非线性动力学理论，北京大学中国经济研究中心讨论稿系列，No. C2000015.

陈信元，张田余，陈冬华. 2001. 预期股票收益的横截面多因素分析：来自中国证券市场的经验证据. 金融研究，(6)：22-35.

陈学华，杨辉耀. 2003. VaR-APARCH 模型与证券投资风险量化分析. 中国管理科学，2：22-27.

程正兴. 2001. 小波分析算法与应用. 成都：西安交通大学出版社.

邓聚龙. 1983. 灰色系统（社会·经济）. 北京：国防工业出版社.

邓雪春，郑振龙. 2011. 中国股市存在特质波动率之谜吗？商业经济与管理，(1)：60-67.

樊智，张世英. 2002. 金融市场的效率与分形市场理论. 系统工程理论与实践，22 (3)：13-19.

樊智，张世英. 2003a. 金融波动持续性的研究. 预测，22 (1)：33-37.

樊智，张世英. 2003b. 金融市场的效率与分形市场理论. 系统工程理论与实践，3：13-19.

封建强. 2002. 沪深股市收益率风险的极值 VaR 测度研究. 统计研究，(4)：34-38.

封建强，王福新. 2003. 中国股市收益率分布函数研究. 中国管理科学，2：14-21.

高飞. 1993. 股票灰色预测. 济南：山东人民出版社.

古扎拉蒂. 2002. 计量经济学. 北京：中国人民大学出版社.

郭怀英. 2002. 行为金融学与证券市场风险控制. 北京：中国社会科学院研究生院博士学位论文.

哈里·马克威茨. 2000. 资产选择. 北京：首都经济贸易大学出版社.

何建敏，朱林，常松. 中国股票市场价格波动的尺度特征. 中国管理科学，1：1-5.

贺强. 2003. 我国行为金融研究的实证分析. 南京：首界行为金融学与资本市场学术研讨会.

胡昌华，张军波，夏军，等. 2001. 基于 MATLAB 的系统分析与设计——小波分析. 西安：西安电子科技大学出版社.

黄波，李湛，顾孟迪. 2006. 基于风险偏好资产定价模型的公司特质风险研究. 管理世界，(11)：119-127.

简·菲利普·鲍查德，马克·波特. 2002. 金融风险理论. 北京：经济科学出版社.

江小东. 2002. 沪深股指收益率波动分析. 统计与决策，(6)：20-21.

金晓斌，何旭强，吴科春，等. 2003. 投资者行为、市场风险收益特征与交易策略的有效性. 深圳证券交易所，(7)：27-32.

李兴绪. 2003. 证券市场中的机构操纵行为研究. 数量经济技术经济研究，(8)：136-139.

李亚静，何跃，朱宏泉. 2003. 中国股市收益率与波动性长记忆性的实证研究. 系统工程理论与实践，23 (1)：9-15.

廖利，汪毅. 2003. 中国股票市场风险溢价研究. 金融研究，4：23-31.
林小明，王美今. 1997. 我国股票市场的混沌现象与市场有效性. 数量经济技术经济研究，(4)：51-53.
刘斌，刘星，李世新，等. 2003. CEO 薪酬与企业业绩互动效应的实证检验. 会计研究，3：35-39.
刘海龙，仲黎明，吴冲锋. 2002. B 股向境内开放对 A/B 股流动性影响的分析. 系统工程学报，17 (5)：417-423.
刘海龙，仲黎明，吴冲锋. 2003. 股票流动性的度量方法. 系统工程理论与实践，1：16-21.
刘金全，崔畅. 2002. 中国沪深股市收益率和波动性的实证分析. 经济学，(4)：885-898.
刘星. 1998. 股利决策及其相关理论与方法. 重庆：重庆大学出版社.
刘星，迟建新，宿成建，等. 2003. 股票价格指数灰色系统预测与分析. 数量经济技术经济研究，(8)：128-131.
罗林. 2003. 中国股票市场风险模型. 金融研究，4：32-43.
聂祖荣，雷泽. 2002. 股票投资价值灰色系统模型及应用. 长江证券研究，(1)：10-15.
欧阳青东，邱兆祥. 2012. 金融经济学研究的国际动态—基于 1990-2011 年间《金融学期刊》刊发论文的统计分析. 经济学动态，(6)：103-109.
乔治·索罗斯. 2010. 超越金融：索罗斯的哲学. 北京：中信出版社.
冉茂盛，张宗益. 2001. 运用 R/S 方法研究中国股票市场有效性. 重庆大学学报（自然科学版），24 (6)：92-95.
荣喜民，张奎庭，王晨亮，等. 2003. 有交易成本的证券投资研究. 系统工程学报，6：198-202.
尚鹏岳，李胜宏. 2002. 上证指数与宏观经济指标协整关系的实证分析. 预测，21 (4)：52-55.
沈根祥. 2003. 股票收益随机波动模型研究. 中国管理科学，4：16-20.
施东晖. 1996. 上海股票市场风险性实证研究. 经济研究，10：43-48.
史本山，陈蛇，吴敬业. 2002. 国有股减持价格的浮动定价机制研究. 数量经济技术经济研究，19 (8)：72-75.
史代敏. 2002. 沪深股市股指波动的协整性研究. 数量经济技术经济研究，19 (9)：103-105.
宋逢明，朱世武. 2002. 中国股票市场风险测度的实证研究. 中国货币市场，4：21-23.
宋逢明，江婕. 2003. 中国股票市场波动性特征的实证研究. 金融研究，4：13-21.
苏冬蔚，麦元勋. 2004. 流动性与资产定价：基于我国股市资产换手率与预期收益的实证研究. 经济研究，(2)：95-105.
宿成建. 2006. 中国证券多因素及三因素模型实证研究. 系统工程理论与实践，(8)：17-26.
宿成建. 2014a. 非预期股票收益理论与实证研究——基于中国股票市场的检验. 投资研究，7 (33)：126-143.
宿成建. 2014b. 股票非预期收益定价的三因素模型研究——基于中国股票市场的检验. 系统工程理论与实践，(3)：600-612.
宿成建. 2016. 现金流信息、现金流风险与股票收益定价研究——基于中国股票市场的检验. 管理科学学报，19 (5)：102-113.
宿成建，陈洁. 2003. 应用变点模型来研究沪深股股市波动性突变行为. 重庆大学学报，26 (10)：152-155.
宿成建，刘星，刘礼培，等. 2004. 应用小波分析方法研究中国沪深股市价格和波动性的溢出效应. 系统工程学报，19 (1)：99-103.

孙华妤，马跃. 2003. 中国货币政策与股票市场的关系. 经济研究，（7）：44-53.
唐爱国，秦宛顺. 2003. 广义随机占优单调一致风险测度和ES. 金融研究，4：84-93.
唐奎，宿成建，王宗笠. 2003. 中国与海外股指的混沌特征的比较实证. 重庆大学学报，7：139-142.
田华，曹家和. 2003. 中国股票市场报酬与波动的GARCH-M模型. 系统工程理论与实践，23（8）：81-86.
田华，陆庆春. 2003. 上证股市周日效应GARCH模型族的实证研究. 系统工程理论与实践，23（7）：75-79.
田素华，吴士君. 2003. 中国证券市场风险特征的实证研究. 经济科学，1：20-30.
田益祥，刘鹏. 2011. 机构持股、特质风险与股票收益的实证研究. 投资研究，（8）：79-88.
汪建坤，钱雪亚，李秉政. 2000. 股票泡沫的形成的投资博弈模型. 经济理论与经济管理，（2）：25-27.
王春峰. 2001. 金融市场风险管理. 天津：天津大学出版社.
王东生，曹磊. 1995. 混沌、分形及其应用. 合肥：中国科学技术大学出版社.
王鸿，朱宏泉. 2010. 应计质量的资本市场定价—来自中国A股市场的证据. 系统工程，28（1）：24-32.
王鸿，朱宏泉. 2012. 应计质量在A股市场得到客观定价了吗？来自中国A股市场的证据. 系统工程理论与实践，32（2）：236-245.
维·博迪，亚历克斯·凯恩，艾伦理J. 马库斯. 2000. 投资学. 北京：机械工业出版社.
吴世农. 1996. 我国证券市场效率的分析. 经济研究，（4）：13-19.
吴世农，许年行. 2004. 资产的理性定价模型和非理性定价模型的比较研究——基于中国股市的实证分析. 经济研究，（6）：105-116.
肖欣荣，田存志. 2002. 股票市场中的机构投资者与散户，一种投机博弈分析. 世界经济，（5）：62-67.
谢识予. 2002. 我国禁止证券信用交易策效果的理论分析. 复旦学报（社会科学版），1：18-24.
许晓磊，黄良文. 2002. 上市公司被处罚后股价表现的实证研究. 统计研究，2（8）：67-70.
晏艳阳，李治，许均平. 2004. 中国股市波动与宏观经济因素波动间的协整关系研究. 统计研究，21（4）：52-55.
杨峰. 2002. 海外股指期货市场比较研究. 金融研究，（7）：36-43.
杨华蔚，韩立岩. 2009. 中国股票特质波动率与横切面收益研究. 北京航空航天大学学报（社会科学版），22（1）：6-10.
杨秀苔，刘星. 1998. 证券投资原理（修订版）. 重庆：重庆大学出版社.
俞乔. 1994. 市场有效、周期异常与股价波动. 经济研究，（9）：43-50.
约翰·赫尔. 1997. 期权、期货和衍生证券. 北京：华夏出版社.
张碧群，李越. 2002. 汇率对中国股票市场的影响是否存在：自回归分布滞后模型（ARDL-ecm）得到的证明. 金融研究（7）：26-35.
张兵，李晓明. 2003. 中国股票市场的渐进有效性研究. 经济研究，（1）：54-61.
张人骥，王怀芳，王耀东，等. 2000. 上海证券市场系统风险趋势与波动的实证分析. 金融研究，（1）：92-98.
张圣平. 2002. 偏好、信息、信念与证券价格. 上海：上海三联出版社.
张世英，柯珂. 2002. ARCH模型体系. 系统工程学报，17（3）：236-245.
张永东. 2003. 上海股票市场非线性与混沌的检验. 管理工程学报，3：21-25.
张永东，毕秋香. 2003. 上海股市波动性预测模型的实证比较. 管理工程学报，2：16-19.
赵桂芹. 2003. 股票收益率波动与Beta系数的时变性. 中国管理科学，2：10-13.

赵留彦，王一鸣. 2003. 沪深股市交易量与收益率及其波动的相关性. 经济科学，2：57-67.

赵兴球. 1999. 通涨、产出与股票价格关系实证研究. 统计研究，（S1）：255-256.

赵振全，张宇. 2003. 中国股票市场波动和宏观经济波动关系的实证分析. 数量经济技术经济研究，20（6）：143-146.

郑振龙，王磊，王路跖. 2013. 特质偏度是否被定价？管理科学学报，（5）：1-12.

周孝华. 2000. 证券投资的非线性理论研究及其在中国证券市场的实证分析，重庆：重庆大学博士学位论文.

朱东辰，余津津. 2003. 中国股市波动与经济增长关系的实证分析. 经济科学，2：32-39.

邹建军，张宗益，秦拯. 2003. GARCH模型在计算我国股市风险价值中的应用研究. 系统工程理论与实践，5：20-25.

Abarbanell J，Bushee B. 1977. Fundamental analysis，future earnings，and stock prices. Journal of Accounting Research，35：1-24.

Admati A. 1985. A noisy rational expectations equilibrium for multi-asset securities markets. Econometrica，53（3）：629-657.

Andrew A，Chen J. 2005. The CAPM over the long run：1926-2001. Journal of Empirical Finance，14（1）：1-40.

Ang A，Hodrick R J，Xing Y，et al. 2006. The cross-section of volatility and expected returns. Journal of Finance，61（1）：259-299.

Aumann R J. 1987. Correlated equilibrium as an expression of bayesian rationality. Econometrica，55：1-18.

Bakshi G，Cao C，Chen Z W. 1997. Empiral performance of alternative option pricing models. Journal of Finance，52：2003-2049.

Ball R，Brown P. 1968. An empirical evaluation of accounting income numbers. Journal of Accounting Research，6：159-178.

Banz R. 1981. The relationship between return and market value of common stocks. Journal of Financial Economics，9：3-18.

Barber B，Odean T. 2008. All that glitters：The effect of attention and news on the buying behavior of individual and institutional investors. The Review of Financial Studies，21（2）：785-818.

Barber B，Odean T，Zheng L. 2005. Out of sight，out of mind：The effect of expenses on mutual fund flows. Journal of Business，78（6）：2095-2119.

Barberis N，Shleifer A，Vishny R. 1998. A model of investor sentiment. Journal of Financial Economics，9(49）：307-343.

Basu S. 1983. The relationship between earnings yield，market value，and return for NYSE common stocks：Further evidence. Journal of Financial Economics，12：129-156.

Bates D. 1996. Jumps and stochastic volatility：exchange rate processes implicit in Deutschemark options. Review of Financial Studies，9：69-108.

Bekaert G，Robert J H. 2001. Expectations hypotheses tests. The Journal of Finance，4：1357-1399.

Bekaert G，Wu G J. 2000. Asymmetric volatility and risk in equity markets. The Review of Financial Studies，13：1-42.

Bhandari L C. 1988. Debt/Equity ratio and expected common stock returns：Empirical evidence. Journal of

Finance，43：507-528.

Bhattacharya U，Spiegel M. 1991. Insider，outsider，and market breakdown. Review of Financial Studies，4：255-282.

Black F. 1972. Capital market equilibrium with restricted borrowing. Journal of Business，45：444-455.

Black F. 1976. Studies in stock price volatility changes. proceedings of the 1976 business meeting of the Business and economic statistics section. Jour. Amer. Statist. Assoc.，2：177-181.

Bollerslev T. 1986. Generalized autoregressive conditional heteroskedasticity. Journal of Econometrics，31：307-327.

Brown D P，Jennings R H. 1989. On technical analysis. Review of Financial Studies，2：527-552.

Brown P，Foster G，Noreen E. 1985. Security Analyst Multi-YearE arnings Forecasts and the Capital Market. Studies in Accounting Research，no. 21. Sarasota，Fla：American Accounting Assn.

Brunnermeier M K. 2001. Asset Pricing under Asymmetric Information Bubbles，Crashes，Technical Analysis，and Herding. Oxford：Oxford University Press.

Calvet L E. 2001. Incomplete market and volatility. Journal of Economic theory，98：295-338.

Campbell J Y. 1991. A variance decomposition for stock returns. Economic Journal，101：157-179.

Campbell J Y，Hentschel L. 1992. No news is good news：An asymmetric model of Changing volatility in stock returns. Journal of Financial Economics，31：281-318.

Campbell J Y，Ammer J. 1993. What moves the stock and bond markets? A variance decomposition for long-term asset returns. Journal of Finance，48：3-37.

Campbell J，Shiller R. 1988. The dividend-price ratio and expectation of future dividends and discount factors. The Review of Financial Studies，1：195-228.

Campbell J，Lo W，Kinlay M. 1997. The Econometrics of Financial Markets. Princeton：Princeton University Press.

Cao L Y. 1997. Practical method for determining the minimum embedding dimension of a scalar time series. Physica D Nonlinear Phenomena，110：43-50.

Chambers D J，Freeman R N，Koch A S. 2005. The effect of risk on price responses to unexpected. Journal of Accounting，Auditing and Finance，20：461-482.

Chen J，Gupta A K. 2000. Parametric Statistical Change Point Analysis. Boston：Birkhauser.

Chen L，Zhao X. 2009. Return decomposition. The Review of Financial Studies，22：5213-5249.

Chen N F，Roll R，Stephen R A. 1986. Economic forces and the stock market. Journal of Business，59：383-404.

Chui K C，Wei J. 1998. Book-to-market，firm size，and the turn-of-year effect：evidence from pacific-basin emerging markets. Pacific-Basin Finance Journal，（6）：275-293.

Cochrane J H. 2011. Presidential address：discount rates. Journal of Finance，4：1047-1108.

Cohen R B，Gompers P A，Vuolteenaho T. 2002. Who underreacts to cash-flow news? Evidence from trading between individuals and institutions. Journal of Financial Economics，66（2）：409-462.

Collins D，Kothari S P. 1989. An analysis of intertemporal and cross-sectional dominants of earnings response coefficients. Journal of Accounting and Economics，11：143-181.

Collins D，Kothari S P，Shanken J，et al. 1994. Lack of timeliness and noise as explanations for the low contemporaneous return-earnings association. Journal of Accounting and Economics，18：289-324.

Copeland T E，Weston J F. 1992. Financial Theory and Corporate Policy. Massachusetts：Addison- Wesley Qublishing Company.

Core J E，Guay W R，Verdi R S. 2008. Is accruals quality a priced risk factor? Journal of Accounting and Economics，46（1）：2-22.

Cornell B，Landsman W R. 1989. Curity price response to quarterly earnings announcements and analysts' forecast revisions. The Accounting Review，64：680-692.

Cready W，Hurtt D，Seida J. 2000. Applying reverse regression techniques in earnings-returns analyses. Journal of Accounting and Economics，10：227-240.

Da Z，Warachka M C. 2009. Cashflow risk，systematic earnings revisions，and the cross-section of stock returns. Journal of Financial Economics，94：448-468.

Dammon R M，Spatt C S，Zhang H H. 2001. Optimal consumption and investment with capital gains taxes. The Review of Financial Studies，14：583-616.

Daniel K D，Hirshleifer D，Subrahmanyam A. 1998. Investor psychology and security market under and over reactions. Journal of Finance，53：1839-1886.

Dechow P，Dichev I. 2002. The quality of accruals and earnings：The role of accrual estimation errors. The Accounting Review，77（Supplement）：35-59.

Diamond D W，Verrecchia R E. 1981. Information aggregation in a noisy rational expectation economy. Journal of Financial Economics，9：221-235.

Easley D，O'Hara M. 2004. Information and the cost of capital. Journal of Finance，59：1553-1583.

Easton P D，Harris T S. 1991. Earnings as an explanatory variable for returns. Journal of Accounting Research，29：19-36.

Engle R F. 1982. Autoregressive conditional heteroskedasticity with eatimates of the variance of UK inflation. Econometrics，50：987-1008.

Engle R F，Bollerslev T. 1986. Modelling the persistence of conditional variances. Econometric Reviews，5：1-50.

Engle R F，Watson M W. 1987. The Kalman filter：Applications to Forecasting and Rational-Expectations Models// Bewley T F. Advances in Econometrics-Fifth World Congress. Cambridge：Cambridge University Press.

Engle R F，Ng V K. 1993. Measuring and testing the impact of news on volatility. Journal of Finance，（48）：1749-1778.

Engle R F，Lilien D M，Robins R P. 1987. Estimating time varying risk premia in the term structure：the ARCH-M model. Econometrica，55：391-407.

Engle R，Lee G J. 1999. A Permanent and Transitory Component Model of Stock Return Volatility// Engle R，White H. Cointegration，Causality，and Forecasting：A Festschrift in Honor of Clive W. J. Granger. Oxford：Oxford University Press.

Eun C，Shim S. 1989. International transmission of stock market movements. Journal of Financial and Quantitative Analysis，24：241-256.

Fama E F. 1965. The behavior of stock market prices. Journal of Business，38：34-105.

Fama E F，MacBeth J D. 1973. Risk，return，and equilibrium：empirical tests. The Journal of Political Economy. 81（3）：607-636.

Fama E F，Michael R G. 1982. Inflation，real returns，and capital investment. Journal of Monetary Economics，9：297-323.

Fama E F，French K R. 1992. The cross-section of expected stock returns. Journal of Finance，47：427-465.

Fama E F，French K R. 1993. Common risk factors in the returns on stock and bonds. Journal of Financial Economics，33：3-56.

Fama E F，French K R. 1996. Multifactor explanations of asset pricing anomalies. Journal of Finance，51：55-84.

Fama E F，French K R. 2008. Dissecting anomalies. Journal of Finance，63（4）：1653-1678.

Feltham J，Ohlson J. 1995. Valuation and clean surplus accounting for operating and financial activities. Contemporary Accounting Research，Spring：689-731.

Francis J，LaFond R，Olsson P，et al. 2005. The market pricing of accruals quality. Journal of Accounting and Economics，39（2）：295-327.

Freeman R，Tse S. 1992. A nonlinear model of security price responses to accounting earnings. Journal of Accounting Research，8：185-209.

Fu F. 2009. Idiosyncratic risk and the cross-section of expected stock returns. Journal of Financial Economics，91（1）：24-37.

Fudenberg D，Tirole J. 1991. Game Theory. Cambridge：MIT Press.

Glosten L R，Jaganathan R，Runkle D E. 1993. On the relation between expected value and the volatility of the nominal excess return on stocks. Journal of Finance，48：1779-1801.

Goyal A，Santa-Clara P. 2003. Idiosyncratic risk matters. Journal of Finance，58（3）：975-1007.

Graham B，Dodd D. 1934. Security Analysis. New York：The McGraw-Hill Companies，Inc.

Graham B，Dodd D，Cottle S. 1962. Security Analysis. 4th ed. New York：McGraw-Hill.

Grassberger P，Procaccia I. 1984. Dimensions and entropies of strange attractors from a fluctuating dynamics approach. Physica D Nonlinear Phenomena，13D（1-2）：34-54.

Grossman S J，Stiglitz J E. 1980. On the impossibility of informationally efficient markets. American Economic Review，70：393-408.

Grundy B D，McNichols M. 1989. Trade and revelation of information through prices and direct disclosure. Review of Financial Studies，2：495－526.

Gupta A K，Chen J. 1996. Detecting Changes of Mean in Multidimensional Normal Sequences with Application to Literature and Geology. Computational Statistics，11：211-221.

Hamao Y，Masulis R M，Ng V. 1990. Correlations in price changes and volatility across international stock markets. Review of Financial Studies，3：281-307.

Hayek F. 1945. The use of knowledge in society. American Economic Review，35：519-530.

Hellwig M F. 1980. On the aggregation of information in competitive markets. Journal of Economic Theory，22：477-498.

Heston S L. 1993. A closed-form solusion for options with stochastic volatility with applications to bond and currency options. Review of Financial Studies. 6：327-343.

Hirshleifer D，Hou K，Teoh. 2012. The accrual anomaly：risk or mispricing? Management Science，58：320-335.

Hirshleifer D，Lim S，Teoh S H. 2009. Driven to distraction：Extraneous events and underreaction to earnings news. Journal of Finance，64（5）：2289-2325.

Hou K，Moskowitz T J. 2005. Market frictions，price delay，and the cross section of expected returns. Review of Financial Studies，18（3）：981-1020.

Hughes J，Liu J，Liu J. 2007. Information，diversification，and the cost of capital. The Accounting Review，82（3）：705-729.

Hull J C. 1998. Introdution to Futures and Options Markets. London：Prentice-Hall，Inc.

Hull J C，White A. 1987. The pricing of options on assets with stochastic volatilities. Journal of Finance，42（6）：281-300.

Jegadeesh N，Titman S. 1993. Returns to buying winners and selling losers：Implications for stock market efficiency. Journal of Finance，48：65-91.

Jensen M C. 2001. Value maximization，Stakeholder theory，and the corporate objective function. Journal of Applied Corporate Finance，9（4）：21-30.

Ju V L. 1981. Detecting 'disorder' in multidimensional random processes. Soviet Mathematics Doklady，24：55-59.

Kantz H，Schreiber T. 1997. Nonlinear Time Series Analysis. Cambridge：Cambridge University Press.

Kent D，Sheridan T. 1997. Evidence on the characteristics of cross sectional variation in stock returns. Journal of Finance，52（1）：1-33.

Kormendi R，Lipe R. 1987. Earnings innovations，earnings persistence，and stock returns. Journal of Business，6：323-345.

Kumar A. 2009. Who gambles in the stock market? Journal of Finance，64（4）：1889-1933.

Kyle A. 1989. Informed speculation with imperfect competition. Review of Financial Studies，56：317-356.

Kyle A S. 1985. Continuous auctions and insider trading. Econometrica，53：1315-1335.

Laffont J J，Maskin E S. 1990. The efficient market hypothesis and insider trading on the stock market. Journal of Political Economy，98：70-93.

Lakonishok. 1991. Fundamentals and stock returns in Japan. The Journal of Finance，46（5）：1739-1764.

Lambert R，Leuz C，Verrecchia R. 2006. Accounting information，disclosure，and the cost of capital. Pennsylvania：University of Pennsylvania Working Paper.

Lee H S. 2002. Price and Volatility Spillovers in Markets：A Wavelet Analysis. Sogang University，Seoul：Department of Economics.

Leuz C，Verrecchia R. 2004. Firms’ capital allocation choices，information quality，and the cost of capital. Pennsylvania：University of Pennsylvania Working Paper.

Lev B，Thiagarajan S R. 1993. Fundamental information analysis. Journal of Accounting Research，31：19-36.

Lintner J. 1965. The valuation of risk assets and the selection of risky investments in stock portfolios and capital budgets. Review of Economics and Statistics，47：13-37.

Lintner J. 2002. Security prices and maximal gains from diversification. Journal of Finance，20（4）：587-615.

Liu J，Thomas J. 2000. Stock return and accounting earnings. Journal of Accounting Research，38：71-101.

Lo A，Mamaysky H，Wang J. 2000. Foundations of technical analysis：computational algorithms，statistical inference，and empirical implementation. Journal of Finance，4：1705-1765.

Loughran T. 1997. Book-to-Market across Firm Size，Exchange，and Seasonality：Is There an Effect? Journal of Financial and Quantitative Analysis，32（32）：249-268.

Lubinsky D S. 1996. Gilbert G. walter，wavelets and other orthogonal systems with applications. Journal of Approximation Theory，90（3）：456-457.

MacKinlay C A. 1995. Multifactor models do not explain deviations from the CAPM. Journal of Financial Economics，38：3-28.

Merton R. 1987. A simple model of capital market equilibrium with incomplete information. Journal of Finance，42：483-510.

Merton R C. 1973. An intertemporal capital asset priciing model. Econometrica，41（5）：867-887.

Milgrom P R，Weber R J. 1982. A theory of auctions and competitive bidding. Econometrica，50（5）：1089-1122.

Miller M，Scholes M. 1972. Rates of return in relation to risk：a re-examination of some recent findings. Jensen Studies in the Theory of Capital Markets，47-78.

Mishkin F S，Eakins S G. 2000. Financial Markets And Institutions. MA Massachusetts：Addison-Wesley Publishing Company.

Morris S，Postlewaite A，Shin H S. 1995. Depth of knowledge and the effect of higher order uncertainty. Economic Theory，6：453-467.

Mossin J. 1966. Equilibrium in a capital asset market. Econometrica，768-783.

Muth J R. 1960. Optimal Properties of Exponentially Weighted Forecasts. Journal of the American Statistical Association，55（290）：299-306.

Muth J R. 1961. Rational Expectations and the Theory of Price Movements. Econometrica，24：315-335.

Neison D B. 1991. Conditional heteroskedasticity in asset return：a new approach. Econometrica，59：347-370.

Ng A. 2000. Volatility spillover effects from Japan and the U. S. to the pacific basin. Journal of International Money and Finance，19：207-233.

Ogneva M. 2012. Accrual quality，realized returns，and expected returns：the importance of controlling for cash flow shocks. Stanford：University of Stanford Working paper.

Oksendal B. 1985. Stochastic Differential Equations. Berlin Heidelberg：Springer Verlag Press.

Osborne M J，Rubinstein A. 1994. A Course in Game Theory. Cambridge：MIT Press.

Pastor L，Veronesi P. 2003. Stock valuation and learning about profitability. Journal of Finance，58（5）：1749-1790.

Peters E E. 1990. Chaos and Order in the Capital Markets：A New View of Cycles，Prices，and Market Volatility. New York：John Wiley and Sons，Inc.

Philippe Torion. 1999. Risk management lesions from long-term capital management. Working Paper.

Pincus M，Rajgopal S，Venkatachalam M. 2007. The accrual anomaly：International evidence. The Accounting Review，82（1）：169-203.

Robert J. 1989. Market Volatility. Cambridge：The MIT press.

Roll R. 1977. A critique of the asset pricing theory's test-part 1：on past and potential testability of the theory. Journal of Financial Economics，4：129-176.

Roll R，Ross S A. 1980. An empirical investigation of the arbitrage pricing theory. Journal of Finance，35：1073-1103.

Rosenberg B，Reid K，Lanstein R. 1985. Persuasive evidence of market inefficiency. Journal of Portfolio Management，11：9-17.

Ross S A. 1976. The arbitrage theory of capital asset pricing. Journal of Economic Theory，13：341-360.

Scheinkman J A，LeBaron B. 1989. Nonlinear dynamics and stock and stock returns. Journal of Business，62：311-337.

Schreiber T，Schmitz A. 2000. Surrogate time series. Physica D Nonlinear Phenomena，142（3-4）：346-382.

Schwarz G. 1978. Estimating the dimension of a model. Annals of Statistics，6：461.

Scott L O. 1987. Option pricing when the variance changes randomly：theory，estimation and an application. The Journal of Financial and Quantitative Analysis，22：419-438.

Sharpe W. 1964. Capital asset prices：a theory of market equilibrium under conditions of risk. Journal of Finance，19：425-442.

Shefrin H. 2008. A Behavioral Approach to Asset Pricing. Burlington，MA：Elsevier Inc.

Shiller R J. 1989. Market Volatility. Cambridge：The MIT press.

Sloan R. 1996. Do stock prices fully reflect information in accruals and cash flows about future earnings? The Accounting Review，71：289-316.

Stattman D. 1980. Book values and stock returns. The Chicago MBA：A Journal of Selected Papers，4：25-45.

Stefano G，Shiller A R. 2000. The significance of the market portifolio. The Review of Financial Studies，v13：301-329.

Su C J，Liu X，Liu L P. 2003. An application of wavelet analysis to the spillovers of stock markets in China. The Conference Proceedings by the World Scientific Publishing Company. EI，ISTP.

Takens F. 1981. Lecture Notes in Math. Berlin：Springer-Verlag.

Thomas E. 1992. Copeland and J. Fred Weston. Financial Theory and corporate policy. MA Massachusetts：Addison-Wesley Publishing Company.

Tuomo V. 2002. What drives firm-level stock returns? Journal of Finance，57（1）：233-264.

Turner A L，Weigel E J. 1990. An Analysis of Stock Market Volatility. Russell Research Commentaries. Tacoma，WA：Frank Russel Co.

Vigna D S，Pollet J. 2009. Investor inattention and Friday earnings announcements. Journal of Finance，64（2）：709-749.

Vostrikova，Ju L. 1981. Detecting disorder in multidimensional random processes. Soviet Mathematics Doklady，24：55-59.

Warfield T，Wild J，Wild K. 1995. Managerial ownership，accounting choices，and informativeness of earnings. Journal of Accounting and Economics，6：61-91.

Whitelaw R F. 2000. Stock market risk and return：an equilibrium approach. The Review of Financial Studies，13：521-547.

Wickerhauser M V. 2005. Adapted Wavelet Analysis from Theory to Software. Missouri：Washington University，St. Louis.

Wiggins J B. 1987. Option values under stochastic volatility：theory and empirical estimates. Jounal of Financial Ecoomics，19：351-372.

Williams J. 1938. The Theory of Investment Value. Cambridge，MA：Harvard University Press.

Zakoian J M. 1994. Threshold Heteroskedastic models. Journal of Economic Dynamics and Control，18：931-944.

Zhang L. 2005. The value premium. Journal of Finance，60（1）：67-103.

Zhu Y Z，Fu G F. 2009. Technical analysis：an asset allocation perspective on the use of moving averages. Journal of Financial Economics，92：519-544.